2025年度版

鳥取県の
家庭科

過 去 問

協同教育研究会 編

協同出版

本書には，鳥取県の教員採用試験の過去問題を収録しています。各問題ごとに，以下のように5段階表記で，難易度，頻出度を示しています。

難 易 度

非常に難しい　☆☆☆☆☆
やや難しい　　☆☆☆☆
普通の難易度　☆☆☆
やや易しい　　☆☆
非常に易しい　☆

頻 出 度

◎　　　　　ほとんど出題されない
◎◎　　　　あまり出題されない
◎◎◎　　　普通の頻出度
◎◎◎◎　　よく出題される
◎◎◎◎◎　非常によく出題される

はじめに〜「過去問」シリーズ利用に際して〜

　教育を取り巻く環境は変化しつつあり，日本の公教育そのものも，教員免許更新制の廃止やGIGAスクール構想の実現などの改革が進められています。また，現行の学習指導要領では「主体的・対話的で深い学び」を実現するため，指導方法や指導体制の工夫改善により，「個に応じた指導」の充実を図るとともに，コンピュータや情報通信ネットワーク等の情報手段を活用するために必要な環境を整えることが示されています。

　一方で，いじめや体罰，不登校，暴力行為など，教育現場の問題もあいかわらず取り沙汰されており，教員に求められるスキルは，今後さらに高いものになっていくことが予想されます。

　本書の基本構成としては，出題傾向と対策，過去5年間の出題傾向分析表，過去問題，解答および解説を掲載しています。各自治体や教科によって掲載年数をはじめ，「チェックテスト」や「問題演習」を掲載するなど，内容が異なります。

　また原則的には一般受験を対象としております。特別選考等については対応していない場合があります。なお，実際に配布された問題の順番や構成を，編集の都合上，変更している場合があります。あらかじめご了承ください。

　最後に，この「過去問」シリーズは，「参考書」シリーズとの併用を前提に編集されております。参考書で要点整理を行い，過去問で実力試しを行う，セットでの活用をおすすめいたします。

　みなさまが，この書籍を徹底的に活用し，教員採用試験の合格を勝ち取って，教壇に立っていただければ，それはわたくしたちにとって最上の喜びです。

協同教育研究会

C O N T E N T S

第1部 鳥取県の家庭科
出題傾向分析 ……………3

第2部 鳥取県の
教員採用試験実施問題 ……………7

▼2024年度教員採用試験実施問題 …………………………8

▼2023年度教員採用試験実施問題 …………………………51

▼2022年度教員採用試験実施問題 …………………………92

▼2021年度教員採用試験実施問題 …………………………141

▼2020年度教員採用試験実施問題 …………………………190

▼2019年度教員採用試験実施問題 …………………………236

▼2018年度教員採用試験実施問題 …………………………285

▼2016年度教員採用試験実施問題 …………………………307

第1部

鳥取県の
家庭科
出題傾向分析

鳥取県の家庭科　傾向と対策

　鳥取県では，中学校と高等学校は校種別の採用試験を実施している。出題内容について，共通の事項からの出題は多いものの，共通問題や類似問題はない。問題数は，2023年度と同様，中学校大問6問，高等学校大問8問で，大問ごとに，多数の小問があるため，総問題数は多い。解答形式は選択式・記述式併用である。難易度について，中学校は基本的なものが大部分であるが，難解な問題も散見される。高等学校は，法規関連や，時事問題も多く出題され，全体的に難易度の高い専門的な問題が多い。

　専門分野の出題傾向について，中学校に関して，「食生活」は栄養素，混合だしの作り方，アレルギー表示，食中毒，食料自給率，地域の食文化などが出題された。「衣生活」は，衣服の構成，既製服の表示，まち針のとめ方，ミシンの名称，ミシン縫いの不具合の原因などから出題された。「子ども・高齢者と家族」では，男女共同参画社会基本法，イクメンプロジェクト，五間の減少，おもちゃのマーク，高齢者の歩行介助の留意点などが出題された。「住生活」は，防災の備え，和式の住まい方の特徴，バリアフリー，シックハウス，ZEHなどが出題された。「消費生活と環境」は，クレジットカード，インターネットを使った売買，クーリング・オフ制度，商品の選択に役立つマークなどが出題された。

　高等学校に関して，「子ども・高齢者と家族」分野においては，時事問題に目を向けた出題が目立った。子どもの成長や発達，子どもの衣服の選び方，五間の減少，オレンジリボン運動，ワンオペ育児，ネウボラ，チャイルドデスレビュー，物忘れと記憶障害の違い，ヘルプマーク，高齢者のための国連原則，高齢者虐待防止法など，家族・家庭関連では，成年年齢の引き下げに関して18歳で可能になったこと，SOGI，シルバーデモクラシー，ディーセント・ワーク，労働三法，パタニティハラスメントなどが出題された。「住生活」では打ち水，緑のカーテン，住生活基本法，ヒートショック，災害時の警戒レベル，HEMSなどが出題された。

「消費生活と環境」では，ステルスマーケティング，消費者関連の法律，国際消費者機構，循環型社会形成推進基本法，CSR，グリーンコンシューマリズム，消費者市民社会などが出題された。「食生活」では，栄養を中心に，TCAサイクル，ファイトケミカル，アナフィラキシーショック，ペットボトル症候群，フードファディズム，キャリーオーバー，食品ロス削減推進法などが出題された。「衣生活」では，三原組織，界面活性剤の働き，被服製作の流れ，仮縫い，縫い代の始末，ケミカルリサイクルなどの出題である。学習指導要領について，中学校では，家庭分野の目標と内容，内容の取扱いの項が，高等学校では，家庭基礎の内容の取扱いの，内容の範囲や程度について配慮するものとして記載されていることに関する文章と，保育実践の目標に関する文章の空欄補充の形での出題であった。

　対策だが，年度によって出題項目が異なることなどから傾向把握は難しい。しかしながら，中高とも，保育・高齢者・家庭生活・消費・環境については，今日的な問題を含んだ出題内容になっており，今後もこの傾向は続くものと考えられる。また，法規関連問題が多いことにも注目し，法規名だけでなく内容の把握に努め，最新の情報を把握，理解しておくことが大事である。また，「伝統文化の継承」を重視する観点から，「衣生活」では地域の織物・染め物，和服，「食生活」では行事食や郷土料理，「住生活」では，日本間(床の間)や各地域に残る住宅なども目を通しておくとよい。実技については，中学・高校とも被服に関する技能・実技試験が課せられており，日頃より対策のための研鑽を積む必要がある。また，実際に授業を行うことを想定し，生徒が関心をもてる授業を構想する力が求められる。模擬授業や教育実習を思い起こし，準備が必要である。学習指導要領に関しては，目標や内容構成など変更点を含めて十分な理解が必要である。同解説とあわせてしっかり把握することが肝要である。

過去5年間の出題傾向分析

共通＝●　中学＝○　高校＝◎

分　類	主な出題事項	2020年度	2021年度	2022年度	2023年度	2024年度
子ども・高齢者と家族	子どもへの理解	○◎	○◎	○◎	○◎	○◎
	子育て支援の法律・制度・理念	○◎	◎	◎		○◎
	児童福祉の法律・制度	○◎	○◎			○◎
	家族と家庭生活	◎	○◎	○◎	○◎	◎
	高齢者の暮らし	◎	◎	◎		◎
	高齢者への支援	◎	◎	○◎	◎	○
	福祉と法律・マーク	◎	◎	◎	◎	○
	その他				◎	◎
食生活	栄養と健康	○◎	○◎	○◎	○◎	○◎
	献立	○◎	○	○		
	食品	◎	○◎	○	◎	○◎
	食品の表示と安全性	◎	○◎	○◎	○◎	○◎
	調理	○◎	○◎	○◎	○◎	○
	食生活と環境		○	○	◎	◎
	生活文化の継承		○			○
	その他	○	○			○◎
衣生活	衣服の材料	○◎	◎	○◎	◎	◎
	衣服の表示	○	◎	○	○	○
	衣服の手入れ	○◎	○◎	○◎	○◎	○◎
	製作	○◎	○◎	○	○◎	○◎
	和服	◎		◎	◎	
	衣生活と環境		○			◎
	生活文化の継承					
	その他					○
住生活	住宅政策の歴史・住宅問題		◎	◎	◎	◎
	間取り, 平面図の書き方	○◎	○	○		
	快適性（衛生と安全）	○	○◎		○◎	○◎
	住まい方（集合住宅など）		○	○◎	◎	
	地域社会と住環境		◎		◎	◎
	生活文化の継承			◎		○
	その他	◎		○	◎	○◎
消費生活と環境	消費者トラブル	◎		○◎		○
	消費者保護の法律	○◎	○◎	○◎	○◎	○◎
	お金の管理, カード, 家計			○◎	○	○◎
	循環型社会と3R	○◎	○	○◎	○	○
	環境問題と法律		◎	○	○	◎
	消費生活・環境のマーク	○	○	◎		○
	その他				○◎	
学習指導要領に関する問題		○◎	○◎	○◎	○◎	○◎
学習指導法に関する問題						

第 2 部

鳥取県の
教員採用試験
実施問題

２０２４年度　実施問題

【中学校】

【１】 次の各問いに答えなさい。

(1)　次の文は，地方公務員法に規定される服務に関する条文である。①～⑥の中で，誤っているものをすべて選び，記号で答えなさい。

> ①　すべて職員は，全体の奉仕者として児童・生徒の利益のために勤務し，且つ，職務の遂行に当つては，全力を挙げてこれに専念しなければならない。
> ②　職員は，その職務を遂行するに当つて，法令，条例，地方公共団体の規則及び地方公共団体の機関の定める規程に従い，且つ，校長の職務上の命令に忠実に従わなければならない。
> ③　職員は，その職の信用を傷つけ，又は職員の職全体の不名誉となるような行為をしてはならない。
> ④　職員は，職務上知り得た秘密を漏らしてはならない。その職を退いた後は，その限りではない。
> ⑤　職員は，法律又は条例に特別の定がある場合を除く外，その勤務時間及び職務上の注意力のすべてをその職責遂行のために用い，当該地方公共団体がなすべき責を有する職務にのみ従事しなければならない。
> ⑥　職員は，政党その他の政治的団体の結成に関与し，若しくはこれらの団体の役員となつてはならず，又はこれらの団体の構成員となるように，若しくはならないように勧誘運動をしてはならない。

(2)　次の文章は，令和3年1月に中央教育審議会で取りまとめられた「『令和の日本型学校教育』の構築を目指して～全ての子供たちの可能性を引き出す，個別最適な学びと，協働的な学びの実現～(答申)」

における「第Ⅰ部　総論」の「3.2020年代を通じて実現すべき『令和の日本型学校教育』の姿」に記載された内容の一部である。（　①　）～（　③　）にあてはまる最も適切な語句を答えなさい。

第Ⅰ部　総論

> 3. 2020年代を通じて実現すべき「令和の日本型学校教育」の姿

(1)　子供の学び

○　新型コロナウイルス感染症の感染拡大による臨時休業の長期化により，多様な子供一人一人が自立した学習者として学び続けていけるようになっているか，という点が改めて焦点化されたところであり，これからの学校教育においては，子供が（　①　）も活用しながら自ら学習を調整しながら学んでいくことができるよう，「個に応じた指導」を充実することが必要である。この「個に応じた指導」の在り方を，より具体的に示すと以下のとおりである。

○　全ての子供に基礎的・基本的な知識・技能を確実に習得させ，思考力・判断力・表現力等や，自ら学習を調整しながら粘り強く学習に取り組む態度等を育成するためには，教師が支援の必要な子供により重点的な指導を行うことなどで効果的な指導を実現することや，子供一人一人の特性や学習進度，学習到達度等に応じ，指導方法・教材や学習時間等の柔軟な提供・設定を行うことなどの「指導の（　②　）」が必要である。

○　基礎的・基本的な知識・技能等や，言語能力，情報活用能力，問題発見・解決能力等の学習の基盤となる資質・能力等を土台として，幼児期からの様々な場を通じての体験活動から得た子供の興味・関心・キャリア形成の方向性等に応じ，探究において課題の設定，情報の収集，整理・分析，まとめ・表現を行う等，教師が子供一人一人に応じた

学習活動や学習課題に取り組む機会を提供することで，子供自身が学習が最適となるよう調整する「学習の（　③　）」も必要である。

○　以上の「指導の（　②　）」と「学習の（　③　）」を教師視点から整理した概念が「個に応じた指導」であり，この「個に応じた指導」を学習者視点から整理した概念が「個別最適な学び」である。

(3)　次の文章は，中学校学習指導要領(平成29年3月告示)第2章　第8節技術・家庭で示された「家庭分野」の一部である。（　①　）～（　⑥　)にあてはまる最も適切な語句を【語群】より一つずつ選び，記号で答えなさい。

1　目標

　生活の営みに係る見方・考え方を働かせ，衣食住などに関する（　①　）・体験的な活動を通して，よりよい生活の実現に向けて，生活を工夫し創造する資質・能力を次のとおり育成することを目指す。

(1)　家族・家庭の機能について理解を深め，家族・家庭，衣食住，消費や環境などについて，生活の自立に必要な（　②　）な理解を図るとともに，それらに係る技能を身に付けるようにする。

(2)・(3)　略

2　内容

A　家族・家庭生活

　次の(1)から(4)までの項目について，課題をもって，家族や地域の人々と協力・（　③　）し，よりよい家庭生活に向けて考え，工夫する活動を通して，次の事項を身に付けることができるよう指導する。

(1) 自分の成長と家族・家庭生活

(2) 幼児の生活と家族

(3) 家族・家庭や地域との関わり

(4) 家族・家庭生活についての課題と実践

B　略

C　消費生活・環境

　　次の(1)から(3)までの項目について，課題をもって，(④)な社会の構築に向けて考え，工夫する活動を通して，次の事項を身に付けることができるよう指導する。

(1) 金銭の管理と購入

(2) 消費者の権利と責任

(3) 消費生活・環境についての課題と実践

3　内容の取扱い

(1) 各内容については，生活の(⑤)な理解を深めるための(①)・体験的な活動を充実すること。

(2) 略

(3) 内容の「B衣食住の生活」については，次のとおり取り扱うものとする。

　　ア〜エ　略

　　オ　食に関する指導については，技術・家庭科の特質に応じて，(⑥)の充実に資するよう配慮すること。

　　以下略

【語群】

ア	伝統的	イ	自然	ウ	主体的	エ	食育
オ	協働	カ	論理的	キ	実践的	ク	継承
ケ	持続可能	コ	基礎的	サ	体得	シ	科学的

(☆☆☆◎◎◎◎)

【２】家族・家庭生活について，次の各問いに答えなさい。

　(1)　家庭を支える社会について，次の各問いに答えなさい。

　　①　次の文は1999年に施行された「男女共同参画社会基本法」について説明したものである。(　ア　)，(　イ　)にあてはまる最も適切な語句を答えなさい。

> 　男女が，互いに人権を尊重しながら責任も分かち合い，(　ア　)にかかわりなく，その(　イ　)と能力を十分に発揮することができる社会をめざしています。

　　②　男女にかかわらず，労働者が育児や介護のために休業できることを定めた法律を何というか，答えなさい。

　　③　2010年に厚生労働省は，男性の育児休暇取得率を上げるために，あるプロジェクトを発足した。このプロジェクトの名称を何というか，答えなさい。

　(2)　幼児の生活と家族について，次の各問いに答えなさい。

　　①　子どもの遊びを保障するためには，安心して安全に遊べる場所や時間の確保や遊び道具などの遊びを支える環境が必要である。しかし近年，少子化や近くに公園がないなどの原因で，幼児にとっての遊びの環境が大きく変化している。少子化や近くに公園がないこと以外で遊びの環境が変化している原因として考えられることを三つ具体的に答えなさい。

　　②　目や耳が不自由な子どもが安全に遊べるように工夫されたおもちゃにつけられているマークの名称を，二つ答えなさい。

　(3)　中学校の授業で，生徒同士がペアを組み，高齢者の歩行の介助を体験する場面を設定した。介助する際の留意点として，どのようなことを指導するか，二つ具体的に答えなさい。

（☆☆☆◎◎◎◎）

【３】消費生活について，次の各問いに答えなさい。

　(1)　クレジットカードについて，次の各問いに答えなさい。

① クレジットカードによる商品購入は，三者間契約である。その三者とは何か答えなさい。

② クレジットカードはどのような支払いの仕組みを持つカードか，答えなさい。

③ 現金を用いないで商品の代金を支払う方法が増えている。このような状況を何というか，答えなさい。

(2) インターネットを使った商品やサービスの売買について，次の各問いに答えなさい。

① インターネットによる消費者トラブルとして考えられることを二つ答えなさい。

② インターネットによる消費者トラブルが起こらないための対策について生徒に指導したい。どのようなことを指導するか，具体的に三つ答えなさい。

(3) クーリング・オフ制度について，次の各問いに答えなさい。

① クーリング・オフ制度とはどのような制度か，答えなさい。

② クーリング・オフ制度が適用される期間を答えなさい。(ただし，販売方法により20日間以内の場合もある。)

③ クーリング・オフ制度について定めている法律名は何か，答えなさい。

(4) 商品の選択に役立つ表示やマークは様々ある。次の①～⑤は，暮らしの中のマークについて説明したものである。説明とマークの組み合わせとして最も適切なものを，以下の(ア)～(オ)の中から一つ選び，記号で答えなさい。

① 生産から廃棄までで環境への負荷が少なく環境保全に役立つと認められた商品につけられるマーク

② 既定の割合以上の古紙を利用しているリサイクル製品につけられるマーク

③ フェアトレードの基準に合った商品につけられるマーク

④ 木材製品や紙製品など適切に管理された森林の木材を使ったと認証された製品につけられるマーク

⑤　日本農林規格を満たしている有機農産物や加工品などにつけられるマーク

	⊕JAS	△クリーンマーク	FSC	🌐	Fairtrade
(ア)	④	⑤	②	①	③
(イ)	⑤	②	④	①	③
(ウ)	①	③	②	⑤	④
(エ)	②	①	④	③	⑤
(オ)	③	①	②	④	⑤

(☆☆☆◎◎◎◎)

【4】住生活について，次の各問いに答えなさい。

(1)　次の(①)～(④)にあてはまる最も適切な語句を答えなさい。

> 　日本は世界の中でも地震の多い国である。また，近年は気候変動によるさまざまな自然災害がおきており，日頃から災害に備えた住まい方をしておくことが大切である。家庭でできる防災の備えとしては，住居を(①)化するだけでなく，(②)の配置を見直して転倒防止を工夫したり，安全な(③)を確保したり，非常用持ち出し品を準備したりするなど，できることはたくさんある。また，自然災害の被害を予測し，その被害範囲を地図化した(④)を確認して避難計画を立てておくことも重要である。

(2)　次の①～⑥のうち，和式の住まい方の特徴を説明している文をすべて選び，番号で答えなさい。

①　部屋の仕切りは主に引き戸で，開き具合で光，風，音を調節することができる。

②　寝具として使われる家具は，高齢者が起き上がりやすく，介護者の負担も少ない。

③　ふすまをはずすなどして部屋をつなげて広い空間にすることができる。

④　戸を閉めたときの気密性や遮音性が優れている。

⑤　部屋の使用目的に合わせて家具が必要である。

⑥　空気中の湿度を調整するのに木や紙などの自然素材が多く使われている。

(3)　住まいの間取りを表す際に用いられるLDKとは，それぞれどんな空間の頭文字か。すべてカタカナで答えなさい。

(4)　家の中の段差を少なくしたり，手すりをつけたりするなど，障がいのある人や高齢な人などが社会参加するうえで支障となる障壁を取り除くことを何というか。

(5)　住宅建材に使われている化学物質などが原因となって，頭痛や目の痛み，鼻・のどの不調などの症状が出る健康被害や室内汚染等のことを何というか。

(6)　家庭内で消費するエネルギー量を少なくし，それを上回るエネルギーを創ったり貯めたりし，エネルギーの収支をゼロまたはプラスにする住まいのことを何というか。

(☆☆☆◎◎◎◎)

【5】衣生活について，次の各問いに答えなさい。

(1)　次の衣服の構成に関する文章について，（　①　），（　②　）にあてはまる最も適切な語句を答えなさい。

> 　洋服のほとんどは，着る人の体格や体型に合うように仕立てられている。衣服の縫い目をほどくと人体に沿った曲線で縫い合わされていることがわかる。このような衣服の構成の仕方を（　①　）構成という。一方，和服は反物(和服用の布地)を直線的に裁断し，縫い合わせ，着るときに体に合わせて着付ける。このような衣服の構成の仕方を（　②　）構成という。

(2)　次の既製服の表示の種類と意味に関する文章について，（　①　）

15

〜(⑤)にあてはまる最も適切な語句を答えなさい。

> 　既製服には，商品情報として，サイズ表示，繊維の種類などを示した(①)表示，表示者名の表示，製造地を示す(②)表示などが付けられている。サイズ表示は，女子の胸囲をバスト，男子の胸囲を(③)といい，胸の最も大きな部分を水平に測る。胴囲は男女ともに(④)と呼び，男子は(⑤)の上端の真上を水平に測る。

(3)　衣服の取扱い表示について，次の①，②の記号の意味を書きなさい。

(4)　次の文章の(①)〜(④)にあてはまる最も適切な語句を答えなさい。

> 　布には方向がある。(①)方向は最も伸びにくく，(②)方向(バイアスという)が最も伸びやすい。針や糸は，布地の(③)や材質に適したものを選ぶ。布を裁断する際，はさみは(④)を台につけると布が動かずきれいに切れる。

(5)　まち針をとめる順番で，①〜③の中で最も適切なものを一つ選びなさい。

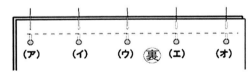

①　(ア)→(イ)→(ウ)→(エ)→(オ)

②　(ウ)→(ア)→(オ)→(イ)→(エ)

③　(ア)→(オ)→(ウ)→(イ)→(エ)

(6)　次のミシンの図について，(ア)〜(オ)にあてはまる名称を正しく組み合わせたものを，以下の①〜③の中から一つ選び，番号で答え

なさい。

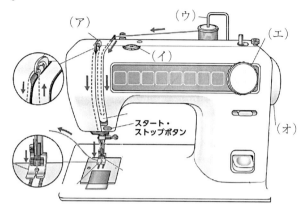

スタート・
ストップボタン

① (ア) 糸立て 　　　　(イ) 送り調節ダイヤル
　 (ウ) はずみ車 　　　(エ) 天びん
　 (オ) 上糸調節装置
② (ア) 天びん 　　　　(イ) 送り調節ダイヤル
　 (ウ) 上糸調節装置 　(エ) はずみ車
　 (オ) 糸立て
③ (ア) 天びん 　　　　(イ) 上糸調節装置
　 (ウ) 糸立て 　　　　(エ) 送り調節ダイヤル
　 (オ) はずみ車

(7) ミシン縫いについて，次の①，②のように調子よく縫えない状態
　の原因と思われる説明を(ア)〜(カ)の中からすべて選び，記号で答
　えなさい。((ア)〜(カ)の選択肢は①，②それぞれの回答として同じ
　ものを選んでも構わない。)
　① 針目がとぶ 　② 上糸が切れる
　(ア) 針の先が折れている
　(イ) 縫っている布を強く引っ張っている
　(ウ) 上糸のかけ方が正しくない
　(エ) 針の付け方が正しくない
　(オ) 下糸の巻き方が悪い

(カ)　送り調節ダイヤルのメモリが0になっている

(☆☆☆◎◎◎◎)

【6】食生活について，次の各問いに答えなさい。

(1)　栄養について，次の(①)〜(⑥)にあてはまる最も適切な語句を答えなさい。

・たんぱく質は主に，(①)や血液，内臓，皮膚や髪の毛などの体の組織をつくり，消化されて(②)となる。

・ビタミンAは，不足すると細菌に対する(③)が低下し，カゼなどの症状がでやすくなる。

・ビタミンCは，(④)の回復を助ける。

・脂質は体内で消化され，(⑤)とモノグリセリドになる。

・食事摂取基準は，年齢，性別，(⑥)レベルによって定められている。

(2)　次の表は，「とうふのすまし汁」の材料と分量を示したものである。以下の各問いに答えなさい。

```
＜とうふのすまし汁　一人分＞
○　A混合だし…150mL(一人分)
　　水………………200mL
　　こんぶ…………2〜4g
　　かつおぶし……2〜4g
○　とうふ……30g
○　みつば……3g
○　塩…………1g
○　しょうゆ…2.5mL
```

①　だし汁は，食品のうま味成分をしみ出させたものである。こんぶとかつおぶしのうま味成分をそれぞれ答えなさい。

②　表中のA混合だしの作り方を答えなさい。

③　塩少々と，塩ひとつまみを指先で計量する方法を答えなさい。

18

(3) 加工食品には，アレルギーを引き起こす原因物質として，必ず表示される8品目がある。「くるみ」以外の7品目をすべて答えなさい。

(4) 食中毒について，次の各問いに答えなさい。

① 食中毒の原因となる細菌やウイルスが増殖する主な理由は3つある。温度，水分のほかに考えられる理由を一つ答えなさい。

② 食中毒の原因となるほとんどの菌は，(ア)℃以下になると活動がゆっくりになり，(イ)℃以下で停止する。(ア)と(イ)にあてはまる最も適切な数字を答えなさい。

(5) 持続可能な食生活について，次の各問いに答えなさい。

① 次の図1は，食料自給率の国際比較を表したものである。図1中の(ア)〜(エ)は，スイス，オーストラリア，ドイツ，日本のいずれかを表している。オーストラリアと日本を表しているものを図1中の(ア)〜(エ)からそれぞれ選び，記号で答えなさい。

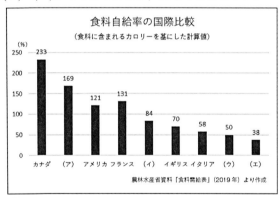

図1

② 次の文は日本の食料自給率について説明したものである。(A)〜(E)にあてはまる最も適切な語句を答えなさい。

わたしたちが毎日食べている食品の多くは，国内で生産される畜産物や水産物だけでなく，外国からの(A)に頼っている。日本では，(B)の担い手が(C)化しており，(B)従事者は年々減少をしている。また，耕地放棄者も

増えて（　D　）の減少もすすんでいる。日本では食料自給率
を上げることを目標としつつ，日本の農林水産業の推進の
ため，食料を海外に向けて（　E　）する取り組みが広がって
いる。

(6)　地域の食文化について，次の各問いに答えなさい。

①　次の文章は，和食の特徴について説明したものである。
（　ア　）～（　オ　）にあてはまる最も適切な語句を答えなさい。

　　和食は，（　ア　）の美しさや（　イ　）の移ろいを表現し，
（　ウ　）に優れているため，健康的な食生活を送ることがで
きる。多様で新鮮な（　エ　）とその（　エ　）の持ち味を尊重
した調理をしていることも特徴である。正月など（　オ　）と
密接なかかわりもある。

②　次の文章は，鳥取県の郷土料理を説明したものである。該当す
る郷土料理の名称を以下の　　　　の中から一つ選び，答えなさ
い。

　　何か特別な行事があった時に各家庭で作られ，近所に振る舞わ
れるほど，古くから鳥取県西部を中心に親しまれてきた料理。大
きな油揚げの中に，米，野菜などを詰め，じっくり炊き上げたも
の。その名称は秀峰「大山」に由来するという説もある。

かに寿し　　いぎす　　いただき　　こも豆腐
らっきょう漬け

(☆☆☆◎◎◎)

【高等学校】

【１】次の各問いに答えなさい。

(1)　次の文は，地方公務員法に規定される服務に関する条文である。
①～⑥の中で，誤っているものをすべて選び，記号で答えなさい。

① すべて職員は，全体の奉仕者として児童・生徒の利益のために勤務し，且つ，職務の遂行に当つては，全力を挙げてこれに専念しなければならない。

② 職員は，その職務を遂行するに当つて，法令，条例，地方公共団体の規則及び地方公共団体の機関の定める規程に従い，且つ，校長の職務上の命令に忠実に従わなければならない。

③ 職員は，その職の信用を傷つけ，又は職員の職全体の不名誉となるような行為をしてはならない。

④ 職員は，職務上知り得た秘密を漏らしてはならない。その職を退いた後は，その限りではない。

⑤ 職員は，法律又は条例に特別の定がある場合を除く外，その勤務時間及び職務上の注意力のすべてをその職責遂行のために用い，当該地方公共団体がなすべき責を有する職務にのみ従事しなければならない。

⑥ 職員は，政党その他の政治的団体の結成に関与し，若しくはこれらの団体の役員となつてはならず，又はこれらの団体の構成員となるように，若しくはならないように勧誘運動をしてはならない。

(2) 次の文章は，令和3年1月に中央教育審議会で取りまとめられた「『令和の日本型学校教育』の構築を目指して～全ての子供たちの可能性を引き出す，個別最適な学びと，協働的な学びの実現～(答申)」における「第Ⅰ部　総論」の「3．2020年代を通じて実現すべき『令和の日本型学校教育』の姿」に記載された内容の一部である。(①)～(③)にあてはまる最も適切な語句を答えなさい。

第Ⅰ部　総論

> 3. 2020年代を通じて実現すべき「令和の日本型学校
>   教育」の姿

(1)　子供の学び

○　新型コロナウイルス感染症の感染拡大による臨時休業の
　長期化により，多様な子供一人一人が自立した学習者とし
　て学び続けていけるようになっているか，という点が改め
　て焦点化されたところであり，これからの学校教育におい
　ては，子供が(　①　)も活用しながら自ら学習を調整しなが
　ら学んでいくことができるよう，「個に応じた指導」を充実
　することが必要である。この「個に応じた指導」の在り方
　を，より具体的に示すと以下のとおりである。

○　全ての子供に基礎的・基本的な知識・技能を確実に習得
　させ，思考力・判断力・表現力等や，自ら学習を調整しな
　がら粘り強く学習に取り組む態度等を育成するためには，
　教師が支援の必要な子供により重点的な指導を行うことな
　どで効果的な指導を実現することや，子供一人一人の特性
　や学習進度，学習到達度等に応じ，指導方法・教材や学習
　時間等の柔軟な提供・設定を行うことなどの「指導の
　(　②　)」が必要である。

○　基礎的・基本的な知識・技能等や，言語能力，情報活用
　能力，問題発見・解決能力等の学習の基盤となる資質・能
　力等を土台として，幼児期からの様々な場を通じての体験
　活動から得た子供の興味・関心・キャリア形成の方向性等
　に応じ，探究において課題の設定，情報の収集，整理・分
　析，まとめ・表現を行う等，教師が子供一人一人に応じた
　学習活動や学習課題に取り組む機会を提供することで，子
　供自身が学習が最適となるよう調整する「学習の(　③　)」

も必要である。

○　以上の「指導の(　②　)」と「学習の(　③　)」を教師視点から整理した概念が「個に応じた指導」であり，この「個に応じた指導」を学習者視点から整理した概念が「個別最適な学び」である。

(3)　「高等学校学習指導要領(平成30年3月告示)」において示された，各学科に共通する教科「家庭」の，科目「家庭基礎」の3　内容の取扱い(2)内容の範囲や程度について配慮するものとして記載されていることに関する，次の文章の(　①　)，(　②　)に最も適する語句を答えなさい。

　　高齢期の生活と福祉については，(　①　)などにも触れること。「高齢期の心身の特徴，高齢者を取り巻く社会環境，高齢者の尊厳と自立生活の支援や介護について理解するとともに，生活支援に関する基礎的な技能を身に付けること」については，生活支援に関する基礎的な技能を身に付けることができるよう(　②　)的に学習を行うこと。

(4)　「高等学校学習指導要領(平成30年3月告示)」において示された，第3章　主として専門学科において開設される各教科　第5節　家庭　第2款　各科目　第6　保育実践の目標に関する，次の文章の(　ア　)～(　エ　)に最も適する語句を答えなさい。なお，同じ記号の(　　)には，同じ語句が入るものとする。

　　家庭の生活に関わる産業の見方・考え方を働かせ，実践的・体験的な学習活動を行うことなどを通して，保育を担う(　ア　)として必要な資質・能力を次のとおり育成することを目指す。

　(1)　子供の(　イ　)や子育て支援について体系的・系統的に理解するとともに，関連する技術を身に付けるようにする。

> (2)　保育や子育て支援に関する課題を発見し，子供を取り
> 巻く環境の変化に対応した保育を担う（　ア　）として合
> 理的かつ（　ウ　）に解決する力を養う。
> (3)　保育の充実を目指して自ら学び，保育や子育て支援の
> 実践に主体的かつ（　エ　）に取り組む態度を養う。

(☆☆☆◎◎◎)

【２】子どもの成長や発達，子育て支援などに関する次の各問いに答えな
さい。

(1)　生まれたばかりの赤ちゃんは，寝ながらにっこり微笑むことがあ
る。うれしいから笑うわけではなく，生まれながらに備わっている
筋肉の動きだといわれる。このことを何というか答えなさい。

(2)　私たちがあたり前に感じている物事の現象を，子どもが同じよう
に感じ，とらえているわけではない。3か月ころの乳児にみられる
ハンドリガードには，子ども特有の見方や感じ方が現れている。ハ
ンドリガードとはどのような動作か答えなさい。

(3)　乳幼児の脊柱は，歩行が始まるにつれて，体重を支える必要から
わん曲する。脊柱のわん曲は脳へどのような効果があるか答えなさ
い。

(4)　乳児は，胃の入り口の閉鎖が不完全なため吐きやすい。吐乳によ
る窒息を防ぐために，授乳後どのように対応するとよいか答えなさ
い。

(5)　子どもの衣服の選び方について，適切でないものを次の①～⑤か
ら一つ選び，記号で答えなさい。

①　洗濯にたえ，じょうぶで手入れがしやすいもの。

②　寒暖の変化に対応できるよう，フードやズボンのすそにひもが
ついているもの。

③　吸湿性があるもの。夏は通気性，冬は保温性に富むもの。

④　着脱が簡単で，時間がかからないもの。

⑤　腹部を締め付けないもの。

(6)　子どもの遊びについて，最近の子どもは遊びづらい環境にあると
　いわれている。「五間」(仲間，空間，時間，手間，世間)の減少が引
　き金となり，遊ばない→運動経験が不足→運動嫌い→動かなくなる
　→動けなくなる，そして，遊ばない，に戻っていくという悪循環に
　陥っていく。このような状態を何というか答えなさい。

(7)　オレンジリボン運動は，胸にオレンジリボンをつけることで，あ
　る意思を示し，さらに多くの人々の関心と賛同を広げていく活動で
　ある。どのような意思を示すものか答えなさい。

(8)　配偶者の仕事が忙しいなど，何らかの理由のためひとりで家事・
　育児のほとんどをこなさなければならない状態のことを何というか
　答えなさい。

(9)　妊娠期から就学前まで子どもの成長・発達を切れ目なくサポート
　するのみならず，家族全体の心身のサポートも担うフィンランド発
　祥の子育て支援サービスを何というか答えなさい。

(10)　アメリカやイギリスですでに導入されている，事故や虐待など，
　すべての子どもの死を専門家が検証し，どうすれば防げていたかを
　分析し，再発防止にいかす制度を何というか答えなさい。

(☆☆☆☆◎◎◎◎)

【3】衣生活に関する，次の各問いに答えなさい。
　(1)　次の①～③の示す織物組織図の名称を答えなさい。また，それぞ
　　れの織物組織の特徴を【A群】から，布名の例を【B群】からそれ
　　ぞれ一つずつ選び，記号で答えなさい。

①　　　　　　　　　②　　　　　　　　　③

【A群】

　　ア　1本の糸が2本以上の糸をまたいで，交差する織り方。斜めの方向にうねが現れる。

　　イ　縦糸と横糸が一本ずつ互い違いに組み合わされる織り方。布面が平らで丈夫である。

　　ウ　縦糸と横糸の交差点をできるだけ少なくする織り方。そのため糸の浮いている部分が多く，表面が滑らかで光沢が出る。

【B群】

　　a　ブロード　　　b　サテン　　　c　デニム

(2)　0.1％の洗剤水溶液を入れたビーカーに，毛の布を一枚入れ，数分置いた。この布の様子について，界面活性剤の働き(作用)にふれて，説明しなさい。

(3)　被服製作について，各問いに答えなさい。

①　手作りで被服製作をする場合の流れについて，次の（　ア　）～（　ウ　）に最も適する工程を【語群】からそれぞれ一つずつ選び，答えなさい。

デザイン，素材決定→採寸→（　ア　）→道具，材料の用意→（　イ　）→（　ウ　）としるしつけ→仮縫いと試着，補正→本縫い，仕上げ

【語群】　地直し　・　型紙の作成　・　裁断

②　次の文章は，手作りで被服製作をする工程におけるある一部のポイントについて説明している。（　ア　），（　イ　）に適切な語句をそれぞれ答えなさい。

本縫いの前に，（　ア　）糸でしるしどおり仮縫いをする。試着をして体型に合っているか，思いどおりの長さや丈であるか，（　イ　）は十分あるかを確かめ，必要に応じて補正する。

③　次の縫い代の始末の図のうち，端ミシンを示している図を次の(ア)～(ウ)から一つ選び，記号で答えなさい。

(ア)　　　　　　　　(イ)　　　　　　　　(ウ)

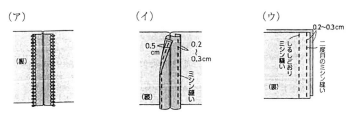

(4)　次の図Aの名称を答え，どのような場合に使用するものか説明しなさい。

図A

(5)　次に説明している繊維製品のリサイクルの方法と最も関係の深いものを(ア)～(エ)から一つ選び，記号で答えなさい。

○　回収した衣料をもとの原料に戻し，再度原料とする循環型システム

(ア)　熱回収　　　　　　　　(イ)　マテリアルリサイクル
(ウ)　ケミカルリサイクル　　(エ)　ペットボトルリサイクル

(☆☆☆◎◎◎◎)

【4】住生活に関する次の各問いに答えなさい。

(1)　次の文章を読んで，①，②の各問いに答えなさい。

> 　窓やドアを開け（　ア　）をよくして，部屋にこもった暖かい空気を外に出したり，外の木陰の冷えた空気が室内に入るようにすると涼しい。また，陽がさすと室内は熱くなるので，すだれや植物で直射日光を遮断すると，室温が上がりにくい。保水性のある道路では含まれている水分が蒸発するときに地表の熱を奪うので，気温が下がる。昔から行っている（　イ　）はこの原理を利用している。

①　文章中の（　ア　），（　イ　）にあてはまる最も適切な語句を答

えなさい。

② 下線部の例を一つ答えなさい。

(2) 良質な住宅の供給，良好な居住環境の形成，居住の安定の確保などを目的として，2006年に制定された法律を答えなさい。

(3) 冬に暖かい部屋から寒い脱衣所や風呂場に行き，裸になって急激な温度変化で血圧が上昇・下降し，心臓や脳に大きな負担がかかって失神や心筋梗塞，脳梗塞などを引き起こすことを何というか答えなさい。

(4) 次に示す災害時の警戒レベルの際にとるべき行動として，間違っているものを一つ選び，記号で答えなさい。

① 警戒レベル1：災害への心構えを高める。

② 警戒レベル2：ハザードマップ等で避難行動の確認をする。

③ 警戒レベル3：高齢者等避難に時間を要する人は，避難の準備を行う。

④ 警戒レベル4：速やかに避難する。

⑤ 警戒レベル5：命を守るための最善の行動を行う。

(5) 次の(ア)～(ウ)は，緊急避難場所，避難所，避難所兼緊急避難場所のいずれかを図示したものである。緊急避難場所を図示しているものを一つ選び，記号で答えなさい。

(ア) (イ) (ウ)

(6) 家電や電気設備・ガスメーターとつなぎ，電気・ガスの使用量を「見える化」し，また家電機器を自動制御し，住まい手が省エネの目標を設定することにつながるシステムのことを何というか答えなさい。

(☆☆☆◎◎◎◎)

【5】福祉に関する次の各問いに答えなさい。

(1) 次の文章を読み，文中の(①)〜(⑤)にあてはまる最も適する語句を【語群】からそれぞれ一つずつ選び，記号で答えなさい。なお，同じ番号の( )には，同じ語句が入るものとする。

　　私たちは一人一人異なる個性や価値観を持つ存在であり，その集まりである社会は，性別，国籍，人種など(①)に満ちている。社会の発展には，(①)を尊重して互いに認め合い，コミュニケーションを通して互いの強みを引き出すことが重要である。しかし実際には社会の中にある様々な障壁により社会参加が妨げられている場合がある。この障壁をなくす取り組みを(②)という。また，設計段階からすべての人が使いやすいことを目指す(③)という考え方もある。こうした取り組みにより，年齢や障がいなどの特性にかかわらず，誰もが普通に暮らせる(④)の社会を目指している。誰もが社会から孤立せずに，社会の構成員として包み支えあう(⑤)を実現することが共生社会には必要である。

【語群】

(a) ソーシャル・インクルージョン　　(b) ユニバーサルデザイン

(c) ダイバーシティ　　　　　　　　　(d) ノーマライゼーション

(e) バリアフリー

(2) 老化による「物忘れ」と認知症による「記憶障害」の違いを「昼食」を例に説明しなさい。

(3) 外見からわからなくても援助や配慮を必要としていることを知らせる次のマークの名称を答えなさい。

(4) 1991年に国連で採択された「高齢者のための国連原則」では5つの観点から高齢者の人権擁護が取り上げられた。この5つの観点として適当でないものを次の【語群】より二つ選び，答えなさい。

【語群】　自立　　孤立　　ケア　　ライフステージ
　　　　　尊厳　　参加　　自己実現

(5)　(4)を受けて，2006年に日本で施行された法律を次の①～④から一つ選び，記号で答えなさい。

①　育児・介護休業法　　②　老人福祉法

③　高齢者虐待防止法　　④　高齢者雇用安定法

(☆☆☆◎◎◎◎)

【6】家族や家庭に関する次の各問いに答えなさい。

(1)　成年年齢を20歳から18歳に引き下げることなどを含めた改正民法が2018年6月に成立し，2022年4月から施行された。これによりいくつかの法律も改正され，18歳から可能なことが増えた。次の①～⑥のうち，18歳(成年)になったらできることをすべて選び，記号で答えなさい。

①　親の同意がなくても携帯電話の契約ができる

②　競馬，競輪，オートレース，競艇の投票権(馬券など)を買う

③　公認会計士や司法書士，医師免許，薬剤師免許などの国家資格を取る

④　性同一性障害の人が性別の取扱いの変更審判を受けられる

⑤　大型・中型自動車運転免許の取得

⑥　飲酒をする

(2)　多数派と少数派に区別することなく，すべての人がそれぞれの性的指向と性自認を持つという，社会的包摂に基づいた考え方で，個人の性的指向と性自認を総称した呼称を何というかアルファベット4字で答えなさい。

(3)　少子高齢化が進み，有権者に占める高齢者(シルバー)の割合が多くなると，高齢者層の政治への影響力が大きくなりやすい。こうした傾向を何というか答えなさい。

(4)　働き方が悪化するなか，1999年のILO(国際労働機関)総会で働きがいのある人間らしい仕事が21世紀の目標として定められた。この

　仕事のことを何というかカタカナで答えなさい。

(5)　職業労働について，憲法第28条により，労働三権が保障されている。この労働三権をはじめ，労働者を守る具体的な法律が労働三法であり，職業労働を支えているしくみの一つでもある。労働三法とは，労働基準法，労働組合法，もう一つは何か答えなさい。

(6)　近年，生活のさまざまな場面で「ハラスメント」が問題となっている。男性に対して育児休業や育児時短制度利用などを理由に不利益な扱いをすることを何というか答えなさい。

(7)　男女共同参画社会への動きに関する，次の①～⑤を年代の古い順に並べ，記号で答えなさい。

①　女性活躍推進法制定

②　国連「世界人権宣言」

③　男女共同参画社会基本法制定

④　女子差別撤廃条約が国連で採択

⑤　男女雇用機会均等法成立

(☆☆☆☆◎◎◎)

【7】食生活に関する次の各問いに答えなさい。

(1)　ぶどう糖は体内でエネルギー源として利用されるとき，解糖系とよばれる経路に入り，ピルビン酸に分解される。ピルビン酸は，通常アセチルCoAとなり，アセチルCoAが酸化されてクエン酸，コハク酸，リンゴ酸などを経て，二酸化炭素と水になり体外に排出される。下線部の代謝経路を何というか答えなさい。

(2)　脂質のうち，エネルギー源となるのは中性脂肪である。摂取された中性脂肪は消化酵素によって脂肪酸とモノグリセリドに分解されて小腸粘膜から吸収される。この脂肪を分解する消化酵素を何というか答えなさい。

(3)　食品の成分の中には，栄養素ではないが，体によい影響を与える成分があることがわかってきた。そのうち，植物などに含まれる微量成分で，「色」「香り」「苦味」などをもたらす成分を何というか

カタカナで答えなさい。

(4)　食物を食べるなどした際，身体が食物に含まれるたんぱく質などを異物として認識し，自分の身体を防御するために過敏な反応を起こすことがある。これを食物アレルギーという。<u>意識障害や血圧低下などの全身性アレルギー症状</u>があらわれ，生命にかかわる重篤な状態に陥ることもあるため，注意が必要である。下線部のような症状を何というか答えなさい。

(5)　なす(皮)，赤かぶ，紫キャベツなどに含まれる，青，赤，紫色の色素で，酸性で赤色，中性で紫色，アルカリ性で青色に変化し，加熱で退色するが，アルミニウムや鉄イオンと結合すると変色しにくくなるなどの特徴をもつ色素を何というか答えなさい。

(6)　加熱処理されたパイナップルを使ってゼラチンゼリーをつくるとゼリーは固まるが，生のパイナップルでつくるとゼリーは凝固しない。これは果物の成分の何によるものか答えなさい。

(7)　糖分が大量に入ったジュース，スポーツドリンク，コーヒーなどの甘い清涼飲料水を継続して摂取することで高血糖に陥る症状のことを何というか答えなさい。

(8)　魚は，おおまかに肉の色調で白身魚と赤身魚に分類できる。肉の赤い色は，肉色素という色素が結合したたんぱく質による。この肉色素を何というかカタカナで答えなさい。

(9)　動物の骨や皮に含まれるたんぱく質で，結合組織を構成している主たんぱく質を何というか答えなさい。

(10)　ある食品を食べると「健康になる」「きれいになる」といった，つくられたイメージに流されてしまったり，食品の有害物質について大げさに不安を感じてしまうことを何というか答えなさい。

(11)　和食にいかされるうま味は「umami」として世界的に注目されている。次の①～③のうま味成分とそのうま味成分を多く含む食材の組み合わせとして，誤っているものを一つ選び，記号で答えなさい。

   (うま味成分)   (食材)
 ① グルタミン酸 － こんぶ, トマト
 ② イノシン酸   － かつお節, チーズ
 ③ グアニル酸   － 干ししいたけ, 乾燥ポルチーニ

(12) 次の①～⑤のミネラルとその欠乏症状の組み合わせとして, 誤っているものを一つ選び, 記号で答えなさい。

   (ミネラル)   (欠乏症状)
 ① ナトリウム   － 食欲不振, 吐き気, 筋肉痛
 ② マグネシウム － 筋肉のけいれん, 冠動脈のけいれん
 ③ リン   － 骨の脆弱化
 ④ 亜鉛   － 甲状腺の肥大, 発育不全
 ⑤ 鉄   － 貧血, 運動機能の低下

(13) 食品に使用した添加物は, 原則としてすべて表示されるが, 栄養強化目的や食品の加工, 製造過程で使用されるもので食品にほとんど残らないものは表示されない。このような添加物を何というか答えなさい。

(14) 大量の食品を輸入しつつ, 大量の食品ロスが発生している状況を改善するために, 国・自治体・事業者と家庭(消費者)が連携して食品ロスの軽減に取り組むことを明記した, 2019年施行の法律を何というか答えなさい。

               (☆☆☆◎◎◎◎)

【8】消費生活と環境に関する次の各問いに答えなさい。

(1) インターネットなどで影響力を持つ人が消費者に気づかれないように宣伝をする方法で, 消費者を装って商品・サービスを高評価し, 事業者から報酬を得ていることもあることから, 注意が必要である。このような宣伝方法を何というか答えなさい。

(2) 消費者関連の法律に関する, 次の①～⑤を年代の古い順に並べ, 記号で答えなさい。

 ① 消費者教育推進法   ② 製造物責任法

③　消費者契約法　　　④　特定商取引法

⑤　消費者基本法

(3)　「消費者の8つの権利」を打ち出すと共に，「消費者の5つの責任」を提唱した，1960年に設立された世界の消費者運動団体の連合体を何というか答えなさい。

(4)　大量生産・大量消費・大量廃棄型の経済社会から脱却し，天然資源の消費を抑制し，環境への負荷が少ない循環型社会を形成することをめざし，廃棄物・リサイクル対策を総合的かつ計画的に推進するため2001年に施行された法律は何か答えなさい。

(5)　近年では，企業も社会に与える影響に責任を持つべきとの考え方が浸透している。人権(雇用・労働条件)，消費者，環境問題，地域社会などに適正に配慮して，企業が市民として果たすべき社会的責任のことを何というか，アルファベット3字で答えなさい。

(6)　次の①，②の文が説明している語句として適切なものを，以下の(ア)〜(ウ)から一つずつ選び，記号で答えなさい。

①　国際標準化機構が仕様を定めている環境マネジメントシステム。企業による製品の製造，サービスの提供などの経済活動に対して，環境への負荷を最小限にすることを目的とした国際的な標準規格。

②　商品やサービスの原料調達から，廃棄・リサイクルにいたるまでの全体を通して環境負荷を定量的に算定する手法。

(ア)　ライフサイクルアセスメント(LCA)

(イ)　ESG

(ウ)　ISO14001

(7)　環境を破壊しない商品や環境保全に貢献している企業の製品を購買しようという運動を何というか答えなさい。

(8)　消費者が，個々の消費者の特性や消費生活の多様性を相互に尊重しつつ，自分の消費生活に関する行動が，現在と将来の世代にわたって，内外の社会経済情勢や地球環境に影響を及ぼす可能性のあることを自覚して，公正で持続可能な社会の形成に積極的に参画する

社会を何というか答えなさい。

(☆☆☆◎◎◎)

解答・解説

【中学校】

【1】(1)　①，②，④　　(2)　①　ICT　　②　個別化　　③　個性化
(3)　①　キ　②　コ　③　オ　④　ケ　⑤　シ　⑥　エ
〈解説〉(1)　公立学校の教員には地方公務員法が適用され，同法第6節で
その服務について定められている。①は同法第30条で「すべて職員は，
全体の奉仕者として公共の利益のために勤務し，且つ，職務の遂行に
当つては，全力を挙げてこれに専念しなければならない」，②は同法
第32条で「職員は，その職務を遂行するに当つて，法令，条例，地方
公共団体の規則及び地方公共団体の機関の定める規程に従い，且つ，
上司の職務上の命令に忠実に従わなければならない」，④は同法第34
条第1項で「職員は，職務上知り得た秘密を漏らしてはならない。そ
の職を退いた後も，また，同様とする」とされている。　(2)　「『令和
の日本型学校教育』の構築を目指して～全ての子供たちの可能性を引
き出す，個別最適な学びと，協働的な学びの実現～(答申)」は，中央
教育審議会が令和3(2021)年1月26日答申したもので，「各学校において
は，教科等の特質に応じ，地域・学校や児童生徒の実情を踏まえなが
ら，授業の中で『個別最適な学び』の成果を『協働的な学び』に生か
し，更にその成果を『個別最適な学び』に還元するなど，『個別最適
な学び』と『協働的な学び』を一体的に充実し，『主体的・対話的で
深い学び』の実現に向けた授業改善につなげていくことが必要である」
としている。この答申を踏まえて令和4(2022)年12月に出された中央協
議会答申「『令和の日本型学校教育』を担う教師の養成・採用・研修
等の在り方について～『新たな教師の学びの姿』の実現と，多様な専

35

門性を有する質の高い教職員集団の形成～(答申)」も学習しておきたい。　(3)　中学校学習指導要領より，語句の穴埋め選択式の問題である。ここでは，目標，A家族・家庭生活，C消費生活・環境の内容，内容の取扱いから出題された。目標に関して，文言は必ず覚えること。内容はB衣食住の生活について確認すること。内容の取扱いは全部で4項目あるので確認し理解しておくこと。

【２】(1)　①　ア　性別　　イ　個性　　②　育児休業・介護休業等育児又は家族介護を行う労働者の福祉に関する法律　　③　イクメンプロジェクト　　(2)　①　・共に遊ぶ仲間の減少　　・十分な遊び時間の減少　　・安全な遊び場の減少　　・発達に応じた遊び場の減少　から三つ　②　盲導犬マーク，うさぎマーク　　(3)　・介助される人の歩き方の特徴を把握しておく　・介助される人の動きを妨げない　・介助される人の斜め後ろに立つ　・原則として，介助される人の利き手の反対側に立つ　・介助される人を不安にさせないように声をかける　・相手の歩調に合わせる　から二つ

〈解説〉(1)　①　男女共同参画社会基本法の前文の一部である。全文を確認しておきたい。　②　育児・介護休業法について，令和3年度の改正の概要を特に学習しておきたい。　③　イクメンプロジェクトでは，新たな制度である産後パパ育休や企業の取り組みなどが社会に浸透・定着し，あらゆる職場で男性が育児休業を取るのは当然となることを目指している。　(2)　①　3つの「間」についての問題は頻出である。子どもの体力が低下し，運動能力の発達に影響がでていることや，社会性を身に付ける機会の減少がみられる。　②　盲導犬マークは，目の不自由な子どもも楽しく遊べると認められたおもちゃにつけられており，触った感覚や音などの工夫がおもちゃに盛り込まれている。うさぎマークは，耳の不自由な子どもも楽しく遊べると認められたおもちゃにつけられており，光や動きなどの工夫がおもちゃに盛り込まれている。　(3)　歩行介助では高齢者の真横に付いたり，前から手を引いたりするのではなく，原則，斜め後ろから介助する。壁に手

すりが付いている場合は，高齢者に手すりを握ってもらい，介助者は高齢者の斜め後ろから介助する。歩行だけでなく，さまざまな介助の基本的な方法は覚えておくこと。

【3】(1)　①　消費者，販売店，カード会社　②　購入時に借金をして支払い，それを後払いして返済する仕組みをもつカード　③　キャッシュレス化　(2)　①　・架空請求　・不当請求　・健康食品などの定期購入　・無料オンラインゲーム　から二つ②　・不用意にアクセスしない，クリックしない。　・出会い系サイトや架空請求などは見ない，書き込まない，会わない。　・個人情報を書き込まない。　・キャッチコピーに注意する。　・うまい儲け話はあり得ない。　・借金やクレジット契約を進められてもお金がなければ契約しない。　・慌てて業者に連絡しない。・家族や信頼のおける人に相談する。　・困ったら消費者ホットラインに相談する。　から三つ　(3)　①　契約した後でも，一定期間内に書面で通知すれば，契約を取り消すことができる制度　②　8日間　③　特定商取引法　(4)　(イ)

〈解説〉(1)　①　三者間の契約について，消費者と販売店との間には，売買契約，販売店とカード会社の間には，加盟店契約，カード会社と消費者の間には会員契約がそれぞれ結ばれている。　②　クレジットカードだけでなく，デビットカードやキャッシュカードなどについても説明できるようにしておくこと。　③　キャッシュレスは支払いに現金を使用しない決済方法であり，クレジットカードの他にも電子マネー，スマホ決済アプリ，口座振替などがある。キャッシュレスのメリットとデメリットについて問われることも多いので理解しておくこと。　(2)　①　架空請求とは，身に覚えがない請求であり，不当請求とは，無料と思ってまたは有料と知って利用したが法外な料金を請求されることである。他にも悪徳商法について内容を理解しておくこと。②　消費者ホットラインとは188番でつながる全国共通の電話番号である。地方公共団体が設置している身近な消費生活センターや消費生

活相談窓口を案内してもらえる。　(3)　クーリング・オフについての問題は頻出である。クーリング・オフが適用される取引とそうでないものの区別と，適用期間を整理して覚えること。　(4)　①はエコマーク，②はグリーンマーク，③はフェアトレードマーク，④はFSC(Forest Stewardship Council)マーク，⑤は有機JASマークである。

【４】(1)　①　耐震　　②　家具　　③　避難経路　　④　ハザードマップ　　(2)　①，③，⑥　　(3)　L…リビング　　D…ダイニング　K…キッチン　　(4)　バリアフリー　　(5)　シックハウス

(6)　ZEH(Net Zero Energy House)

〈解説〉(1)　耐震・免震・制振の区別と方法を確認し，覚えておくこと。家具の配置について，家具が倒れて出入り口をふさぐような場所には配置しない，寝室に重く大きい家具を配置しない，避難経路になる場所に家具が倒れてこないようにするなどの工夫が必要である。ハザードマップとは，自然災害が発生した場合の被害を予測して，被災想定地域や被害の範囲，避難場所や避難経路などを地図上に表示したものである。　(2)　正答に当てはまらなかった選択肢について，②は，畳に布団を敷いて寝ることが一般的であり，高齢者や介護者の負担は多い。④は，ふすまや障子で間仕切りをするため，気密性や遮音性は劣る。⑤は，畳に布団を敷いて寝たり，座布団を敷いて座ったりするため，使用目的に合わせた家具は必要ない。　(3)　間取りに関する問題は頻出なので，理解しておくこと。　(4)　バリアフリーとは，生活の中で不便を感じること，様々な活動をしようとするときに障壁になっているバリアをなくすことである。ユニバーサルデザインについても確認しておくこと。　(5)　住宅の高気密化が進み，建材などから発生する化学物質による室内空気汚染と，それによる健康影響が指摘され，建築基準法で規制されることとなった。　(6)　ZEH(ゼッチ)とは，高断熱でエネルギーを極力必要としない，高性能設備でエネルギーを上手に使用する，エネルギーを創る住宅である。政府は，「2030年において新築戸建住宅の6割に太陽光発電設備が設置されることを目指す」

ことを目標にしている。

【5】(1) ① 立体　② 平面　(2) ① 組成　② 原産国
③ チェスト　④ウエスト　⑤ 腰骨　(3) ① つり干しでひ
なたの自然乾燥ができる　② 110℃(低温)を限度にアイロンができ
るがスチームはできない　(4) ① たて　② ななめ　③ 厚
さ　④ 下の刃(峰)　(5) ③　(6) ③　(7) ① 針目がとぶ
…(ア), (エ)　② 上糸が切れる…(ウ), (エ)

〈解説〉(1) 世界の民族衣装について，立体構成，平面構成かを理解し
ておくこと。　(2) 組成表示には，製品に使用されている繊維ごとの，
その製品全体に対する質量割合を百分率(%)で表示する。原産国表示
は，衣料品の場合，縫製を行った国を表示する。ウエストについて女
子の場合は胴の最も細くなるところで測定する。　(3) 取扱い表示に
ついての問題は頻出である。洗濯，漂白，乾燥，アイロン，クリーニ
ングの5つの基本記号をもとに整理して覚えておくこと。　(4) 布の
ななめ方向が伸びやすい性質を利用したのがバイアステープである。
伸縮しやすいバイアステープは縁取りなどに適している。針や糸の選
び方について，薄い布地には細い糸と針，厚い布地には太い糸と針を
用いる。針や糸の番手についても確認しておきたい。　(5) まち針は
最初に両端をとめ，次に中心，次に端と中心の間，という順にとめる
ことで布がずれないようにする。　(6) ミシンの各部の名称は理解し
ておくこと。糸を通す順番について問われることもあるので確認して
おくこと。　(7) ミシン縫いの不具合と対処法についての問題は頻出
である。正答に当てはまらなかった選択肢について，(イ)は，縫って
いる布を強く引っ張っていると，縫い目がガタつく。(オ)は，下糸の
巻き方が悪いと下糸が絡まる。(カ)は，送り調節ダイヤルのメモリが0
になっていると，布が送られない。

【6】(1) ① 筋肉　② アミノ酸　③ 抵抗力　④ 傷
⑤ 脂肪酸　⑥ 身体活動　(2) ① こんぶ…グルタミン酸

かつおぶし…イノシン酸　　②　1　昆布はぬれ布巾で拭く。鍋に水と昆布を入れて，30分以上つける。　　2　そのまま中火にかけ，沸騰直前に昆布全体に気泡が付いたら取り出す。　　3　沸騰したらかつお節を入れ，再び沸騰したら火を消す，かつお節が沈むまで待つ。4　ボウルにざるをセットし，ざるにペーパータオルを敷いて静かにこす。　　③　塩少々…親指と人差し指でつまむ　　塩ひとつまみ…親指，人差し指，中指の3本でつまむ　　(3)　えび，かに，卵，乳，そば，らっかせい　　(4)　①　栄養分　　②　ア　10　　イ　－15
(5)　①　オーストラリア…(ア)　　日本…(エ)　　②　Ａ　輸入　Ｂ　農業　　Ｃ　高齢　　Ｄ　農業面積　　Ｅ　輸出
(6)　①　ア　自然　　イ　季節　　ウ　栄養バランス　　エ　食材　オ　年中行事　　②　いただき

〈解説〉(1)　いずれも基本的で重要な内容なので，完答できるようにしておきたい。たんぱく質，脂質，炭水化物について，詳細に学習しておくこと。ビタミンなど無機質については，種類と欠乏症状について覚えること。食事摂取基準は，中高生の年代の基準の数値も理解しておきたい。　　(2)　うま味成分として知られているものには，グルタミン酸，イノシン酸，グアニル酸などがあるが，グルタミン酸は昆布や野菜など，イノシン酸は魚や肉類，グアニル酸は干ししのこ類に多く含まれる。和風だしの取り方は調理実習でも必要な知識なので，必ず理解しておくこと。計量スプーンの重量と容量も，主な調味料について覚えておきたい。　　(3)　表示義務のある8品目と，表示推奨の20品目は必ず覚えること。　　(4)　細菌は温度・水分・栄養分の3条件が生育に最適な状況となると増殖する。この3条件をコントロールすることで細菌の増殖を抑え，食中毒を防ぐことができる。食中毒の原因について，細菌，ウイルス，動物性自然毒，植物性自然毒，化学物質，寄生虫に分類し，症状と予防法を確認すること。　　(5)　①　(イ)はドイツ，(ウ)はスイスを表している。　　②　食料を生産する農業の担い手は高齢化しており，2014年のデータでは平均年齢が66.8歳であった。農地面積も減少傾向で，令和3年は435万haと平成17年に比べると7%

減少している。令和2年には「農林水産物及び食品の輸出の促進に関する法律」が施行された。　(6)　①　和食は平成25年にユネスコ無形文化遺産に登録されている。和食の特徴としては，「多様で新鮮な食材とその持ち味の尊重」「健康的な食生活を支える栄養バランス」「自然の美しさや季節の移ろいの表現」「正月などの年中行事との密接な関わり」の4つが挙げられる。　②　正答以外の選択肢の料理について，かに寿司は酢飯に錦糸卵やかにを乗せた寿司である。いぎすはえごのりとも呼ばれるいぎす草を使用した料理である。こも豆腐はこもにくるまれた豆腐料理で，こもとは，粗く織ったわらのむしろである。らっきょう漬けは，水洗いしたらっきょうを2週間以上塩漬けした後，塩抜きしてから漬け込んだものである。鳥取県の郷土料理なので確認しておくこと。

【高等学校】

【1】(1)　①，②，④　　(2)　①　ICT　　②　個別化　　③　個性化
(3)　①　認知症　　②　体験　　(4)　ア　職業人　　イ　表現活動
ウ　創造的　　エ　協働的

〈解説〉(1)　公立学校の教員には地方公務員法が適用され，同法第6節でその服務について定められている。①は同法第30条で「すべて職員は，全体の奉仕者として公共の利益のために勤務し，且つ，職務の遂行に当つては，全力を挙げてこれに専念しなければならない」，②は同法第32条で「職員は，その職務を遂行するに当つて，法令，条例，地方公共団体の規則及び地方公共団体の機関の定める規程に従い，且つ，上司の職務上の命令に忠実に従わなければならない」，④は同法第34条第1項で「職員は，職務上知り得た秘密を漏らしてはならない。その職を退いた後も，また，同様とする」とされている。　(2)　「『令和の日本型学校教育』の構築を目指して～全ての子供たちの可能性を引き出す，個別最適な学びと，協働的な学びの実現～(答申)」は，中央教育審議会が令和3(2021)年1月26日答申したもので，「各学校においては，教科等の特質に応じ，地域・学校や児童生徒の実情を踏まえなが

ら，授業の中で『個別最適な学び』の成果を『協働的な学び』に生か
し，更にその成果を『個別最適な学び』に還元するなど，『個別最適
な学び』と『協働的な学び』を一体的に充実し，『主体的・対話的で
深い学び』の実現に向けた授業改善につなげていくことが必要である」
としている。この答申を踏まえて令和4(2022)年12月に出された中央協
議会答申「『令和の日本型学校教育』を担う教師の養成・採用・研修
等の在り方について～『新たな教師の学びの姿』の実現と，多様な専
門性を有する質の高い教職員集団の形成～(答申)」も学習しておきた
い。　(3)　高等学校学習指導要領の内容の取扱いから出題された。(1)
内容の取扱いについての配慮事項がア～カの6項目，(2)内容の範囲や
程度についての配慮事項がア～ウの3項目示されているので，理解し
ておくこと。　(4)　科目「保育実践」は，新しい保育所保育方針など
に対応するとともに，保育を担う職業人として必要な子供の様々な表
現活動を促す具体的な技術を身に付けることができるように改善され
た科目である。主として専門学科において解説される各教科の家庭科
には21科目あるのですべての科を確認しておくこと。

【２】(1)　生理的微笑　　(2)　あお向けの状態で自分の握った手をじっ
と見つめる動作　　(3)　脳への衝撃を弱める効果　　(4)　空気を吐か
せてから寝かせる　　(5)　②　　(6)　滞育症候群　　(7)　児童虐待
防止　　(8)　ワンオペ育児　　(9)　ネウボラ　　(10)　チャイルドデ
スレビュー
〈解説〉(1)　生理的微笑とは生まれながらに備わっている単なる筋肉の
動きであるのに対して，社会的微笑は，赤ちゃんが意識して反応した
微笑みのことである。　(2)　ハンドリガードとは，ハンド(手)をリガ
ード(regard)じっと見ることである。ハンドリガードは赤ちゃんが自分
の手を道具として使う最初の行為であり，発達のサインと考えられて
いる。　(3)　新生児の脊柱はS字カーブを描いておらず全体的に丸く
後ろにカーブしており，これを一次わん曲という。首が座ると，首の
前わんが現れ，これを二次わん曲という。さらに歩行ができるように

なると腰の前湾が現れ，S字を描いたカーブになる。人の脳は重いため，S字に湾曲していることでバランスよく立ち上がることができ，脳を衝撃から守ることもできる。 (4) 授乳後には赤ちゃんを縦に抱えて，背中をやさしく叩くなどして乳と一緒に飲み込んでしまった空気を吐かせるとよい。 (5) フードやズボンのすそにひもがついていると，遊具で遊んでいる際に引っかかってしまい，転倒したり，窒息してしまったりする危険性があるため，子どもの衣服には不向きである。JIS L4129で子ども服の安全基準が設けられた。 (6) 滞育とは育まれることが滞ることである。五間の減少，つまり，少子化による仲間の減少，遊ぶ場所が限られ，遊ぶ空間の減少，塾や習い事などによる遊ぶ時間の減少などにより子どもの体力が低下し，運動能力の発達に停滞が生じている。 (7) オレンジリボン運動は2005年から全国で始まった。子どもの虐待をなくすことを呼びかける市民運動であり，虐待のない社会を築くことを目指している。 (8) ワンオペとは，ワンオペレーションの略であり，一人で作業することである。ブラック企業のワンオペ労働が，母親たちの家事育児などの労働とそっくりなことから，2015年ごろからワンオペ育児という言葉がネットを中心に広まり始めた。 (9) ネウボラとは，助言の場という意味である。各家庭に専属の保健師が付き，妊娠期から就学前までの健康診断・相談支援を行う子育て支援の拠点である。日本では，妊産婦や乳幼児らの支援機関や制度は多いが，それぞれで対応することが多く，必要な支援が届いていない状況も見られることから，日本版ネウボラが導入された。 (10) チャイルドデスレビュー(Child Death Review)とは英語で子どもの死因究明である。子どもが死亡した時に，複数の機関や専門家(医療機関，警察，消防，行政関係者等)が，子どもの既往歴や家族背景，死に至る直接の経緯等に関する様々な情報を基に死因調査を行うことにより，効果的な予防対策を導き出し予防可能な子どもの死亡を減らすことを目的としている。

【３】(1)　(名称／A群／B群の順)　①　斜文織(綾織)／ア／c
②　朱子織／ウ／b　③　平織／イ／a　(2)　界面活性剤の浸透作
用のため，繊維に水が入り，下に沈む。　(3)　①　ア　型紙の作成
イ　地直し　ウ　裁断　②　ア　しつけ　イ　ゆとり
③　(イ)　(4)　名称…リッパー　説明…縫い目を切ったり，ボタ
ンホールを開けたりする時に使用する。　(5)　(ウ)

〈解説〉(1)　平織，斜文織，朱子織は三原組織という織物の基本組織で
ある。平織の織物には，ブロードの他に，ギンガム，サッカー，ガー
ゼなどがある。斜文織の織物には，デニムの他に，サージ，ツイード
などがある。朱子織の織物には，サテンの他に，ドスキンなどがある。
(2)　界面活性剤には，浸透作用，乳化作用，分散作用，再付着防止作
用がある。界面活性剤の汚れを落とす仕組みを図で確認し，理解して
おくこと。　(3)　①　地直しとは，裁断前に布のゆがみ，つれ，しわ
を正し，洗濯による収縮をふせぐなど布地をととのえることである。
地直しの方法は布地により異なるので整理して覚えておくこと。
②　仮縫いの際には，本縫いの後で取り除きやすいようにしつけ糸を
使用する。試着補正のポイントとしては，ウエストやヒップのゆとり，
スカート丈，体型にあわないしわ，ダーツの位置と分量，わき，すそ
のラインなどがある。　③　正答以外の選択肢について，(ア)はロッ
クミシン，(ウ)は捨てミシンによる縫い代の始末を示している。
(4)　リッパー以外にも裁縫道具の名称と使い方は覚えておくこと。
(5)　正答以外の選択肢について，(ア)は，廃棄物を焼却する際に発生
する熱エネルギーを回収して利用すること，(イ)は，使用済みの製品
や資源を再利用すること，(エ)は，回収したペットボトルとケミカル
リサイクルまたはメカニカルリサイクルにより原料にもどし，再びペ
ットボトルを作ることである。

【４】(1)　①　ア　通風　イ　打ち水　②　緑のカーテン
(2)　住生活基本法　(3)　ヒートショック　(4)　③　(5)　(ウ)
(6)　HEMS(ヘムス)

〈解説〉(1)　ア　通風をよくするには，窓が2面以上あり一直線に対面していること，必要な時は常に開けておくこと，風向きを考慮することなどのポイントがある。　イ　打ち水とは，道や庭などに水を撒くことによって涼しさを得るという日本の風習である。撒いた水が蒸発するときに地表の熱を気化熱として奪うため，気温が下がる。緑のカーテンは，朝顔やゴーヤなどのツル性の植物を窓の外や壁面に張ったネットなどに這わせて，カーテンのように覆ったものである。自然の力を利用した夏場の省エネルギー対策である。　(2)　住生活基本法では，住生活の安定の確保及び向上の促進に関する施策として，安全・安心で良質な住宅ストック・居住環境の形成，住宅の取引の適正化，流通の円滑化のための住宅市場の環境整備，住宅困窮者に対する住宅セーフティネットの構築などが挙げられている。　(3)　ヒートショックを予防するためには，浴室や脱衣所を暖めておくことや，お風呂に入ったら，まずはかけ湯やシャワーを浴びること，お風呂の温度を41℃以下にすること，お湯に浸かる時間を10分以内にすることなどある。　(4)　避難の準備を行う段階ではなく，避難を開始するが正しい。(5)　(ア)は避難所，(イ)は避難所兼緊急避難場所である。

(6)　HEMSとは(Home Energy Management System)のことであり，家庭で使用するエネルギーを節約するための管理システムである。

【5】(1)　①　(c)　②　(e)　③　(b)　④　(d)　⑤　(a)
(2)　物忘れは昼食の内容を忘れる。認知症による記憶障害は，昼食を食べたことを忘れる。　(3)　ヘルプマーク　(4)　孤立，ライフステージ　(5)　③
〈解説〉(1)　ダイバーシティとは多様性のことである。バリアフリーとは，障害となるものを取り除くことである。ユニバーサルデザインとは，あらゆる人が利用しやすいように物や環境をデザインすることである。ノーマライゼーションは，障害者の権利を尊重し，社会的な偏見や差別を排除し，障害者が一般の社会に参加できるようにすることである。ソーシャル・インクルージョンは，社会的な包摂や参加を意

味する。いずれも重要で頻出用語なので理解しておくこと。　(2)　加齢による物忘れは，物忘れを自覚している，体験したことの一部を忘れる，判断力は低下しない，日常生活に支障はないという状態であるが，認知症による物忘れでは，物忘れの自覚がない，体験したこと自体を忘れる，判断力が低下する，日常生活に支障があるという状態である。　(3)　義足や人工関節を使用している人，内部障害や難病の人，または妊娠初期の人など，外見からは分からなくても援助や配慮を必要としている人が，周囲の人に配慮を必要としていることを知らせることで，援助を得やすくなるように作成されたマークである。

(4)　5つの観点は，以下の通り。1.自立(高齢者は，収入や家族・共同体の支援及び自助努力を通じて十分な食料，水，住居，衣服，医療へのアクセスを得るべきである。)　2.参加(高齢者は，社会の一員として，自己に直接影響を及ぼすような政策の決定に積極的に参加し，若年世代と自己の経験と知識を分かち合うべきである。)　3.ケア(高齢者は家族及び共同体の介護と保護を享受できるべきである。)　4.自己実現(高齢者は自己の可能性を発展させる機会を追求できるべきである。)5.尊厳(高齢者は，尊厳及び保障をもって，肉体的・精神的虐待から解放された生活を送ることができる。)　　(5)　正答以外の選択肢について，①は1992年，②は1963年，④は2021年に施行された。

【6】(1)　①，③，④　　　(2)　SOGI　　　(3)　シルバーデモクラシー(シルバー民主主義)　　　(4)　ディーセント・ワーク　　　(5)　労働関係調整法　　　(6)　パタニティハラスメント(パタハラ)　　　(7)　②→④→⑤→③→①

〈解説〉(1)　②と⑥は20歳以上，⑤は19歳以上である。成人年齢の引き下げで変わったことと変わらないことの区別ができるよう理解しておくこと。　　(2)　SOGI(ソジ)とは，性的指向(Sexual Orientation)と性自認(Gender Identity)の頭文字を取った言葉である。SOGIは，特定の性的指向や性自認の人のみが持つものではなく，すべての人が持つものである。　　(3)　日本では，1950年には全有権者のうち若者世代(20～30

代)の割合は50％を超えたが，2015年には30％弱まで低下した。反対に，高齢者世代(60歳以上)の割合は14％から40％に上昇し，2050年には有権者の半分以上が高齢者世代になると予想されている。　(4)　ディーセント・ワークについては，SDGsのゴール8「働きがいも経済成長も」に掲げられており，世界共通の目標となっている。具体的には，権利が保障される，十分な収入を生み出す，適切な社会的保護があたえられる，十分な仕事があることがディーセント・ワークを実現することとなる。　(5)　労働関係調整法は，労働組合と企業との間に起きた紛争を労働委員会が中立・公正に解決するための手続きを定めた法律である。　(6)　パタニティハラスメントとは，父性(Paternity)と嫌がらせ(Harassment)を組み合わせた言葉である。具体的には，男性が育児休業の取得を申請しても認めない，復職後にわざと仕事を与えないなどが挙げられる。　(7)　①は2015年，②は1948年，③は1999年，④は1979年，⑤は1985年である。

【7】(1)　TCAサイクル　　(2)　リパーゼ　　(3)　ファイトケミカル　(4)　アナフィラキシーショック　　(5)　アントシアン(アントシアニン)　(6)　たんぱく質分解酵素(プロテアーゼ)　　(7)　ペットボトル症候群(ソフトドリンク・ケトーシス)　　(8)　ミオグロビン　(9)　コラーゲン　　(10)　フードファディズム　　(11)　②　(12)　④　　(13)　キャリーオーバー　　(14)　食品ロス削減推進法
〈解説〉(1)　TCAサイクルとは，tricarboxylic acid cycleの略である。TCAサイクルは食物から得たエネルギーを細胞が利用可能な形に変換する過程である。　(2)　リパーゼは脂質を分解する酵素であり，膵臓で作られ十二指腸で分泌される。　(3)　ファイトケミカルには抗酸化力による健康への効果が期待されている。ファイトケミカルには様々なものがあるが，ポリフェノール，カロテノイド，含硫化物などがそれにあたる。　(4)　アナフィラキシーショックとは，引き起こすと，短時間のうちに死に至ることもある。エピペン®の使い方も理解しておきたい。　(5)　アントシアン色素は鉄と結合すると安定的な色になる

ため，黒豆を鉄なべで煮る，なすの漬物に古くぎを入れるなど調理に活用されている。　(6)　生のパイナップルやキウイ，パパイヤなどにはたんぱく質分解酵素が含まれ，ゼラチンを使用したゼリーは凝固しなくなる。また，動物のコラーゲンを分解する作用があり，肉などを柔らかくするので酢豚などの調理に用いられる。　(7)　コーラでは500mlに角砂糖14個分，スポーツドリンクでも500mlに角砂糖6〜8個程度の糖が含まれている。　(8)　ミオグロビンはヘモグロビンに類似した色素たんぱく質の一種である。ミオグロビンは加熱すると，変性メトミオグロビンへと変性するため，赤色から褐色に変化する。

(9)　コラーゲンは，骨，軟骨，皮膚などの結合組織や細胞を強くするために重要である。同じような働きをするたんぱく質には，エラスチンやケラチンがあり，エラスチンは靭帯に多く存在し，強い弾性を示す。ケラチンは表皮，毛髪，爪などの主成分である。　(10)　フードファディズムとは，食品や食品に含まれている栄養素が，体に与える影響を，過大評価すること，あるいは逆に過大に悪く評価することを指す。　(11)　かつお節のうま味成分はイノシン酸で間違いないが，チーズのうま味成分はグルタミン酸である。　(12)　亜鉛の欠乏症状としては，食欲不振，倦怠感，味覚の消失などであり，甲状腺の肥大や発育不全はヨウ素の欠乏症状である。ミネラルやビタミンの種類と欠乏症状は覚えること。　(13)　食品の原材料を製造するときには使用されているが，その原材料を用いて製造する食品には使用されないことと，出来上がった食品には，原材料から持ち越された食品添加物が，効果を発揮することができる量より少ない量しか含まれていないことに当てはまる食品添加物である。　(14)　食品ロス削減推進法の前文には，「世界には栄養不足の状態にある人々が多数存在する中で，とりわけ，大量の食料を輸入し，食料の多くを輸入に依存している我が国として，真摯に取り組むべき課題である」ことが明示されている。食品ロスについての問題は頻出なので，さまざまな角度から学習しておくこと。

【8】(1) ステルスマーケティング(ステマ)　(2) ②→③→④→⑤→①
(3) 国際消費者機構(CI：Consumers International)　(4) 循環型社会
形成推進基本法　(5) CSR　(6) ① (ウ)　② (ア)
(7) グリーンコンシューマリズム　(8) 消費者市民社会

〈解説〉(1) 景品表示法は，うそや大げさな表示など消費者をだますよ
うな表示を規制し，消費者がより良い商品・サービスを自主的かつ合
理的に選べる環境を守っている。令和5年から，ステルスマーケティ
ングは景品表示法違反となった。　(2) ①の消費者教育推進法は2012
年，②の製造物責任法は1995年，③の消費者契約法は2000年，④の特
定商取引法は2001年，⑤の消費者基本法は2004年に成立した。

(3) 消費者の8つの権利と5つの義務は覚えておくこと。　(4) 循環型
社会形成推進基本計画の概要を確認し，理解を深めておくこと。

(5) CSRとは，Corporate Social Responsibilityの略である。人材育成，
キャリア形成支援が積極的に行われることにより能力の向上が図られ
ること，個人それぞれの生き方，働き方に応じて働くことができる環
境が整備されること，全ての個人について能力発揮の機会が与えられ
ること，安心して働く環境が整備されていること。　(6) (イ)も頻出
用語である。環境(Environment)・社会(Social)・企業統治(Governance)
の頭文字を取った言葉であり，企業が長期的に成長するためには，経
営において気候変動対策，環境破壊の回避，働き方の改善，ダイバー
シティ推進，積極的な情報開示，公正・透明な経営などの観点が必要
だという考えである。(ウ)は環境マネジメントの国際規格である。

(7) 定義としては，必要なものだけ買う，ごみになるものは買わずに
容器は再利用できるものを選ぶ，使い捨て商品は避け，長く使えるも
のを選ぶ，使う段階で環境負荷が少ないものを選ぶ，つくる時に環境
を汚さず，つくる人の健康を損なわないものを選ぶ，自分の家族の健
康や安全を損なわないものを選ぶ，使ったあと，リサイクルできるも
のを選ぶ，再生品を選ぶ，生産・流通・使用・廃棄の各段階で資源や
エネルギーを浪費しないものを選ぶ，環境対策に積極的な店やメーカ
ーを選ぶ，が挙げられる。　(8) 消費者教育推進法で「消費者が，

個々の消費者の特性及び消費生活の多様性を相互に尊重しつつ，自らの消費生活に関する行動が現在及び将来の世代にわたって内外の社会経済情勢及び地球環境に影響を及ぼし得るものであることを自覚して，公正かつ持続可能な社会の形成に積極的に参画する社会」と定義されている。

2023年度　実施問題

【中学校】

【1】次の各問いに答えなさい。

(1) 次の文は，教育基本法第2条の条文である。条文中の(①)～
(④)にあてはまる語句の組み合わせとして最も適切なものを，
以下の(ア)～(カ)から一つ選び，記号で答えなさい。

> 第2条　教育は，その目的を実現するため，(①)を尊重しつ
> つ，次に掲げる目標を達成するよう行われるものとする。
> 1　幅広い知識と教養を身に付け，真理を求める態度を養い，
> 　豊かな情操と(②)を培うとともに，健やかな身体を養う
> 　こと。
> 2　個人の価値を尊重して，その能力を伸ばし，(③)を培い，
> 　自主及び自律の精神を養うとともに，職業及び生活との関連
> 　を重視し，勤労を重んずる態度を養うこと。
> 3　正義と責任，男女の平等，自他の敬愛と協力を重んずると
> 　ともに，公共の精神に基づき，主体的に社会の形成に参画し，
> 　その発展に寄与する態度を養うこと。
> 4　生命を尊び，自然を大切にし，環境の保全に寄与する態度
> 　を養うこと。
> 5　伝統と文化を尊重し，それらをはぐくんできた我が国と郷
> 　土を愛するとともに，他国を尊重し，(④)の平和と発展
> 　に寄与する態度を養うこと。

	①	②	③	④
(ア)	学問の自由	道徳心	創造性	自国
(イ)	表現の自由	道徳心	社会性	自国
(ウ)	学問の自由	道徳心	創造性	国際社会
(エ)	表現の自由	奉仕の心	社会性	国際社会
(オ)	学問の自由	奉仕の心	社会性	自国
(カ)	表現の自由	奉仕の心	創造性	国際社会

(2)　次の文章は，令和元年10月25日付けの文部科学省初等中等教育局長通知である「不登校児童生徒への支援の在り方について」の一部である。(　①　)・(　②　)にあてはまる最も適切な語句を答えなさい。なお，同じ番号の(　)には，同じ語句が入るものとする。

1　不登校児童生徒への支援に対する基本的な考え方
　(1)　支援の視点
　　　不登校児童生徒への支援は，「学校に登校する」という結果のみを目標にするのではなく，児童生徒が自らの進路を主体的に捉えて，(　①　)的に自立することを目指す必要があること。また，児童生徒によっては，不登校の時期が休養や自分を見つめ直す等の(　②　)的な意味を持つことがある一方で，学業の遅れや進路選択上の不利益や(　①　)的自立へのリスクが存在することに留意すること。

---

(3)　次の文章は，中学校学習指導要領(平成29年3月告示)第2章　第8節　技術・家庭　第2　各分野の目標及び内容で示された「家庭分野」の一部である。(　①　)～(　⑥　)に入る最も適切な語句を【語群】より一つずつ選び，記号で答えなさい。

1　目標
　　生活の営みに係る見方・考え方を働かせ，衣食住などに関する実践的・(　①　)な活動を通して，よりよい生活の実現に向けて，生活を工夫し創造する資質・能力を次のとおり育成することを目指す。

---

(1) 略

(2) 家族・家庭や地域における生活の中から問題を見いだして課題を設定し，解決策を構想し，実践を評価・改善し，考察したことを(②)に表現するなど，これからの生活を(③)して課題を解決する力を養う。

(3) 略

2 内容
B 衣食住の生活
次の(1)から(7)までの項目について，課題をもって，健康・快適・安全で(④)食生活，衣生活，住生活に向けて考え，工夫する活動を通して，次の事項を身に付けることができるよう指導する。

3 内容の取扱い
(3) 内容の「B衣食住の生活」については，次のとおり取り扱うものとする。
ア 日本の(⑤)な生活についても扱い，生活文化を(⑥)する大切さに気付くことができるよう配慮すること。
イ 略

【語群】
(ア) 伝統的　　(イ) 基本的　(ウ) 主体的　(エ) 体験的
(オ) 具体的　　(カ) 論理的　(キ) 創造　　(ク) 継承
(ケ) 持続可能な　(コ) 豊かな　(サ) 想像　　(シ) 展望

(☆☆☆○○○○)

【2】家族・家庭生活について，次の各問いに答えなさい。
(1) 家庭を支える社会について，次の各問いに答えなさい。

① 次の図1は，仕事や家事に費やす時間を4か国(イギリス，スウェーデン，ドイツ，日本)で比較したものである。日本とスウェーデンを表しているものを図1中の(ア)〜(エ)からそれぞれ一つずつ選び，記号で答えなさい。

図1

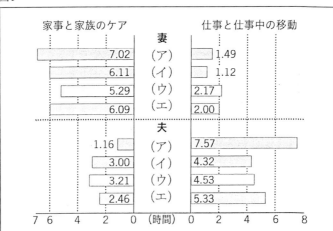

(週全体の平均，6歳以下(日本は5歳以下)の子がいる夫・妻)

(総務省統計局「平成23年社会生活基本調査」)

注)・仕事と仕事中の移動時間は，休日も含めた7日間の平均値である。

　　・6歳以下の子がいる妻は無職や育児休業中の人がいるため，仕事時間の平均値が短くなっていると考えられる。

　　・国により定義の相違があるため，比較には注意を要する。

② 「仕事」と，育児や介護，趣味や学習，休養，地域活動といった「仕事以外の生活」との調和をとり，その両方を充実させる働き方・生き方のことを何というか，カタカナで答えなさい。

③ 「男女が，互いにその人権を尊重しつつ責任も分かち合い，性別にかかわりなく，その個性と能力を十分に発揮することができ

る社会」をめざすため，1999年に施行された法律を何というか，答えなさい。
(2)　次の文章は，幼児の体と心の発達について説明したものである。(ア)～(ク)に入る最も適切な語句や数字を答えなさい。

　乳児期・幼児期は，心身の発達がめざましい時期であり，身長は1歳で出生時の約(ア)倍に，体重は1歳で約3倍になる。特に幼児期は，一生のうちでも運動機能や(イ)，神経系の発達もめざましく，言語や認知，情緒，社会性なども大きく進む。

　体や運動機能の発達には，(ウ)性と順序性がある。(ウ)性とは，発達が頭から下部へ，体の中心から末端へなど，一定の(ウ)に進んでいくことである。順序性とは，(エ)がすわり，座れるようになって，立つようになるなど，発達の順番が決まっていることである。(ウ)性や順序性は同じであるが，発達が現れる時期や期間には(オ)が見られる。

　2～4歳にかけては(カ)反抗期といわれ，拒否や抵抗が目立つようになる。これは(キ)が芽生え，(ク)ができるようになった現れである。

(3)　中学生と幼児とのふれ合い体験を実施するにあたり，けがや事故がないように，幼児とかかわる前に衛生面や安全面の留意点を中学生に指導したい。どのようなことを指導するか，二つ具体的に答えなさい。

(☆☆☆◎◎◎◎)

【3】消費生活について，次の各問いに答えなさい。
(1)　いろいろな支払い方法とカードについて，次の各問いに答えなさい。
① 使ったその場で銀行の口座から引き落としされるカードのことを何というか，答えなさい。
② あらかじめ一定額を支払って購入する使い捨てタイプ(図書カードなど)と，入金チャージしておいた金額の範囲内で買い物で

きる，繰り返し使えるタイプ(交通系カードなど)がある，前払い
に使用するカードを総称して何というか答えなさい。

③　クレジットカードによる支払いは後払いである。クレジットカードの長所，短所をそれぞれ二つずつ答えなさい。

(2)　クーリング・オフ制度について，誤っているものを①〜⑤の中からすべて選び，記号で答えなさい。

①　「クーリング・オフ」とは，「問題をきれいに解決する」という意味の言葉である。

②　契約書を受け取った日も含めて，8日以内が対象である。(販売方法により「20日以内」もある)

③　5,000円以上の契約商品が対象である。

④　路上や電話などで勧誘されて営業所に連れて行かれた場合は，クーリング・オフの対象とならない。

⑤　店舗に出向いて契約した品物は，クーリング・オフの対象とならない。

(3)　限りある資源を大切にするためには，ごみを減らし，資源を循環させながら利用する3Rの実践が有効である。次の行動は，3R(リデュース，リユース，リサイクル)のどれにあてはまるか，答えなさい。

①　買い物の時はマイバッグを持参する。

②　ペットボトルを資源ゴミに出す。

③　詰め替え用のシャンプーを買う。

④　着られなくなった服を弟に譲る。

⑤　エコマークやグリーンマークなどのついた商品を選ぶ。

⑥　容器包装の少ないものを選ぶ。

(4)　次の文章は，持続可能な社会について説明したものである。
(　ア　)〜(　カ　)に入る最も適切な語句や数字を答えなさい。

・人や社会，環境に配慮した倫理的消費行動のことを(　ア　)消費という。

・(　ア　)消費の活動の一つで，発展途上国で生産された作物や製

品を，適正な価格で継続的に取り引きし，生産者の生活の自立を支える仕組みを(イ)という。

・(ウ)年(西暦)9月の国連サミットで採択された「持続可能な開発目標」を英語で表したときの略称は(エ)である。

・(エ)は，(オ)年(西暦)までの国際社会の共通目標である。

・(エ)では，人と社会，環境，経済の3つの視点から「誰一人も取り残さない」をキャッチフレーズに，すべての人が幸せで人間らしい生活をめざして，(カ)の具体的な国際目標を掲げている。

(☆☆☆◎◎◎◎)

【4】住生活について，次の各問いに答えなさい。

(1) 次の文章は，室内環境について説明したものである。(ア)～(ク)に入る最も適切な語句を答えなさい。

室内の空気を汚染するものには，呼吸などによる二酸化炭素，暖房などによる(ア)，カビや(イ)，ほこり，ペットの毛などがある。また，塗料や接着剤に使われるホルムアルデヒドなどの化学物質も室内空気を汚染する原因になり，(ウ)症候群の発生に関連する。

近年，アルミサッシの普及などによって室内の(エ)化が進み，(オ)が不足すると汚れた空気や湿気がこもりがちになる。また，空気中の(ア)が，窓や壁などの低温の場所で水滴になることを(カ)という。(カ)は，木材を腐らせて住まいを傷めたり，カビや(イ)を発生させて(キ)やぜんそくを起こしたりする原因となる。

ガスコンロや石油ストーブなどの不完全燃焼によって発生する(ク)は，無色，無臭で，微量でも吸い込むと意識不明に陥り，死に至ることがある。

家族の健康のためにも日常的に空気をきれいに保とう，(オ)を習慣づけることが大切である。

(2)　太陽光，風力，バイオマス(糞尿・木くず・廃油など生物資源のこと)など，資源がなくなる心配がないとされているエネルギーを総称して何というか，答えなさい。

(3)　①〜⑦の説明の中から，高齢者の安全対策に関係するものをすべて選び，番号で答えなさい。

①　注意力が低下するので，炎の出ない電気・電磁調理器や暖房器具を使う。

②　活動が活発で動き回るので，台所や浴槽に一人で入れないように鍵をつける。

③　体が小さくて頭が重く，重心が上の方にあるので，身を乗り出せないよう，手すりや柵を高くし，台になるものを置かない。

④　視力が低下するので，照明を明るくして周囲や足もとを見分けやすくする。

⑤　脚力の低下ですり足歩行になるので，床の段差をなくし，つまずきやすいものやすべりやすいものを置かない。

⑥　トイレに行く回数が増加するので，部屋をトイレの近くにする。

⑦　何にでも興味を示し，さわったり引っ張ったり口に入れたりするので，手の届く範囲に誤飲の原因となるものを置かない。

(☆☆◎◎◎◎)

【5】食生活について，次の各問いに答えなさい。

(1)　栄養について，次の(①)〜(⑦)に入る最も適切な語句を答えなさい。ただし，正答が複数考えられる場合は一つ答えればよい。

・炭水化物のうち糖質は体内で(①)などに分解されて吸収され，体内でエネルギー源となる。食物繊維は便通をよくする。

・脂質は(②)などの人体の構成成分となり，脂肪はエネルギー源となる。

・タンパク質は(③)が結合したもので，血液や筋肉を作るもとになり，体内で分解されエネルギー源となる。

・ビタミン(④)は，炭水化物や脂質がエネルギーに変わるとき
に必要となる。ビタミン(⑤)は，骨や歯を丈夫にする。
・一日に摂取することが望ましいエネルギーや栄養素の量の基準を
示したものを(⑥)という。
・食品群別摂取量の目安に示された数値を，実際に食べる食品のお
よその量として示したものを，食品の(⑦)という。

(2) 次の[ ]の献立について，以下の各問いに答えなさい。

> トースト(食パン，バター)
> 目玉焼き　ベーコン
> 果汁100％リンゴジュース

① 使われている食品を6つの食品群に分けたとき，全くとれてい
ない食品群を二つ，数字で答えなさい。
② この献立の改善策を具体的に考え，答えなさい。

(3) 次の①～③の食品添加物について，実際に使われる物質名を(ア)
～(キ)の中からそれぞれ一つずつ選び，記号で答えなさい。
① 保存料　　② 発色剤　　③ 豆腐用凝固剤
(ア) 亜硝酸ナトリウム　　(イ) 塩化マグネシウム
(ウ) グルタミン酸　　(エ) ベニバナ黄色素
(オ) ソルビン酸　　(カ) 炭酸水素ナトリウム
(キ) ビタミンC

(4) 食中毒の原因となる①，②の特徴として適切なものを(ア)～(エ)
の中からそれぞれ一つずつ選び，記号で答えなさい。
① アニサキス　　② カンピロバクター
(ア) かき，はまぐりなどの二枚貝に付着しているウイルスであ
る。大規模な集団感染の原因となる。
(イ) 鶏肉などに付着している。
(ウ) さば，いかの刺し身などに付着している寄生虫である。
(エ) 人の手指の傷口などから汚染する。

(5) 魚の調理等について，次の各問いに答えなさい。

① 鰯に適した下ごしらえの名前を答え，その手順について，次の
(A)〜(C)に入る最も適切な語句を答えなさい。

うろこをこそげ取り，(A)を落とす。次に腹に切り込みを
入れて内臓をかき出し，洗う。次に中骨に(B)を当て，中骨
に沿って身を開く。中骨を(C)から(A)に向かってはがす。
(その逆の方法もある。)最後に包丁で腹骨をそぎ切る。

② 魚の旬と栄養面について，次の(ア)〜(エ)に入る最も
適切な語句を答えなさい。

魚の脂質の(ア)やEPAは，人の体内ではほとんど作られな
い(イ)の一種である。血液中の(ウ)値を下げ，心筋梗
塞・脳梗塞を防ぐ。特に旬の季節が(エ)のぶりなどに多く含
まれる。

(☆☆☆◎◎◎◎)

【6】衣生活について，次の各問いに答えなさい。

(1) 衣服と社会のつながりを考えた着方をT.P.O.で表現しますが，こ
の三文字が表す意味について，それぞれ日本語で答えなさい。

(2) 次の図2の既製服の表示について，次の(ア)・(イ)に入る
最も適切な語句を答えなさい。

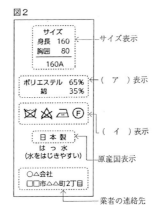

図2

(3) 次の文は，図2の「(ア)表示」について，なぜ綿とポリエステ

ルの混用なのか説明したものである。(A)～(C)に入る適切
な語句を答えなさい。

　綿は(A)を吸うが，(B)が遅く，(C)になりやすい。ポ
リエステルは(A)を吸わないが，(B)が早く，(C)になり
にくい。それぞれの繊維の長所を生かして短所を補うための混用で
ある。

(4)　図2の「(イ)表示」について，次の(A)・(B)の記号の意味を，
それぞれ答えなさい。

（A)　　　　　（B)

(5)　洗剤の働きについて，汚れが落ちる過程を次の①～③の三段階に
分けて説明したい。①～③のそれぞれについて，どのような状態な
のか，答えなさい。

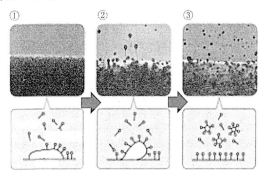

(6)　布を用いた製作について，次の各問いに答えなさい。

①　布を裁断する際に使うはさみの名称及びその使い方の留意点を答
えなさい。

②　次の(A)・(B)のそれぞれについて，点線で示した縫い方の名称と，
どのような目的で使うかを答えなさい。

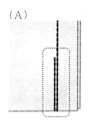

0.2～0.3cm

(裏)

(☆☆☆◎◎◎◎)

【高等学校】

【１】次の各問いに答えなさい。

(1) 次の文は，学校教育法において「第6章　高等学校」にある条文
の一部である。(出題の都合上，途中，省略した部分がある。)各条文
中の(　①　)～(　④　)にあてはまる語句の組み合わせとして，最
も適切なものを以下の(ア)～(ク)から一つ選び，記号で答えなさい。
なお，同じ番号の(　　)には，同じ語句が入るものとする。

> 第50条　高等学校は，中学校における教育の基礎の上に，心身
> の発達及び(　①　)に応じて，高度な普通教育及び専門教育
> を施すことを目的とする。
>
> 第51条　高等学校における教育は，前条に規定する目的を実現
> するため，次に掲げる目標を達成するよう行われるものとす
> る。
>
> 1　義務教育として行われる普通教育の成果を更に発展拡充さ
> せて，豊かな人間性，(　②　)及び健やかな身体を養い，国
> 家及び社会の形成者として必要な資質を養うこと。
>
> 2　社会において果たさなければならない使命の自覚に基づき，
> 個性に応じて将来の(　①　)を決定させ，一般的な教養を高
> め，専門的な知識，技術及び技能を習得させること。
>
> 3　個性の確立に努めるとともに，社会について，広く深い理
> 解と健全な(　③　)を養い，社会の発展に寄与する態度を養
> うこと。

> 第52条　高等学校の学科及び教育課程に関する事項は，
> （　中略　），（　④　）が定める。

	①	②	③	④
（ア）	学力	自立性	批判力	文部科学大臣
（イ）	進路	創造性	批判力	教育長
（ウ）	学力	創造性	貢献力	文部科学大臣
（エ）	進路	自立性	貢献力	地方公共団体の長
（オ）	学力	自立性	貢献力	教育長
（カ）	進路	自立性	貢献力	文部科学大臣
（キ）	学力	創造性	批判力	地方公共団体の長
（ク）	進路	創造性	批判力	文部科学大臣

(2)　次の文章は，「高等学校学習指導要領(平成30年3月告示)」におい
て「第1章　総則」に記載された，道徳教育に関する内容の一部で
ある。(出題の都合上，途中，省略した部分がある。)（　①　）～
（　③　）にあてはまる，最も適切な語句を答えなさい。なお，同じ
番号の(　)には，同じ語句が入るものとする。

> 第1款　高等学校教育の基本と教育課程の役割
> 　道徳教育や体験活動，多様な表現や鑑賞の活動等を通して，
> 豊かな心や創造性の涵養を目指した教育の充実に努めること。
> 　学校における道徳教育は，（　①　）に関する教育を学校の教
> 育活動全体を通じて行うことによりその充実を図るものとし，
> 各教科に属する科目(以下「各教科・科目」という。)，総合的な
> 探究の時間及び特別活動(以下「各教科・科目等」という。)のそ
> れぞれの特質に応じて，適切な指導を行うこと。
> 　道徳教育は，教育基本法及び学校教育法に定められた教育の
> 根本精神に基づき，生徒が自己探求と自己実現に努め国家・社
> 会の一員としての自覚に基づき行為しうる発達の段階にあるこ
> とを考慮し，（　①　）を考え，主体的な判断の下に行動し，自
> 立した人間として他者と共によりよく生きるための基盤となる
> 道徳性を養うことを目標とすること。

第7款　道徳教育に関する配慮事項

　　道徳教育を進めるに当たっては，道徳教育の特質を踏まえ，第6款までに示す事項に加え，次の事項に配慮するものとする。

1　各学校においては，（　中略　）道徳教育の目標を踏まえ，道徳教育の全体計画を作成し，校長の方針の下に，道徳教育の推進を主に担当する教師（「（　②　）」という。）を中心に，全教師が協力して道徳教育を展開すること。なお，道徳教育の全体計画の作成に当たっては，生徒や学校の実態に応じ，指導の方針や重点を明らかにして，各教科・科目等との関係を明らかにすること。その際，公民科の「公共」及び「倫理」並びに（　③　）が，（　①　）に関する中核的な指導の場面であることに配慮すること。

(3)　「高等学校学習指導要領(平成30年3月告示)」において示された，各学科に共通する教科「家庭」の科目「家庭総合」について，次の各問いに答えなさい。

①　「家庭総合」の内容に示されているA，B，Cの項目について，最も適するものを次の(ア)～(キ)からそれぞれ一つずつ選び，記号で答えなさい。

　　(ア)　人の一生と家族・家庭

　　(イ)　人の一生と家族・家庭及び福祉

　　(ウ)　衣食住の生活の科学と文化

　　(エ)　衣食住の生活の自立と設計

　　(オ)　持続可能な消費生活・環境

　　(カ)　生活の科学と環境

　　(キ)　ホームプロジェクトと学校家庭クラブ活動

②　次の文章は，「家庭総合」において，内容の取扱いに当たって配慮する事項として記載された内容の一部である。（　ア　）～（　ウ　）にあてはまる，最も適切な語句を答えなさい。

> 　内容のAからCまでについては，生活の科学的な理解を深めるための実践的・（　ア　）的な学習活動を充実するとともに，生活の中から問題を見いだしその課題を解決する（　イ　）を重視すること。また，現在を起点に将来を見通したり，自己や家族を起点に（　ウ　）や社会へ視野を広げたりして，生活を時間的・空間的な視点から捉えることができるよう指導を工夫すること。

(☆☆☆◎◎◎◎◎)

【2】子どもの成長や発達，子育て支援などに関する次の各問いに答えなさい。

(1)　人間は多くの生物と異なり，からだの機能が未熟な状態で誕生する。このことを何というか答えなさい。

(2)　新生児・乳児期初期にみられる，大きな音がしたときに両手を広げて抱きつこうとする原始反射を何というか答えなさい。

(3)　赤ちゃんに備わっている，大きい頭，広いおでこ，ふくらんだほほなど，人をひきつける身体的特徴を何というか答えなさい。

(4)　次の①〜⑤の説明文を読み，その内容が正しいものには○を，間違っているものには×を記入しなさい。

①　子どもは生後3か月を過ぎると先天性免疫がなくなり始め，感染症にかかりやすくなる。

②　乳児の頭蓋骨はつぎ目部分に隙間がある。ひたいの上部の隙間を小泉門といい，ひし形をしている。出産の際，この隙間を利用して骨を重ね合わせ，頭を小さくして狭い産道を通る。

③　生後9〜11か月には離乳食を始め，発達状況に応じて少しずつ固形食へ移行していく。

④　3歳ころの描画にみられる頭(顔)から直接足がはえた絵のことを頭足人という。

⑤　乳幼児期に愛着関係が適切に形成されず，情緒的にひきこもっ

たり，だれにでも過度に社交的にふるまったり，自分を傷つけるような行動をとったりするといった症状が問題になることがある。このことを心理学では，愛着障害と呼ぶ。

(5)　言葉の発達について，次の(ア)～(オ)を発達の順に並べ替え，記号で答えなさい。

(ア)　二語文を話す　　(イ)　アーウーなど声を出す

(ウ)　一語文を話す　　(エ)　自分の名前を言う

(オ)　喃語を話す

(6)　次の①～⑤の内容が定められている働き方・子育てに関する法律・条約として，最も適切なものを以下の(ア)～(キ)からそれぞれ一つずつ選び，記号で答えなさい。

①　母子健康手帳の交付，妊娠中の女性及び乳幼児の健康診査，未熟児養育医療など。

②　生理休暇・産前6週間産後8週間の休業，妊産婦の深夜・時間外・休日労働の制限など。

③　育児のための休業を保障。配偶者・父母・子・配偶者の父母などに対する介護が必要な場合の休業を保障。いずれも，休業する者の解雇を禁止など。

④　妊娠及び母性休暇を理由とする解雇の禁止，親の家庭責任と職業上の責務及び社会的活動への参加の両立の保障・援助・促進など。

⑤　教育訓練・福利厚生・定年・退職・解雇・募集・採用・配置・昇進などについての男女双方に対する差別の禁止。妊娠・出産による能率低下などを理由とする不利益取り扱いの禁止など。

(ア)　育児・介護休業法　　　　(イ)　男女雇用機会均等法

(ウ)　男女共同参画社会基本法　(エ)　母体保護法

(オ)　母子保健法　　　　　　　(カ)　女子差別撤廃条約

(キ)　労働基準法

(7)　平成26年1月に施行された，子どもが生まれ育った環境に影響されず生活できるよう対策することなどを定めた法律名を答えなさい。

(8) 1994年にカイロで開催された国際人口開発会議で提唱された「性と生殖に関する健康・権利」に関連して，自分の性や生殖にかかわることを自分で決定する権利のことを何というか答えなさい。

(☆☆☆☆◎◎◎◎)

【3】衣生活に関する次の各問いに答えなさい。

(1) 次の(①)～(⑤)にあてはまる，最も適切な語句，又は数字を答えなさい。

・被服をまとうことで皮膚と被服の間に空気層ができ，外気と異なる温度や湿度を持つ局所的な気候ができるが，このことを(①)という。この空気層は，温度では(②)±1℃，湿度では(③)±10%が快適とされる。

・被服による物理的刺激，又は化学的刺激により起こる障害を(④)という。

・2種類以上の繊維を混ぜて紡績して糸にすることを(⑤)という。

(2) 次の①～⑤の繊維の特徴として，適するものを【語群】の(ア)～(オ)から二つ(①については一つ)選ぶとともに，主な用途として最も適するものを【語群】の(カ)～(コ)から一つ選び，それぞれ記号で答えなさい。

① 綿 ② 絹 ③ キュプラ ④ アクリル
⑤ ポリエステル

【語群】記号は何度使用してもよい

(ア) 静電気を帯びやすい

(イ) 吸湿性・吸水性が大きい

(ウ) 紫外線で黄変しやすい

(エ) ぬれると極端に弱くなり縮みやすい

(オ) しわになりにくい

(カ) スカーフ

(キ) セーター

　　　(ク)　和洋服全般

　　　(ケ)　裏地

　　　(コ)　肌着

(3)　次の被服構成に関する図1～図3に関する各問いに答えなさい。

　①　図1のように，布を直線的に裁断し縫製する構成を何というか
　　　答えなさい。

　②　図1のアの部分の名称を答えなさい。

　③　図1の女性と男性の浴衣の製作過程において，丈のとり方の相
　　　違により，着付けの際，異なる部分が生じる。その部分の名称を
　　　答えなさい。

　④　図2のイの部分の技法の名称と効果を答えなさい。

　⑤　図1と図3の構成を比較した場合の図1の長所を答えなさい。

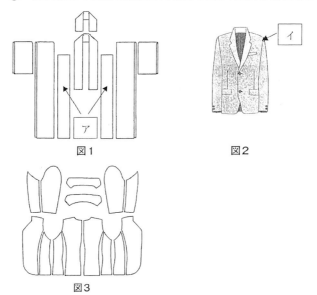

図1　　　　　　　　　　　　図2

図3

(4)　図4の取扱い表示はどのような取り扱いを示しているか説明しな
　　さい。

図4

(5) 化学繊維の正しい地直しの方法を次の①～③より一つ選び，記号で答えなさい。

① 全体に霧を吹き，裏面から中温でアイロンをかける。

② 裏面から中温または低温でアイロンをかける。

③ 1時間ほど水につけ，生乾きの状態で布目を正しながら，裏面から高温でアイロンをかける。

(6) 図5の道具の名称を答え，さらにミシンへの正しい設置を図示しているものは(ア)，(イ)のどちらか，記号で答えなさい。

図5

(7) はっぴのそで部分を次の【条件】に従って，縫いしろのしるしつけを以下に図示しなさい。また，図6のAの部分は布の表，裏のどちらか，答えなさい。

【条件：縫いしろは，そで口は2cm，そで下は1cm，そでつけは1cmとする。】

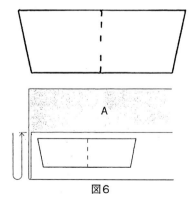

図6

(8)　シャツの製作において，シャツスリーブの場合の，そで付けのミシンがけの位置は，(ア)布の端，(イ)出来あがり線のどちらまでか，適するものを記号(ア)，(イ)から一つ選んで答えなさい。

(☆☆☆◎◎◎)

【４】住生活に関する次の各問いに答えなさい。

(1)　次の文章を読んで，以下の各問いに答えなさい。

> 　日本では，第二次世界大戦後の住宅問題を解決するために新規住宅供給などの(ア)を講じてきた。住宅取得のための公的資金の融資である(イ)や公的住宅の供給(公営住宅・(ウ))の制度により，住宅不足の解消と居住水準の向上をはかってきた。21世紀に入ると社会・経済情勢の変化に伴う新たな課題に対応するために住生活基本法が制定され，その理念を実施するために(エ)が策定された。

①　文章中の(ア)～(エ)にあてはまる，最も適切な語句を答えなさい。

②　下線部の住生活基本法を正しく説明しているものを次の(a)～(c)から一つ選び，記号で答えなさい。

(a)　建築物の広さや高さの限度，日影となる時間等を規制するルールや，防火性能，耐震強度など，住む人の環境や安全を守るための性能などを規定している法律

(b)　商業地域などの用途地域を定め，その地域の建築物の用途や密度を制限したり，鉄道や道路などの社会基盤の配置や設置計画を規定している法律

(c)　住宅の確保に特に配慮が必要な人たちの居住の確保を目指すなど，安全・安心な住宅を十分に供給するための住宅政策の指針となる法律

(2)　建築基準法で定めている部屋の有効採光面積に関する次の文中の( )にあてはまる，最も適切な数字を答えなさい。

> 窓など開口部は，その居室の床面積の(　　　)分の1以上必要である。

(3) 2006年に改正された消防法により，全ての住宅の寝室と階段に設置が義務付けられたものを答えなさい。

(4) 環境共生住宅において，軒や窓の配置など建物の構造や材料などの工夫により，自然エネルギーを最大限に活用・調整するものを何というか答えなさい。

(5) 防災，減災の観点より，保存のきく食材を少し多めに買って備蓄し，定期的に消費し，食べた分だけ買い足す方法を何というか答えなさい。

(6) 次の平面表示記号の名称を答え，この平面表示記号が表す実際の形を以下の(ア)〜(エ)から一つ選び，記号で答えなさい。

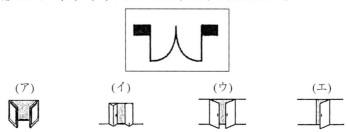

(7) 地震対策である「耐震」構造を図示しているものを次の(ア)〜(ウ)から一つ選び，記号で答えなさい。

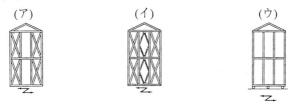

(8) 次の(ア)〜(カ)は「床座」と「椅子座」のいずれかの特徴を説明したものである。(ア)〜(カ)を「床座」と「椅子座」のいずれかに分類し，記号で答えなさい。

(ア)　部屋面積が小さくてすむ

(イ)　座り，立ちの動作が楽

(ウ)　床材である畳は，保温性・防音性に優れている

(エ)　活動性・作業性が高い

(オ)　ひざや腰の姿勢に無理がない

(カ)　部屋の転用が容易

(☆☆☆◎◎◎◎)

【5】福祉に関する次の各問いに答えなさい。

(1)　次の文章を読み，文中の(　①　)〜(　④　)にあてはまる，最も適切な語句又は数字を答えなさい。

　　厚生労働省が，認知症の人の意思が尊重され，できる限り住み慣れた地域のよい環境で自分らしく暮らし続けることができる社会の実現を目指して関係府省庁と共同して策定した(　①　)は，認知症への理解を深めるための普及・啓発の推進，認知症の容態に応じた適時・適切な医療・介護等の提供など(　②　)つの柱に沿って，施策を総合的に推進している。認知症への理解を深めるための普及・啓発の推進として，(　③　)の養成を進めている。(　③　)は認知症について正しく理解し，認知症の人や家族を温かく見守り，できる範囲で手助けする者で，市町村や職場などで実施されている(　③　)養成講座を受講した者である。(　③　)の証として，(　④　)や(　③　)カードが渡される。

(2)　右側にまひのある方への被服(上着)の着脱の支援の方法を説明しなさい。

(3)　次のマークは，世界共通の障がいのあるすべての人のためのマークで，障がいのある人が利用しやすい建築物や公共輸送機関であることを示すものである。このマークの名称を(ア)〜(オ)から一つ選び，記号で答えなさい。

(ア) オストメイト

(イ) ヘルプマーク

(ウ) 障害者のための国際シンボルマーク

(エ) ハート・プラスマーク

(オ) 身体障害者マーク

(4) 介護保険に関する次の文章を読み，(①)～(⑤)にあてはまる，最も適切な語句を以下の(ア)～(キ)からそれぞれ一つずつ選び，記号で答えなさい。

　介護保険サービスを利用するには，(①)に申請し，(②)認定を受ける。(③)1・2と認定された場合は，(④)と一緒に介護予防サービス計画を立て，介護予防サービスや総合事業を利用する。(②)1～5と認定された場合は，(⑤)と居宅サービス計画(ケアプラン)を立て，介護サービスを利用する。

(ア) 介護支援専門員　　(イ) 要支援　　(ウ) 要介護

(エ) 国　　　　　　　(オ) 県　　　　(カ) 市区町村

(キ) 地域包括支援センター

(5) 高齢者や共生社会に関する次の①～④の文は何を説明したものか，最も適切な語句を答えなさい。

① 骨や関節などの運動器の障がいのために，要介護となる危険性の高い状態。

② 単なる物忘れとは異なり，後天的な脳の病気などにより知的機能が全般的・持続的に低下し，日常生活に支障を生ずる状態。

③ 性別や人種，民族や国籍，障がいの有無などによって排除されることなく生活できる状態。

④ 高齢者に対する偏見や差別。高齢者へのマイナスなイメージで

の決めつけ。

(☆☆☆☆◎◎◎◎)

【６】家族や家庭に関する次の各問いに答えなさい。

(1)　次の(ア)〜(カ)は明治民法(旧民法)，又は現行民法のいずれかの記述である。現行民法の記述を三つ選び，記号で答えなさい。

(ア)　夫婦別財産制

(イ)　子や配偶者よりも父母に対する扶養義務が優先

(ウ)　跡取り(長男または養子)だけが相続

(エ)　妻は夫の家に入る

(オ)　女性のみ100日間の再婚禁止

(カ)　婚姻開始年齢は男女とも18歳

(2)　最近では，家計を支えるために，介護の担い手になれない親に代わって，祖父母の介護を引き受ける子どもや，病気や障がいを抱える家族を支えるために家事労働やケアを担う子どもたちも少なくない。このような子どもたちのことを何というかカタカナで答えなさい。

(3)　次の①〜④の文を読み，その内容が正しいものには○を，間違っているものには×を記入しなさい。

①　シティズンシップとは，精神分析学者エリクソンが提唱した言葉で，「自己同一性」と訳されることが多い。

②　日本に住む外国人が近年増加し，人の多様性を尊重するインクルージョンと多様な人を社会や組織に取り込むダイバーシティの重要性がさまざまな場で高まっている。

③　社会的自立は，自分の言動とその結果に責任を持てること，また，周囲からの助言や意見を冷静に受け止められる心が持てることである。

④　世界の中で比較しても，日本が世帯間の経済格差が大きい国であることは広く知られるようになっている。国内の経済格差を示す指標である相対的貧困率は高くなってきており，高齢者の貧困，

非正規雇用労働者の貧困に加えて，子どもの貧困も注目されている。

(☆☆☆◎◎◎◎)

【7】食生活に関する次の各問いに答えなさい。

(1) 次の①～④の文を読み，その内容が正しいものには◯を，間違っているものには×を記入しなさい。

① でんぷんにはアミロースとアミロペクチンの2種類がある。アミロペクチンが少ないと粘りが強くなる。

② 生のでんぷんはβでんぷんと呼ばれ，消化が悪い。βでんぷんに水を加えて加熱すると，糊化し，αでんぷんとなり，消化しやすくなる。

③ 脂溶性ビタミンは尿中に排出されるため，毎日とらないと不足しやすい。また，加熱により損失することがある。

④ カロテンは体内でビタミンAに変化するため，プロビタミンAとも呼ばれる。

(2) 小麦にはたんぱく質であるグリアジンとグルテニンが含まれている。小麦粉に水を加えてこねると，これらがからみあい粘弾性の高い何ができるか答えなさい。

(3) たんぱく質のはたらきに関する次の文章を読み，(①)～(⑤)にあてはまる，最も適切な語句を以下の(ア)～(ソ)からそれぞれ一つずつ選び，記号で答えなさい。

たんぱく質は，消化管で(①)にまで消化された後，吸収されて血液により各組織に運ばれる。吸収された(①)は，各組織でたんぱく質の合成に利用される。一部の(①)は糖質と同じく1gあたり(②)kcalのエネルギー源として利用される。たんぱく質を構成する(①)は20種類あるが，そのうち(③)種類は私たちの身体で合成することのできない(④)である。栄養価の低いたんぱく質を含む食品には，不足している(①)を多く含む食品と組み合わせると，たんぱく質の栄養価を改善できる。これをたん

ぱく質の(　⑤　)効果という。

(ア)　でんぷん　　　(イ)　ブドウ糖　　　(ウ)　食物繊維

(エ)　アミノ酸　　　(オ)　脂質　　　　　(カ)　3

(キ)　4　　　　　　 (ク)　5　　　　　　　(ケ)　7

(コ)　9　　　　　　 (サ)　必要アミノ酸　 (シ)　必須アミノ酸

(ス)　補足　　　　　(セ)　相互　　　　　(ソ)　補填

(4)　身長170cm，体重60kgの人のBMI(Body Mass Index)値を求めなさい。(答えは小数第2位を四捨五入して答えなさい。)

(5)　次の枠内のものは，マヨネーズソースの材料(できあがり約130g)を示したものである。(　①　)～(　③　)に最も適する材料の名称を答えなさい。

(　①　)…15g (1個)　　(　②　)…100mL　　(　③　)…20mL
洋からし…0.5g　　　塩…2g　　　こしょう…少量　　　砂糖…1.5g

(6)　次の①～⑤の文が表す法律又はシステムとして，最も適切なものを答えなさい。

①　原材料から生産・消費までの全過程を通して，危害の原因そのものを排除する徹底した衛生管理システム。

②　個体識別番号や産地情報などにより，生産−加工−流通−販売の各段階を通じて，食品の移動を把握できること。

③　食品の安全確保のために，飲食による衛生上の危害発生防止を目的としている法律。

④　食品の安全性の確保に関する施策を総合的に推進することを目的として制定された法律。これにもとづいて，公正中立な判断をする組織として食品安全委員会が設けられ，行政・事業者・消費者一体で食品の安全確保に取り組んでいる。

⑤　消費者が安全で目的に合った食品を選択できるよう，食品の表示について定めた法律。

(7)　食料を輸入している国が自国で生産するとすれば，どの程度の量の水が必要かを推定したものを何というか答えなさい。

(8) 輸入農産物には，輸送中に発生する害虫やかびを防ぐために，収穫後に農薬が散布されている。このことを何というか答えなさい。

(9) 調理用語に関する次の①～⑥の説明にあてはまる，最も適切な語句を以下の(ア)～(サ)からそれぞれ一つずつ選び，記号で答えなさい。

① 油揚げやさつま揚げなどを，さっと湯通ししたり，熱湯をかけたりして，表面の酸化した油をとること。

② きゅうりやふきなどに塩をふって，まな板の上で押し転がすこと。色を鮮やかにする効果がある。

③ 茶碗蒸しや豆腐，プリンなどをつくるときに加熱しすぎたり，火加減が強すぎたりすると表面に小さな穴ができること。

④ 汁物の仕上げに添える香味料。春は木の芽，夏はみょうがを使うなど，季節感を出すとよい。

⑤ あじの尾から腹にかけて生えた尖ったうろこのこと。

⑥ 火の通りや，味のしみこみをよくするため，食材の目立たないところに切れ目を入れること。

(ア) 油通し　　　(イ) 油抜き　　　(ウ) 隠し包丁
(エ) 飾り包丁　　(オ) かつらむき　(カ) すがたつ
(キ) 石づき　　　(ク) ぜいご　　　(ケ) 背わた
(コ) 板ずり　　　(サ) 吸い口

(☆☆☆◎◎◎◎)

【8】消費生活と環境に関する次の各問いに答えなさい。

(1) 病気や災害，不慮の事故などの万が一のリスクに備え，公的な社会保険や民間保険を上手に併用し，リスクを軽減することが望ましい。このようにさまざまなリスクを避けるための手だてを何というか答えなさい。

(2) 努力や工夫によって何かを発見・開発・創造した人に対して付与される「他人に無断で利用されない」といった権利であり，特許制度や商標制度などで保護される。この権利を何というか答えなさい。

(3)　次の①・②の文が説明する金融商品として，最も適切なものを答えなさい。

①　国や地方公共団体，企業などが事業資金を借用するために発行する借用証書のようなもの。

②　資金の運用を専門家に委ねる投資方法。

(4)　近年では物やサービスの取引がインターネットを通して，消費者間で行われることも広がりつつある。不用品の売り買い，民泊などは典型的なものである。このように，インターネットを利用したプラットフォーム業者に登録することにより，自分にとってあまっている物・空間・技術などを他の人とシェアする仕組みを何というか答えなさい。

(5)　次の①～④の文が説明する消費者法として，最も適切なものを以下の(ア)～(エ)からそれぞれ一つずつ選び，記号で答えなさい。

①　情報や交渉力の格差につけこんだ勧誘による契約を取り消すことができる制度や，事業者が一方的に有利な契約条項を設けた場合には，その条項を無効とする制度を定めている。

②　訪問販売，通信販売，連鎖販売取引等といった消費者トラブルを生じやすい特定の取引形態を対象として，取引の適正化を図っている。クーリング・オフ制度が通信販売以外の取引を対象に導入されている。

③　欠陥商品事故による消費者救済のための法律。欠陥商品を製造したメーカーは，過失がなくても損害賠償責任を負う。

④　国・地方自治体・事業者について消費者政策などに関する責務を定めている。

(ア)　消費者基本法　　　(イ)　消費者契約法

(ウ)　特定商取引法　　　(エ)　製造物責任法(PL法)

(6)　持続可能な社会に関する次の文の(　①　)・(　②　)にあてはまる，最も適切な語句を答えなさい。

> 日本では地球サミットを契機として，1993年に(　①　)法が定められた。環境立国を旗印に掲げ，気候変動に対して(　②　)社会，大量廃棄物を出さない循環型社会，生物多様性を守る自然共生社会がめざされてきた。

(☆☆☆☆◎◎◎◎)

解答・解説

【中学校】

【 1 】(1)　(ウ)　(2)　①　社会　②　積極　(3)　①　(エ)　②　(カ)　③　(シ)　④　(コ)　⑤　(ア)　⑥　(ク)

〈解説〉(1)　教育基本法第2条の教育の目標の文言について，語句の穴埋め選択式の問題である。教育基本法の条文は理解しておくこと。

(2)　この通知について全文を確認しておくこと。1　不登校児童生徒への支援に対する基本的な考え方　(1)支援の視点の項目であるが，その他に(2)学校教育の意義・役割，(3)不登校の理由に応じた働き掛けや関わりの重要性，(4)家庭への支援の項目が示されている。これに続いて，2　学校等の取組の充実と3　教育委員会の取組の充実がまとめられている。　(3)　目標について，語句の穴埋め選択式の問題である。目標については，文言は必ず覚えること。内容は，A家族・家庭生活が4項目，B衣食住の生活は，食生活が3項目，衣生活が2項目，住生活が1項目，全体について1項目，C消費生活・環境は3項目示されているので理解しておくこと。内容の取扱いは，ここでは(3)から出題されたが，全部で4項目あるので確認しておくこと。

【 2 】(1)　①　日本　(ア)　スウェーデン　(ウ)　②　ワーク・ライフ・バランス　③　男女共同参画社会基本法　(2)　ア　1.5

79

　　イ　脳　　ウ　方向　　エ　首　　オ　個人差　　カ　第一次
　　キ　自我　　ク　自己主張　　(3)　動きやすい服装，長い爪は切って
　おく，長い髪はまとめる　から2つ

〈解説〉(1)　(イ)はドイツ，(エ)はイギリスである。この調査は，他にア
　メリカ，ベルギー，フランス，ハンガリー，フィンランド，ノルウェ
　ーのデータもあるので確認しておきたい。　　②　ワーク・ライフ・バ
　ランスは頻出語句である。内閣府の取り組みについて確認し，「仕事
　と生活の調和(ワーク・ライフ・バランス)憲章」について理解してお
　きたい。　　③　「男女共同参画社会基本法」に基づいて策定された，第
　5次男女共同参画基本計画の概要を確認しておきたい。2003年「次世
　代育成支援対策推進法」，2016年施行，2022年に改正された「女性活
　躍推進法」についても学習しておきたい。　　(2)　子どもの発達につい
　て，パーセンタイル成長曲線を確認し，出生時からの平均値を理解し
　ておくこと。スキャモンの発育・発達曲線でそれぞれの器官の発達の
　順番を視覚的に理解しておきたい。発達の順序性と方向性に関する問
　題は頻出なので，説明できる程度に理解しておきたい。特定の人との
　アタッチメントが形成されると，「人見知り」が見られるようになる。
　子どもは愛着を形成しながら人との信頼関係を築き，自分自身に対す
　る信頼感や肯定感を獲得する。自我が形成されると親の言うことに対
　して自己主張をするようになる。　　(3)　気をつけたいことは，ヘアピ
　ン，アクセサリー，腕時計などは幼児と触れ合うときに危険なので身
　につけない。幼児を肩より高く持ち上げたり，振り回したりしない。
　施設内では激しい動きは控え，大声は出さない。遊んでいる時，幼児
　が転んだりどこかをぶつけたりしたら，必ず保育者や職員に報告する
　などがある。

【3】(1)　①　デビットカード　　②　プリペイドカード　　③　長所
　…・お金がなくても買い物ができる　　・現金を持ち歩かなくてよい
　・支払いを分割できる　　・利用額に応じてポイントが貯まるサービ
　スがある　から2つ　　短所…・使い過ぎてしまう　　・分割払いの

場合は手数料がかかる　　・カードを使えないお店がある　　・紛失
や盗難で他人に使われてしまう可能性がある　から2つ　(2)　①,
③, ④　(3)　①　リデュース　　②　リサイクル　　③　リデュー
ス　　④　リユース　　⑤　リサイクル　　⑥　リデュース
(4)　ア　エシカル　　イ　フェアトレード　　ウ　2015
エ　SDGs　　オ　2030　　カ　17

〈解説〉(1)　キャッスレス支払いに関する問題は頻出である。種類と,
それぞれのカードや支払いの長所と短所をまとめておくこと。

(2)　間違いのある選択肢について, ①は頭を冷やすという意味。③は
5000円ではなく3000円以上が正しい。④は対象となる。クーリング・
オフの対象となる取引と期間を覚えておくこと。　(3)　リユースは,
使用済みの製品を, ごみとして処理せずに繰り返し使うこと。リサイ
クルは, 廃棄物から使える部分を取り出して, 原材料やエネルギー源
として利用すること。リデュースは, ごみそのものを出さない取り組
みのことである。リサイクルもリユースも, ごみを処理する際に費用
やエネルギーが発生するが, リデュースはごみの発生源を絶つので,
リサイクルやリユースよりも無駄な費用・エネルギーが発生しないの
で3Rの中でも重要とされる。　(4)　いずれも重要で頻出用語なので説
明できるように学習しておきたい。フェアトレードに認定されている
ものはチョコレートやコーヒー, バナナ, 紅茶などがある。SDGsは
2015年の国連サミットで加盟国の全会一致で採択された「持続可能な
開発のための2030アジェンダ」に記載された, 2030年までに持続可能
でよりよい世界を目指すための国際目標である。17の目標はすべて覚
えておくこと。

【4】(1)　ア　水蒸気　　イ　ダニ　　ウ　シックハウス　　エ　気密
オ　換気　　カ　結露　　キ　アレルギー　　ク　一酸化炭素(CO)
(2)　再生可能エネルギー　　(3)　①, ④, ⑤, ⑥
〈解説〉(1)　シックハウス症候群について, 原因と予防について記述で
きる程度に理解しておくこと。換気には自然換気と機械換気があり,

建築基準法では，新築住宅について24時間の機械換気を義務付けている。　(2)　2017年で，日本の電源構成に占める再生可能エネルギー比率は約16％で，他の国と比べて低い水準である。パリ協定において，世界の平均気温上昇を産業革命以前に比べて2℃より十分低く保ち，1.5℃に抑える努力をするなど，温室効果ガス排出量を減らす取り組みが進められているので，このためにも再生可能エネルギーの導入を増やすことが重要である。　(3)　選択肢②，③，⑦はいずれも乳幼児の特徴である。

【5】(1)　①　ブドウ糖　　②　細胞膜　　③　アミノ酸　　④　B1(B2)
⑤　D　　⑥　食事摂取基準　　⑦　概量　　(2)　①　2群と3群
②　しらす干しを和えたほうれん草のおひたしを追加する。
(3)　①　(オ)　　②　(ア)　　③　(イ)　　(4)　①　(ウ)　　②　(イ)
(5)　①　名前…手開き　　A　頭　　B　親指　　C　尾
②　ア　DHA(IPA)　　イ　必須脂肪酸　　ウ　コレステロール
エ　冬

〈解説〉(1)　糖質は，口や膵臓で消化酵素であるアミラーゼによって分解され，マルクトース(麦芽糖)，ラクトース(乳糖)，スクロース(ショ糖)となる。それらは小腸でマルターゼ，ラクターゼ，スクラーゼによって分解され，グルコース(ブドウ糖)，ガラクトース，フルクトース(果糖)となる。炭水化物は1gにつき4kcal，タンパク質は4kcal，脂質は9kcalのエネルギーとなる。PFCバランスについても学習しておきたい。アミノ酸について，20種類のアミノ酸のうち，9種類の必須アミノ酸は覚えておくこと。またビタミンの種類と働き，欠乏症状についても整理して覚えること。「食事摂取基準」は年齢別・性別・生活活動別に定められている。15～17歳の基準は覚えておきたい。　(2)　中学校では「6つの基礎食品群」，高校では「4つの食品群」の分類を学習するのでこれらについて理解しておくこと。1群(卵・ベーコン)，4群(リンゴ)，5群(食パン)，6群(バター)。不足しているのは，2群「牛乳・乳製品，小魚，海藻」と3群「緑黄色野菜」である。　(3)　豆腐用凝固

剤の塩化マグネシウムは，天然の「にがり」の成分。他に塩化カルシウムや硫酸カルシウムも凝固剤として使用される。保存料のソルビン酸は魚肉練り製品に，発色剤の亜硝酸ナトリウムは，ハム・ソーセージに添加されている。選択肢(カ)は，重曹のことで，お菓子の膨化材などに使用される。　(4)　正答以外の選択肢(ア)に該当するのはノロウイルス，(エ)に該当するのはブドウ球菌である。食中毒の原因について，種類ごとに整理し，特徴と予防方法を覚えておくこと。

(5)　①鰯は身が柔らかいので，包丁ではなく，手開きでおろす。

②　魚油に含まれる脂肪酸はエイコサペンタエン酸(EPA，IPA)とドコサヘキサエン酸(DHA)である。不飽和脂肪酸のうち，n−3脂肪酸(オメガ3)に該当する。体内ではほとんど作られないので，食品からとる必要がある。頻出用語なので必ず覚えておくこと。

【6】(1)　T　時間　　P　場所　　O　場合(目的)　　(2)　ア　組成
イ　取り扱い　　(3)　A　湿気　　B　乾き　　C　しわ
(4)　(A)　漂白はできない　　(B)　150℃を限度にアイロンできる。
(5)　①　界面活性剤の分子が汚れの表面に付く。　　②　汚れが界面活性剤分子に包まれて，繊維から離れる。　　③　汚れが液中に細かく分散する。　　(6)　①　名称…裁ちばさみ　　留意点…・はさみの下側を机の面に当てたまま裁つ。　　・布以外のものを切らない。
②　(A)　名称…返し縫い　　目的…縫い始め，縫い終わり，丈夫にしたいところに使う。　　(B)　名称…三つ折り縫い　　目的…布端のほつれを防ぐ。

〈解説〉(1)　「Time(時間)，Place(場所)，Occasion(場合)」である。
(2)　組成表示と取り扱い表示の記載の仕方について，学習しておくこと。　　(3)　繊維の特徴は，種類ごとに整理して，手入れの方法と繊維の断面図や側面図も合わせて覚えておきたい。　　(4)　取り扱い表示は，洗濯，漂白，乾燥，アイロン，クリーニングの5つの基本の記号に整理して覚えること。　　(5)　①は浸透作用，②は乳化作用，③は分散作用の様子である。界面活性剤の働きについての問題は頻出なので，こ

の図によって理解しておくこと。　(6)　①　布用の裁ちばさみは，柔らかい布を切るために，紙を切るはさみよりも刃が薄く鋭くなっている。布用の裁ちばさみで紙を切ると刃角が鈍くなる。　②　返し縫いは，縫いはじめと縫い終わりがほどけないように重ねて縫う。三つ折り縫いは布の切れ目が表にでないので，ほつれが出にくい。

【高等学校】

【１】(1)　(ク)　　(2)　①　人間としての在り方生き方　　②　道徳教育推進教師　　③　特別活動　　(3)　①　A　(イ)　　B　(ウ)　　C　(オ)
②　ア　体験　　イ　過程　　ウ　地域

〈解説〉(1)　学校教育法について，第6章から語句の穴埋め選択式の問題である。この第6章は第50条から第62条まであるので，全文を確認しておくこと。　　(2)　高等学校学習指導要領の総則からの出題である。鳥取県では，学習指導要領の教科の部分だけでなく，教育基本法，学校教育法，答申などからも出題がある。総則も全文を確認しておくこと。　　(3)　①について，選択肢(ア)の「人の一生と家族・家庭」は，旧学習指導要領「家庭総合」の項目である。選択肢(エ)は，家庭基礎のBである。選択肢(カ)も，旧学習指導要領「家庭総合」の項目である。新学習指導要領で該当するのは，家庭基礎では「衣食住の生活の自立と設計」，家庭総合では「衣食住の生活の科学と文化」となる。選択肢(キ)は，Dの項目である。

【２】(1)　生理的早産　　(2)　モロー反射　　(3)　ベビースキーマ
(4)　①　×　　②　×　　③　×　　④　○　　⑤　○
(5)　(イ)(オ)(ウ)(ア)(エ)　　(6)　①　(オ)　　②　(キ)　　③　(ア)
④　(カ)　　⑤　(イ)　　(7)　子どもの貧困対策の推進に関する法律
(8)　リプロダクティブ・ライツ

〈解説〉(1)　スイスの生物学者，アドルフ・ポルトマンによって論じられた。他の哺乳類動物は生まれて数時間すれば，立ち上がり，歩くことができて，母乳を自分で飲む。人間は，これらのことを自分ででき

るようになるまでに，約1年を要する。人は二足歩行で産道が狭いので，負担を減らすために未熟な状態で出産するといわれる。　(2)　原始反射については他にも，吸てつ反射，バビンスキー反射，把握反射など，詳細を理解しておくこと。　(3)　ヒトをはじめ動物の幼体にみられる外見の特徴は，かわいさを感じさせ，育児・保護の行動をうながすとされる。「生理的微笑」にも同じ働きがある。　(4)　間違いのある選択肢について，①について，正しくは生後6か月を過ぎた頃で，赤ちゃん自身の免疫が発達するのは1歳過ぎからである。すなわち6か月から1歳半までは，一生のうち免疫力が一番低い。②について，正しくは大泉門である。小泉門は，後頭骨と左右の側頭骨の隙間で，大泉門より後方にある。③について，離乳食の開始は生後5〜6か月頃から。首もすわり，歯の生え始めの時期が良いとされる。　(5)　選択肢(イ)は「クーイング」という。口やのどの形に変化が現れたため出る声である。　(6)　働き方・子育てに関する法律は，条文を確認し内容は理解し覚えること。正答以外の選択肢(ウ)は平成13年に施行されたもので，その目的は「第一条　この法律は，男女の人権が尊重され，かつ，社会経済情勢の変化に対応できる豊かで活力ある社会を実現することの緊要性にかんがみ，男女共同参画社会の形成に関し，基本理念を定め，並びに国，地方公共団体及び国民の責務を明らかにするとともに，男女共同参画社会の形成の促進に関する施策の基本となる事項を定めることにより，男女共同参画社会の形成を総合的かつ計画的に推進することを目的とする。」としている。男女共同参画基本計画の概要を確認しておきたい。選択肢(エ)は「この法律は，不妊手術及び人工妊娠中絶に関する事項を定めること等により，母性の生命健康を保護することを目的とする。」としている。　(7)　日本の子どもの貧困率は13.5％(2018年)で，先進国の中で高い数値で，約7人に1人の子どもが貧困状態にある。親の所得格差は，教育格差や情報格差を生み，子どもの就職に関しても所得格差が生じる。　(8)　「リプロダクティブ・ヘルス」は，性や子どもを産むことに関わる全てにおいて，本人の意思が尊重され，自分らしく生きられること。「リプロダクティ

ブ・ライツ」とは，自分の身体に関して自分自身で選択し，決められる権利のこと。

【3】(1)　①　被服気候　　②　32　　③　50　　④　皮膚障害
⑤　混紡　　(2)　①　(イ)，(コ)　　②　(イ)，(ウ)，(カ)　　③　(イ)，
(エ)，(ケ)　　④　(ア)，(オ)，(キ)　　⑤　(ア)，(オ)，(ク)
(3)　①　平面構成　　②　おくみ　　③　おはしょり　　④　技法…
いせこみ　効果…ふくらみを持たせる。　　⑤　ゆとりが多く，さまざまな体型に対応しやすい。　　(4)　洗濯の液温は最高40℃とし，洗濯機で非常に弱い操作を行う。　　(5)　②　　(6)　名称…ボビン
記号…(ア)
(7)

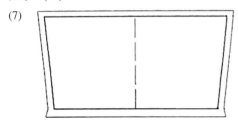

縫い代は，そで口は2cm，その他は1cmとする。　　Aの部分…裏
(8)　(イ)

〈解説〉(1)　被服気候についての問いは頻出である。数値も覚えておくこと。物理的刺激は，縫い目や金具，繊維による摩擦，サイズのあわない服による圧迫などがある。化学物質による刺激は，クリーニング溶剤によるもの，素材にふくまれる物質によるかぶれなどがある。「混紡」は糸にする段階で混ぜてノズルから引き出し1本の糸にする。これに対して「交織」は経糸に絹糸，横糸に綿の糸を使うなど，異なる繊維を使って織り込むことである。　(2)　繊維の特徴は，天然繊維(植物繊維・動物繊維)と化学繊維(合成繊維・半合成繊維・再生繊維など)の種類によって分類し，整理して覚えること。　(3)　平面構成と立体構成の長所と短所をそれぞれ理解しておくこと。和服の部位の名称は，男女別に覚えること。女性の和服には「おはしょり」や「身八

つ口」がある。いせ込み，タック，プリーツ，ダーツなど方法を確認しておくこと。　(4)　洗濯表示について，洗濯，漂白，乾燥，アイロン，クリーニングの5種類の基本の記号をもとに整理して覚えること。
(5)　地直しのやり方は繊維ごとに覚えておきたい。正答以外の選択肢①はウール，③は綿の方法である。　(6)　反時計回りになるようにかまに入れる。ミシンの扱いについての問題は頻出なので，上糸と下糸の強さの調整などについても学習しておきたい。　(7)　はっぴの袖の形は「筒型」で，袖付け部分と袖口部分では袖付け部分の方が広い。そでの折り返しの縫い代は細くなっているカーブの分広くする。2枚重ねてしるしつけするので，外表で重ねる。　(8)　脇で縫い代をたおす方向がねじれ，引きつりをおこさないようにする。

【4】(1)　①　ア　住宅政策　　イ　住宅金融公庫　　ウ　公団住宅　エ　住生活基本計画　　②　(C)　　(2)　7　　(3)　(住宅用)火災報知器　　(4)　パッシブデザイン　　(5)　ローリングストック　(6)　名称…両開きとびら　　記号…(ウ)　　(7)　(ア)　　(8)　床座…(ア)，(ウ)，(カ)　　椅子座…(イ)，(エ)，(オ)
〈解説〉(1)　住宅政策の流れの概要について，戦後の人口増加時代の住宅不足の対策として，日本住宅公団による住宅金融公庫の融資を利用した「公団住宅」や住宅供給公社による「公社住宅」，地方公共団体が提供する「県営住宅・都営住宅・市営住宅」を建設した。住生活基本計画は，住生活基本法に基づいた具体的な施策である。概要を必ず確認しておくこと。　②　正答以外の選択肢(a)に該当するのは建築基準法，(b)に該当するのは都市計画法である。　(2)　採光，換気，シックハウス対策，階段など基準内容を確認しておくこと。　(3)　火災報知器の義務設置場所である寝室・階段以外は各自治体の考えによる。火災による死者は就寝時間帯が最も多いこと，また逃げ遅れによるものが多いことから，寝室と寝室につながる階段の設置が義務化された。(4)　太陽光発電，太陽光温水器などを使用せず，自然の風や光をうまく利用するデザインのこと。他にもZEHなど環境に配慮した建築につ

いて学習しておきたい。　(5)　日頃食べているもので災害食料として活用できるものを多めに買い，消費したら買い足す方法である。使い勝手がわかっていることや，食べ慣れた物を災害時にも食べることができる，消費期限が過ぎ廃棄することも起こりにくいなど利点が多い。(6)　平面表示記号は，特に窓と戸を整理して覚えること。　(7)　(イ)は制震，(ウ)は免震である。それぞれ説明できるようにしておきたい。(8)　椅子座と床座の長所と短所は説明できるようにしておきたい。

【5】(1)　①　新オレンジプラン(認知症施策推進総合戦略)　②　7③　認知症サポーター　④　オレンジリング　(2)　被服を脱ぐときは，健康な側からそでを抜き，次に麻痺のある側のそでを脱がせる。着るときは麻痺のある側のそでを通し，次に健康な側のそでを通す。(脱健着患)　(3)　(ウ)　(4)　①　(カ)　②　(ウ)　③　(イ)④　(キ)　⑤　(ア)　(5)　①　ロコモティブシンドローム②　認知症　③　ソーシャル・インクルージョン　④　エイジズム

〈解説〉(1)　「新オレンジプランは」2015年に策定された。「認知症サポーター養成」，「認知症カフェの設置・普及」「認知症の人の社会参加の機会拡大」など，認知症やその家族の視点を重視した取り組みである。(2)　衣服の着脱だけでなく，ベッドの移動，歩行の介助など，基本的な介助の方法は覚えておくこと。ボディメカニクスについても学習しておきたい。　(3)　正答以外の選択肢についてもマークを確認しておくこと。(ア)は人工肛門・人工膀胱の人のための設備があることを表す。(イ)は義足や人工関節を使用している人，内部障がいのある人，妊娠初期の人など，外見だけでは障がいがわかりにくい人が付帯する。(エ)は身体内部に障がいがある人を表す。(オ)は肢体不自由であることを理由に免許に条件を付されている方が運転する車に表示するマーク。　(4)　介護保険の仕組みと申請の方法，認定区分の詳細は必ず覚えること。介護予防サービスには，在宅での予防訪問介護，施設に通う介護予防通所介護，短期宿泊を行うショートステイがある。要介護

判定された場合は介護支援専門員(ケアマネージャー)とケアプランを立てる。　(5)　ロコモティブシンドローム，メタボリックシンドロームは頻出語句なので，理解しておくこと。認知症で一番多いのはアルツハイマー型認知症で，脳神経が変性して脳の一部が萎縮していく。ソーシャルインクルージョン(社会的包摂)だけでなく，ノーマライゼーションについても確認しておきたい。エイジズムについて問われることは多いので説明できるようにしておきたい。

【6】(1)　(ア)，(オ)，(カ)　　(2)　ヤングケアラー　　(3)　①　×
②　×　　③　×　　④　○

〈解説〉(1)　新民法では，正答以外に，個人の尊厳と本質的平等や，夫婦は同等の権利・義務をもつ，相続については配偶者と子が等しく相続するなどが定められている。夫婦の姓については「夫婦同姓」となっており，「夫婦別姓」はまだ認められていない。　(2)　ヤングケアラーについての支援が進められているが，実態が把握しにくいなどさまざまな問題がある。この問題について，近年頻出しているので詳細に学習しておきたい。　(3)　間違いのある選択肢について，①は「シティズンシップ」でなく「アイデンティティ」である。シティズンシップは市民権と訳される。②について，「インクルージョン」と「ダイバーシティ」が逆である。③で説明されているのは精神的自立である。精神的自立，生活的自立，社会的自立，経済的自立，性的自立の5つを説明できるようにしておこう。

【7】(1)　①　×　　②　○　　③　×　　④　○　　(2)　グルテン
(3)　①　(エ)　　②　(キ)　　③　(コ)　　④　(シ)　　⑤　(ス)
(4)　20.8　　(5)　①　卵黄　　②　サラダ油　　③　酢
(6)　①　HACCP(ハサップ)　　②　トレーサビリティ　　③　食品衛生法　　④　食品安全基本法　　⑤　食品表示法　　(7)　バーチャルウォーター　　(8)　ポストハーベスト　　(9)　①　(イ)　　②　(コ)
③　(カ)　　④　(サ)　　⑤　(ク)　　⑥　(ウ)

〈解説〉(1)　①について正しくは，アミロペクチンが少ないと粘りが弱くなる。③について，脂溶性ビタミンが間違いで，正しくは，水溶性ビタミンである。　(2)　小麦粉の調理は小麦に含まれるたんぱく質とでんぷんの性質が主体となる。小麦粉に水を加えてこねるとでんぷんとたんぱく質が水分を吸収して粘弾性と伸展性を持つ。これは，グルテニンとグリアジンが水をなかだちとして，網目状の組織を作るためで，これにより粘弾性と伸展性を持つグルテンができる。　(3)　たんぱく質は，胃ではペプシン，十二指腸で膵液トリプシン，小腸でアミノペプチターゼの消化酵素の働きを受け，最終的にはアミノ酸に分解される。糖質や脂肪がエネルギーとして使われ，それでも不足する場合に，たんぱく質がエネルギー源として使われる。必須アミノ酸の9種類は覚えておきたい。たんぱく質の補足効果についての問いは頻出である。アミノ酸スコアについても学習しておきたい。　(4)　60÷(1.7×1.7)＝60÷2.89＝20.76≒20.8　(5)　マヨネーズは酢と油の本来混じり合わない2つの材料が，卵の乳化性により乳化してできる。卵の特性は熱凝固性，起泡性ともに，3つすべて説明も記述できるようにしておきたい。　(6)　HACCPは頻出事項なので，詳細に学習しておくこと。食品トレーサビリティは，日本では，牛肉と米について義務化されている。食品衛生法，食品安全基本法，食品表示法は概要を確認し，理解しておくこと。食品表示についての問題は頻出なので特に詳細に学習しておきたい。　(7)　「仮想水」ともいう。日本は食料自給率が低く，輸入に頼っているために，バーチャルウォーター量は年間約800億立方メートルである。　(8)　長い時間をかけて運ばれてくる輸入小麦などの穀物やオレンジ，レモンなどをカビさせず，虫をつかせないために防カビ剤，殺菌剤，殺虫剤などを収穫後に直接かける。日本に入荷されるポストハーベストの代表的な農薬は，イマザリル，オルトフェニルフェノール，チアベンダゾール，フルジオキソニルで，かんきつ類やバナナなどに使われている。　(9)　正答以外の選択肢にある調理法も確認しておくこと。すべて方法を確認し，実践できるようにしておきたい。

【8】(1) リスク・マネジメント　　(2)　知的財産権　　(3)　①　債権
②　投資信託　　(4)　シェアリング・エコノミー　　(5)　①　(イ)
②　(ウ)　③　(エ)　④　(ア)　　(6)　①　環境基本　　②　低炭
素

〈解説〉(1)　自分一人のリスク・マネジメントには限界がある。もし，
困難に見舞われても，何とか自分らしく生きることができるように設
けられた制度が「社会保障制度」である。　　(2)　知的財産権には「特
許権」「実用新案権」「意匠権」「商標権」などがある。　　(3)　金融商
品の種類と特徴，長所と短所を整理して覚えること。　　(4)　大きな企
業が個人に対してサービスやモノを提供するのではなく，個人間での
やりとりが基本となる。貸主は普段は使われていない「遊休資産」の
活用による報酬が得られ，借主は物を所有することなく，より安価に
利用できる。　　(5)　選択肢にあげられている消費者法についての問い
は頻出である。それぞれ内容を整理して覚えること。また，クーリン
グ・オフ制度の適用になるものとならない取引，期間を覚えておきた
い。未成年契約の取消しと無効についても同様である。　　(6)　循環型
社会のための法制度について，環境基本法に基づいて，循環型社会形
成推進基本法ができ3Rの取組みの推進，廃棄物処理法や資源有効利用
促進法が定められた。

【中学校】

【１】次の各問いに答えなさい。

(1)　次の文は，教育基本法第4条の条文である。条文中の[　　]に入る共通の語句として適切なものを以下の(ア)～(オ)から一つ選び，記号で答えなさい。

> 第4条　すべて国民は，ひとしく，その能力に応じた教育を受ける機会を与えられなければならず，人種，信条，性別，社会的身分，経済的地位又は門地によって，教育上差別されない。
>
> 2　[　　]は，障害のある者が，その障害の状態に応じ，十分な教育を受けられるよう，教育上必要な支援を講じなければならない。
>
> 3　[　　]は，能力があるにもかかわらず，経済的理由によって修学が困難な者に対して，奨学の措置を講じなければならない。

(ア)　国民　　　　　　　　　　(イ)　教育委員会

(ウ)　国及び地方公共団体　　　(エ)　父母その他の保護者

(オ)　教育長

(2)　次の文章が説明する制度の名称として，最も適切なものを答えなさい。

> 　平成16年に法制化され，その後，平成29年の法改正により，その設置が教育委員会の努力義務となっている。学校と地域住民等が力を合わせて学校の運営に取り組むことが可能となる「地域とともにある学校」への転換を図るための有効な仕組みである。

> 　学校運営に地域の声を積極的に生かし，地域と一体となっ
> て特色ある学校づくりを進めていくことができる。
> 　なお，法律に基づいて教育委員会が学校に設置するこの制
> 度に関する機関には，主な役割として以下の3つがある。
> ○校長が作成する学校運営の基本方針を承認する。
> ○学校運営に関する意見を教育委員会又は校長に述べること
> 　ができる。
> ○教職員の任用に関して，教育委員会規則に定める事項につ
> 　いて，教育委員会に意見を述べることができる。

(3)　次の文章は，令和3年1月26日に中央教育審議会で取りまとめられ
　　た「『令和の日本型学校教育』の構築を目指して～全ての子供たち
　　の可能性を引き出す，個別最適な学びと，協働的な学びの実現～
　　(答申)」における「第Ⅱ部　各論」の「6. 遠隔・オンライン教育を
　　含むICTを活用した学びの在り方について」に記載された内容の一
　　部である。(　①　)～(　④　)にあてはまる，最も適切な語句の組
　　合せを以下の(ア)～(ク)から一つ選び，記号で答えなさい。

> 第Ⅱ部　各論
>
> > 　6. 遠隔・オンライン教育を含むICTを活用した学びの在
> > 　り方について
>
> (1)　基本的な考え方
> ○　これからの学校教育を支える基盤的なツールとして，ICT
> 　は必要不可欠なものであり，1人1台の端末環境を生かし，
> 　端末を日常的に活用していく必要がある。また，ICTを利用
> 　して(　①　)制約を緩和することによって，他の学校・地域
> 　や海外との交流なども含め，今までできなかった学習活動
> 　が可能となる。
> ○　学校教育におけるICTの活用に当たっては，新学習指導要

領の趣旨を踏まえ，各教科等において育成するべき資質・能力等を把握し，心身に及ぼす影響にも留意しつつ，まずはICTを日常的に活用できる環境を整え，児童生徒が「（　②　）」として活用できるようにし，「主体的・対話的で深い学び」の実現に向けた(　③　)に生かしていくことが重要である。

○　また，AI技術が高度に発達する Society5.0 時代にこそ，教師による(　④　)や児童生徒同士による学び合い，地域社会での多様な学習体験の重要性がより一層高まっていくものである。もとより，学校教育においては，教師が児童生徒一人一人の日々の様子，体調や授業の理解度を直接に確認・判断することで，児童生徒の理解を深めたり，生徒指導を行ったりすることが重要であり，あわせて，児童生徒の怪我や病気，災害の発生等の不測のリスクに対する安全管理への対応にも万全を期す必要がある。

	①	②	③	④
（ア）	集団的・画一的	文房具	環境構築	オンライン授業
（イ）	集団的・画一的	教科書	環境構築	オンライン授業
（ウ）	集団的・画一的	文房具	環境構築	対面指導
（エ）	集団的・画一的	教科書	授業改善	対面指導
（オ）	空間的・時間的	文房具	授業改善	対面指導
（カ）	空間的・時間的	教科書	授業改善	対面指導
（キ）	空間的・時間的	文房具	授業改善	オンライン授業
（ク）	空間的・時間的	教科書	環境構築	オンライン授業

(4)　次の文章は，「中学校学習指導要領(平成29年3月告示)」第2章　第8節　技術・家庭で示された「家庭分野」の一部である。空欄（　①　)～(　⑥　)に入る最も適切な語句を【語群】の中から一つずつ選び，記号で答えなさい。

1 目標

生活の営みに係る見方・考え方を働かせ，衣食住などに関する(①)・体験的な活動を通して，よりよい生活の実現に向けて，生活を(②)し創造する資質・能力を次のとおり育成することを目指す。

(1) 家族・家庭の機能について理解を深め，家族・家庭，衣食住，消費や環境などについて，生活の自立に必要な(③)な理解を図るとともに，それらに係る技能を身に付けるようにする。

2 内容

A 家族・家庭生活

次の(1)から(4)までの項目について，(④)をもって，家族や地域の人々と協力・協働し，よりよい家庭生活に向けて考え，(②)する活動を通して，次の事項を身に付けることができるよう指導する。

(1)～(4) 略

3 内容の取扱い

(1) 略

(2) 内容の「A 家族・家庭生活」については，次のとおり取り扱うものとする。

ア (1)のアについては，家族・家庭の(⑤)な機能がAからCまでの各内容に関わっていることや，家族・家庭や地域における様々な問題について，協力・協働，健康・快適・安全，生活文化の継承，持続可能な社会の構築等を(⑥)として考え，解決に向けて(②)することが大切であることに気付かせるようにすること。

【語群】

(ア) 知識	(イ) 主体的	(ウ) 実践的
(エ) 基本的	(オ) 基礎的	(カ) 改善
(キ) 視点	(ク) 努力	(ケ) 題材
(コ) 工夫	(サ) 評価	(シ) 課題

(☆☆☆○○○○○)

【２】家族・家庭，子ども・高齢者の生活，地域とのかかわりについて，次の各問いに答えなさい。

(1) 次の図1は，厚生労働省による「国民生活基礎調査」(令和元年度)において，「65歳以上の者のいる世帯の世帯構造の年次推移」について調査した結果である。図1の(ア)～(ウ)に入る最も適切な語句を【語群】の中から一つずつ選び，答えなさい。

図1

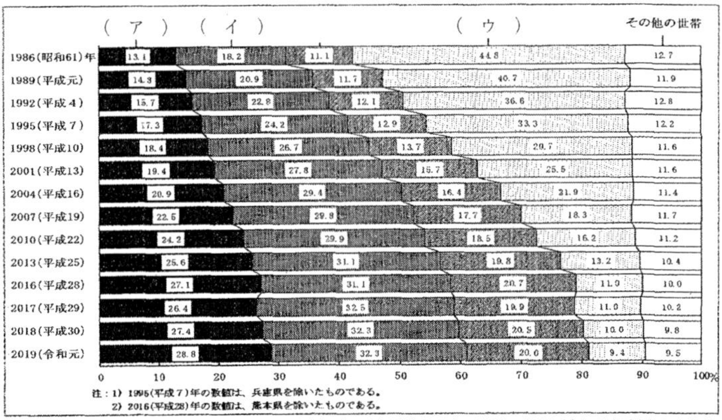

厚生労働省「国民生活基礎調査　結果の概要（令和元年度）」より抜粋

【語群】

三世代世帯　　　　親と未婚の子のみの世帯

夫婦のみの世帯　　単独世帯

(2) 次の文章は，家庭生活と地域について説明したものである。空欄(①)～(④)に入る最も適切な語句を答えなさい。また，下線部⑦，⑦の具体的な名称及び活動例を，それぞれ二つずつ答えな

さい。

> 　家庭生活は地域の人々との(①)の中で成り立っている。地域には，年齢，性別，職業，家族構成，国籍などの異なる多様な人たちがともに暮らしている。それぞれの暮らし方は，家庭によって異なるが，地域という同じ場を共有し，支え合って生活をしている。個人的な(①)のほかにも，地域には⑦組織・団体があり，⑦地域の人々がさまざまな活動を担っている。(②)の積極的な活動に支えられているものもある。一方，地域には手助けが必要な(②)もいて，デイサービスセンターに通ったり，ホームヘルパーによる(③)を受けていたりしている。中学生も地域活動の担い手として，自分たちが中心となって地域の活動をしたり，自分たちの意見や要求を出しながら，大人と一緒に地域の活動をしたりしている。また，(④)も必要な場所を提供したり資金を支援するなどして，こういった取組を応援している。

(3)　幼児の生活と発達の特徴について，空欄(①)～(⑤)に入る最も適切な語句や数字を答えなさい。

> ・食事，排せつ，(①)，着脱衣，清潔など，健康に生きていくうえで欠かせない生活行動を(②)生活習慣という。また，安全の習慣やあいさつをする習慣など，家族や地域の人との生活の中で身につけていく(③)生活習慣がある。
> ・幼児にとって(④)は生活の中心を占める活動で，重要な役割を果たしている。(④)によって身につく力は幅広く，(⑤)能力，知的能力，感覚，好奇心・探究心，情緒，自立性，社会性など，子どもに必要な力を総合的に身につけていく。たとえば，鬼ごっこでは，(⑤)機能を発達させることができ，同時に自分の役割を果たすことやルールを守ることを理解する。

(4) 次の①～⑤は，「幼児とのふれあい体験で大切なこと」について説明したものである。それぞれについて説明が正しければ○，間違っていれば正しい接し方や気配りについて答えなさい。

① 幼児の目線の高さに合わせ，目を見ながらゆっくりと分かりやすく話す。

② 幼児の伝えたいことが理解できず，幼児が話している途中で話題を切り替えた。

③ 幼児が喜ぶので，肩車や幼児を振りまわす遊びを取り入れた。

④ 触れ合う幼児の年齢に合わせて，自分が好きだった絵本を読み聞かせた。

⑤ 1歳の幼児と一緒にビー玉を転がして遊んだ。

(☆☆☆◎◎◎◎)

【3】衣生活に関する次の各問いに答えなさい。

(1) 身近な衣服の表示や手入れの仕方について，以下の各問いに答えなさい。

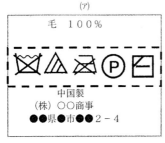

(ア)

毛　１００％

中国製
(株)○○商事
●●県●市●●2－4

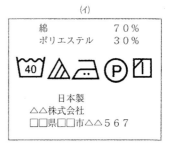

(イ)

綿　　　　　　７０％
ポリエステル　３０％

日本製
△△株式会社
□□県□□市△△５６７

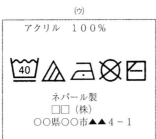

(ウ)

アクリル　１００％

ネパール製
□□（株）
○○県○○市▲▲4－1

98

① (ア)の┌──┐のような表示の名称を答えなさい。

② (ア)～(ウ)で使用されている繊維の性質にあてはまる適切なものを【性質】から一つずつ選び，記号で答えなさい。

【性質】

(A) 静電気を帯びやすく，水，湿気を吸いにくい。保温性がよい。

(B) 静電気を帯びやすく，水，湿気を吸いにくい。アルカリに弱い。

(C) アルカリに弱く，ぬれた状態でもむと縮みやすい。紫外線で黄変，劣化する。

(D) 適度に湿気を吸い，しわになりにくい。ぬれると強くなる。虫害を受けない。

(E) 水，湿気をよく吸い，しわになりやすい。涼感がある。

③ 次の文の(A)，(B)に入る最も適切な語句を答えなさい。

> (ア)は(A)の原料から作られる(A)繊維であり，(A)繊維の中でも(B)由来の物質を原料とした(B)繊維である。

④ (イ)のように繊維をまぜて使用することを何というか答えなさい。

⑤ (ウ)に示されている記号の意味について，次の空欄(A)～(D)に入る最も適切な語句または数字を答えなさい。

洗濯の仕方	液温は40℃を限度とし，洗濯機で（ A ）ができる。
漂白の仕方	（ B ）系漂白剤のみ使用可。
乾燥の仕方	（ C ）。
アイロンのかけ方	底面温度（ D ）℃を限度としてアイロン仕上げができる。

(2) 次の図2はハーフパンツ，図3はじんべいの型紙です。空欄(ア)，(イ)の名称を答えなさい。

図2

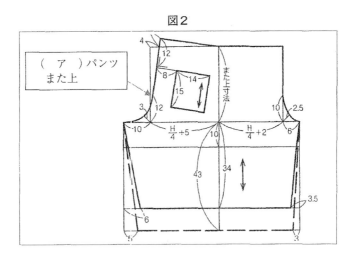

（　ア　）パンツ
また上

図3

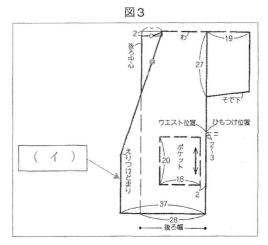

【4】中学校学習指導要領に示された学習内容「C消費生活・環境」の
「(1)金銭の管理と購入」と「(2)消費者の権利と責任」との関連を図っ
た学習計画を立てた。次の各問いに答えなさい。

（学習計画）

時間	主な学習活動
1	自分や家族の消費生活
2	多様な支払い方法に応じた計画的な金銭管理 ……… ア
2	物資・サービスの選択と購入
4	消費者としての責任ある行動 ……… イ

(1) アの学習活動で，スニーカーの購入場面について，表1のとおり購入方法・支払い方法を考えた。

表1

	購入方法	支払い方法
生徒A	インターネットで購入	クレジットカード
生徒B	店頭で購入	デビットカード

このとき，

① 生徒Aの購入方法の利点と問題点を答えなさい。

② 生徒Bの支払い方法は，次に示す3つの方法のうち，どれに分類されるか答えなさい。

> 前払い　　即時払い　　後払い

(2) イの学習活動で，次のような商品の購入をした際の消費者の権利と責任について考えた。このとき，

① 次の文章の空欄(ア)～(ウ)に入る適切な数字を答えなさい。

> 1962年，ケネディ大統領が「消費者の利益の保護に関する連邦議会への特別教書」の中で，消費者の(ア)つの権利を提示した。この後，1982年に国際消費者機構が消費者の(イ)つの権利を示し，また同時に，その権利を獲得するには消費者の責任を自覚することが大切であるとして(ウ)つの責任も提唱した。

②　自転車を購入した際に起きた次のトラブルについて，以下の
(ア)～(ウ)の各問いに答えなさい。

> ◆商品(自転車)をインターネットで購入した。
> ◆乗っていたら突然前輪がとれてけがをした。
> ◆販売元に連絡を取ったが，「あなたの使い方が問題だった
> 　のではないか。うちには責任はない。」と言われた。

(ア)　通信販売で商品を購入する前に，信頼できるかを確認する
マークの名称を答えなさい。

(イ)　「乗っていたら突然前輪がとれてけがをした」という問題点
は，どのような消費者の権利が関わっているか答えなさい。

(ウ)　今後，消費者としての責任を果たすためにすべき行動は何
か，答えなさい。

(3)　次の文は，環境に配慮した消費生活について示したものである。
それぞれ何について説明したものか答えなさい。

①　二酸化炭素などの温室効果ガス排出量をできるだけ減らす取組
をする社会

②　循環型社会を推進するための取組に3Rがあるが，不要なものを
拒否するという消費者として大切にしたい態度

③　2000年に制定された，循環型社会を目指して，国，地方公共団
体，事業者及び消費者が全体で取り組んでいくための責務を明確
にした法律

④　組織，事業者がその運営や経営の中で自主的に環境保全に関す
る取組を進めるにあたり，環境に関する方針や目標を自ら設定し，
これらの達成に向けて取り組んでいくこと

(☆☆☆◎◎◎◎)

【5】人々の生活と住まいのかかわりについて，次の各問いに答えなさい。

(1)　次の文章は，現代の日本の住まい方について説明したものである。
空欄(　ア　)～(　ウ　)に入る最も適切な語句を答えなさい。

日本では昔から，履き物を脱いで床に上がり，床に座る住まい方をしてきた。椅子を使うようになったのは，欧米の文化が入ってきた(ア)時代以降のことで，このような西洋風の様式は洋式と呼ばれる。西洋から取り入れた洋式に対し，日本の伝統的な様式は(イ)と呼ばれるようになった。

現代では，(イ)と洋式の両方を取り入れた(ウ)の住まい方が多く見られる。

(2) 次の文章は，支えあう社会について説明したものである。空欄(①)～(③)に入る最も適切な語句を答えなさい。

(①)とは，すべての人が人間として差別されずに，共に暮らしていける社会であるという考え方である。(①)の具体的な方法として，(②)と(③)がある。

(②)とは，障がいのある人や高齢な人などが社会参加するうえで支障となる障壁を取り除くことをいう。

(③)とは，障がいの有無や文化，言語，国籍，性別，年齢等にかかわらず，誰もが使いやすいように，設計の段階からデザインすることをいう。

(3) 災害への備えについて，次の各問いに答えなさい。
① 次の図4のAに入る最も適切な語句を答えなさい。

図4 阪神・淡路大震災の死因（割合）

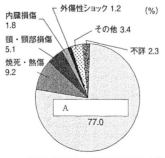

外傷性ショック 1.2 (%)
内臓損傷 1.8
その他 3.4
頭・頸部損傷 5.1
不詳 2.3
焼死・熱傷 9.2
A 77.0

（厚生省「平成7年人口動態統計」を参考に作成）

② 住まいの地震対策として，安全な家具の配置と転倒防止対策について，それぞれ一つずつ答えなさい。

③ 消防法により寝室等への設置が義務づけられた機器は何か答えなさい。

④ 自然災害による被害を予測し，その被害範囲を地図に表したものは何か答えなさい。

(☆☆☆◎◎◎◎)

【6】食生活に関して，次の各問いに答えなさい。

(1) 健康によい食習慣について，次の各問いに答えなさい。

① 何を，いつ，誰と，どのように食べるかということも，健康にとって大切なことである。現在では，「こしょく」が増えているといわれているが，ア「孤食」イ「個食」について，それぞれ説明しなさい。

② 次の図5を見て，朝食と生活リズムの関係について，どのようなことがいえるか説明しなさい。

図５　朝食の摂取状況と就寝時刻の関係（中学校２年生）

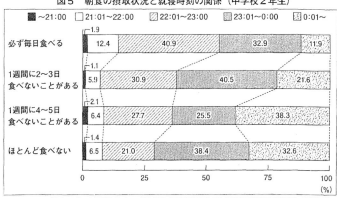

（日本スポーツ振興センター「平成22年度児童生徒の食生活等実態調査報告書」より作成）

(2) 栄養素のはたらきについて，空欄(ア)〜(キ)に入る最も適切な語句や数字を答えなさい。

たんぱく質	筋肉や臓器、（ ア ）や皮膚などの体の組織をつくる。体内でアミノ酸に分解されてエネルギー源となる。発生するエネルギー量は、1 g 当たり約（ イ ）kcal である。
無機質	（ ウ ）・・・骨や歯をつくるもとになる。 鉄 ・・・（ ア ）をつくるもとになる。
ビタミン	（ エ ）・・・目の働きを助け、皮膚や喉、鼻の粘膜を健康に保つ。 （ オ ）・・・血管を丈夫にし、傷の回復を早める。
炭水化物	糖質と食物繊維に分けられる。糖質であるでんぷんは、体内でぶどう糖などに分解されてエネルギー源となる。発生するエネルギー量は、1 g 当たり約（ カ ）kcal である。
脂 質	体内で脂肪酸とグリセリンに分解されて、エネルギー源となる。発生するエネルギー量は、1 g 当たり約（ キ ）kcal である。細胞膜の重要な成分でもある。

(3) 次の①〜⑤の食品は，一つの栄養素を多く含むグループに分けたものであるが，四つのうち一つだけちがうものが含まれている。ちがうものに×をつけ，のこり三つに共通している栄養素と食品群を答えなさい。

例：マヨネーズ・バター・~~ヨーグルト~~・マーガリン〔脂質〕〔6〕群

① わかめ・牛乳・ひじき・えび 〔 〕〔 〕群

② ピーマン・きゅうり・たまねぎ・りんご 〔 〕〔 〕群

③ ごはん・さつまいも・とうふ・うどん 〔 〕〔 〕群

④ 納豆・ハム・さんま・にぼし 〔 〕〔 〕群

⑤ にんじん・トマト・レタス・ほうれんそう〔 〕〔 〕群

(4) 加工食品について，次の各問いに答えなさい。

① 微生物のはたらきを利用して，食品の成分を分解し，おいしい味や香りをつくり出した食品を何というか。

② 大豆を原料とした次の(ア)〜(キ)の加工食品のうち，①で答えた食品を三つ選び，記号で答えなさい。

(ア) 豆腐 (イ) みそ (ウ) 豆乳 (エ) きなこ

(オ) 納豆 (カ) ゆば (キ) しょうゆ

(5) 食品表示について，次の各問いに答えなさい。

① 原材料にアレルギー物質が含まれるときは，その表示が義務付けられている。アレルギー物質を含む食品の中で必ず表示される7品目のうち，3つを答えなさい。

② 国産牛肉の表示には，個体識別番号が記載されており，インターネットを使って，牛の出生や食肉処理の場所，流通経路などがわかる。このような食品の移動を追跡できるシステムを何という

か，答えなさい。

③　加工食品の製造過程で，加工や保存を目的に食品に加えられる
ものは何か答えなさい。

④　食品の表示について，次の（　ア　），（　イ　）にあてはまる語
句を答えなさい。

（　ア　）	（　イ　）
おいしさが保証されている期限。期限を超えても食べられないということではない。	安全が保証されている期限。
製造日を含めておよそ５日以上，３か月を超えるものは年と月で示す。	製造日を含めておよそ５日以内。
牛乳・乳製品，ハム，ソーセージ，冷凍食品，即席めん類など。	弁当・サンドイッチ・総菜，食肉など。

(6)　調理の仕方について，次の各問いに答えなさい。

①　次の（　ア　），（　イ　）の野菜の切り方を答えなさい。

ネギなどの細長いものを
はしから切る。

②　加熱調理の種類と特徴について，空欄（　ア　）～（　ウ　）に
入る最も適切な語句を答えなさい。

種類	特徴
ゆでる	食品を沸騰水中で加熱し，やわらかくする。あく抜きができる。
（　ア　）	なべに油を熱し，強火で短時間で加熱する。中～弱火で加熱する場合もある。
焼く	直接火で焼く直火焼きと，フライパンやオーブンを使う間接焼きがある。
（　イ　）	だし汁や調味した煮汁の中で加熱し，材料がやわらかくなり，味がつく。
（　ウ　）	水蒸気の熱により食品を加熱する。食品を動かさないので，形がくずれにくい。風味は失われにくいが，加熱中に調味はできない。

(7)　和食について，次の各問いに答えなさい。

①　日本人の伝統的な食文化である「和食」がユネスコ無形文化遺
産として登録されたのは，西暦何年か答えなさい。

②　次の献立表は和食の献立について，図6は和食の配膳を模式的
に示したものである。献立表の(ア)～(エ)の料理を置く位置は，

106

図6中のどこが良いか，(A)～(D)の中からそれぞれ選び，記号で答えなさい。

献立表

(ア) 米飯
(イ) さばの味噌煮
(ウ) きゅうりとわかめの酢の物
(エ) えのきと油揚げのすまし汁

図6

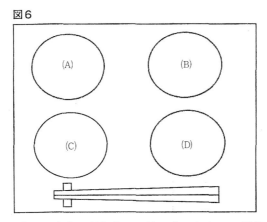

③ 献立表に，もう一品加えて一汁三菜にしたい。栄養素に注目して，加える一品とその理由を答えなさい。

(☆☆☆◎◎◎◎)

【高等学校】

【1】次の各問いに答えなさい。

(1) 次の文は，教育基本法第4条の条文である。条文中の［　　］に入る共通の語句として適切なものを以下の(ア)～(オ)から一つ選び，記号で答えなさい。

> 第4条　すべて国民は，ひとしく，その能力に応じた教育を受ける機会を与えられなければならず，人種，信条，性別，

> 社会的身分，経済的地位又は門地によって，教育上差別されない。
>
> 2　 ____ は，障害のある者が，その障害の状態に応じ，十分な教育を受けられるよう，教育上必要な支援を講じなければならない。
>
> 3　 ____ は，能力があるにもかかわらず，経済的理由によって修学が困難な者に対して，奨学の措置を講じなければならない。

(ア)　国民　　　　　　　　(イ)　教育委員会

(ウ)　国及び地方公共団体　　(エ)　父母その他の保護者

(オ)　教育長

(2)　次の文章が説明する制度の名称として，最も適切なものを答えなさい。

> 　平成16年に法制化され，その後，平成29年の法改正により，その設置が教育委員会の努力義務となっている。学校と地域住民等が力を合わせて学校の運営に取り組むことが可能となる「地域とともにある学校」への転換を図るための有効な仕組みである。
>
> 　学校運営に地域の声を積極的に生かし，地域と一体となって特色ある学校づくりを進めていくことができる。
>
> 　なお，法律に基づいて教育委員会が学校に設置するこの制度に関する機関には，主な役割として以下の3つがある。
>
> ○校長が作成する学校運営の基本方針を承認する。
>
> ○学校運営に関する意見を教育委員会又は校長に述べることができる。
>
> ○教職員の任用に関して，教育委員会規則に定める事項について，教育委員会に意見を述べることができる。

(3)　次の文章は，令和3年1月26日に中央教育審議会で取りまとめられ

た「『令和の日本型学校教育』の構築を目指して〜全ての子供たちの可能性を引き出す，個別最適な学びと，協働的な学びの実現〜(答申)」における「第Ⅱ部　各論」の「6. 遠隔・オンライン教育を含むICTを活用した学びの在り方について」に記載された内容の一部である。(①)〜(④)にあてはまる，最も適切な語句の組合せを以下の(ア)〜(ク)から一つ選び，記号で答えなさい。

第Ⅱ部　各論

6. 遠隔・オンライン教育を含むICTを活用した学びの在り方について

(1)　基本的な考え方
○　これからの学校教育を支える基盤的なツールとして，ICTは必要不可欠なものであり，1人1台の端末環境を生かし，端末を日常的に活用していく必要がある。また，ICTを利用して　(①)制約を緩和することによって，他の学校・地域や海外との交流なども含め，今までできなかった学習活動が可能となる。

○　学校教育におけるICTの活用に当たっては，新学習指導要領の趣旨を踏まえ，各教科等において育成するべき資質・能力等を把握し，心身に及ぼす影響にも留意しつつ，まずはICTを日常的に活用できる環境を整え，児童生徒が「(②)」として活用できるようにし，「主体的・対話的で深い学び」の実現に向けた(③)に生かしていくことが重要である。

○　また，AI技術が高度に発達するSociety5.0時代にこそ，教師による(④)や児童生徒同士による学び合い，地域社会での多様な学習体験の重要性がより一層高まっていくものである。もとより，学校教育においては，教師が児童生徒一人一人の日々の様子，体調や授業の理解度を直接に確

認・判断することで，児童生徒の理解を深めたり，生徒指導を行ったりすることが重要であり，あわせて，児童生徒の怪我や病気，災害の発生等の不測のリスクに対する安全管理への対応にも万全を期す必要がある。

	①	②	③	④
(ア)	集団的・画一的	文房具	環境構築	オンライン授業
(イ)	集団的・画一的	教科書	環境構築	オンライン授業
(ウ)	集団的・画一的	文房具	環境構築	対面指導
(エ)	集団的・画一的	教科書	授業改善	対面指導
(オ)	空間的・時間的	文房具	授業改善	対面指導
(カ)	空間的・時間的	教科書	授業改善	対面指導
(キ)	空間的・時間的	文房具	授業改善	オンライン授業
(ク)	空間的・時間的	教科書	環境構築	オンライン授業

(4) 以下の文は，「高等学校学習指導要領(平成30年3月告示)」において示された各学科に共通する教科「家庭」の目標である。次の各問いに答えなさい。

① (ア)～(オ)にあてはまる最も適切な語句を答えなさい。

② 各学科に共通する教科「家庭」において設置される科目をすべて答えなさい。

　生活の営みに係る見方・考え方を働かせ，実践的・体験的な学習活動を通して，様々な人々と協働し，よりよい社会の構築に向けて，(ア)が協力して(イ)に家庭や地域の生活を創造する資質・能力を次のとおり育成することを目指す。

(1) 人間の生涯にわたる発達と生活の営みを総合的に捉え，家族・家庭の意義，家族・家庭と社会との関わりについて理解を深め，家族・家庭，衣食住，消費や環境などについて，生活を(イ)に営むために必要な理解を図るとともに，それらに係る(ウ)を身に付けるようにする。

> (2) 家庭や地域及び社会における生活の中から問題を見い
>   だして課題を設定し，解決策を構想し，実践を評価・改
>   善し，考察したことを根拠に基づいて(エ)的に表現
>   するなど，生涯を見通して生活の課題を解決する力を養
>   う。
> (3) 様々な人々と協働し，よりよい社会の構築に向けて，
>   地域社会に(オ)しようとするとともに，自分や家庭，
>   地域の生活を(イ)に創造しようとする実践的な態度
>   を養う。

(☆☆☆○○○○○)

【2】子どもの成長や発達，子育て支援などに関する次の各問いに答えな
さい。

(1) 「新生児期」とは出生後，何週間の期間をいうか答えなさい。

(2) 出生後2〜3日ごろまでの新生児は，黒っぽい便を出す。この便の
ことを何というか答えなさい。

(3) 次の①〜⑤の説明文を読み，その内容が正しいものには○を，間
違っているものには×を記入しなさい。

① 乳幼児の骨は，軟骨が多く弾力性があるが，成長と共にカルシ
ウムが沈着し，硬骨となる。このことを化骨という。

② 乳幼児は，新陳代謝が盛んで運動も活発な上，体温調節などの
機能が未発達なため，成人と比較して，呼吸数・脈拍数が多いの
が特徴である。

③ 幼児の思考には，全てのものが生きているものと考える象徴機
能というはたらきがある。

④ 生後6か月ごろから乳歯が生え始めるが，最初に生えるのは上
の中切歯である。

⑤ 新生児期にみられる，原始反射には，口に触れたものに吸い付
く，吸い付き(吸啜)反射などがある。

111

(4) 地域住民が相互に助け合う方法の一つとして，子どもを預けたい
　　親と預かりたい人とが相互に登録する制度のことを何というか答え
　　なさい。

(5) 次の①～④の文は，子どもに関する法律などの一部である。①～
　　④に該当する法律などの名称を，以下の(ア)～(カ)からそれぞれ一
　　つずつ選び，記号で答えなさい。

① 何人も，児童に対し，虐待をしてはならない。

② 児童は，人として尊ばれる。児童は，社会の一員として重んぜ
　られる。児童は，よい環境の中で育てられる。

③ すべて国民は，児童が心身ともに健やかに生まれ，且つ，育成
　されるよう努めなければならない。

④ 母性並びに乳児及び幼児の健康の保持及び増進を図るため，母
　子保健に関する原理を明らかにするとともに，母性並びに乳児及
　び幼児に対する保健指導，健康診査，医療その他の措置を講じ，
　もって国民保健の向上に寄与することを目的とする。

(ア) 児童の権利に関する条約　　(イ) 母子保健法

(ウ) 児童虐待防止法　　　　　　(エ) 母体保護法

(オ) 児童憲章　　　　　　　　　(カ) 児童福祉法

(6) 次のマークの名称を答えなさい。

(☆☆☆◎◎◎◎)

【3】衣生活に関する次の各問いに答えなさい。

(1) 次の文章中の(①)～(④)に入る，最も適切な語句を答え
　　なさい。

　　織物とは，たて糸とよこ糸をほぼ直角に交差して織った布である。
　織物の代表的な組織は，(①)である。(①)のうち，(②)
　は，たて糸とよこ糸が1本ずつ互い違いに組み合わされる織り方で

ある。(③)は，たて糸とよこ糸の交差点をできるだけ少なくする織り方で，糸の浮いている部分が多く，表面が滑らかで光沢がでる。(④)は，綾織ともいい，1本の糸が2本以上の糸をまたいで交差する織り方で，斜めの方向にうねが現れる。

(2) (1)の文章中の(②)，(③)，(④)の織物の組織に該当する布名の例として，適切なものを次の(ア)～(キ)からそれぞれ二つずつ選び，記号で答えなさい。

    (ア) サテン　　　(イ) デニム　　(ウ) ガーゼ

    (エ) ビロード　　(オ) サージ　　(カ) ギンガム

    (キ) ドスキン

(3) 次の①～⑤の文は，家庭用品品質表示法に基づいて，衣服などの取扱い方法などについて表示された，いくつかの取扱い絵表示の記号の意味を表したものである。それぞれの文が表す取扱い絵表示の記号を以下の(ア)～(コ)からそれぞれ一つずつ選び記号で答えなさい。

  ① つり干し乾燥がよい。

  ② 酸素系漂白剤の使用はできるが，塩素系漂白剤は使用禁止。

  ③ 底面温度110℃を限度としてアイロン仕上げができる。

  ④ 液温は40℃を限度とし，洗濯機で洗濯ができる。

  ⑤ パークロロエチレン及び石油系溶剤によるドライクリーニングができる。

(ア) (イ) (ウ) (エ) (オ)

(カ) (キ) (ク) (ケ) (コ)

(4) 次の①～③は，ミシン縫いの糸調子による縫い目を示したものである。①～③に該当する説明として正しいものを以下の(ア)～(ウ)からそれぞれ一つずつ選び，記号で答えなさい。

(ア)　上糸と下糸が正しく調節されている。

(イ)　下糸より上糸の調子が強い。

(ウ)　上糸より下糸の調子が強い。

(5)　次の①～③は和服のそでの種類を示したものである。最も適切な名称をそれぞれ答えなさい。

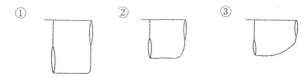

(6)　次の①～③のうち，待ち針を打つ順番として最も適切なものを一つ選び，番号で答えなさい。ただし，○—は待ち針を，数字1～5は待ち針を打つ順番を，＿＿＿はできあがり線を表している。

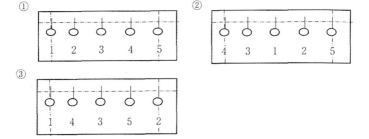

【4】住生活に関する各問いに答えなさい。

(1) 次の文章を読んで，①，②の各問いに答えなさい。

> 住まいは，さまざまな生活行為，天候の影響，物理的な力などにより，汚れの付着，材料の破損・腐朽・損耗が起きる。快適で(ア)な住環境を確保するために，それぞれの(イ)や材料に適した日常の清掃と，損耗などの予防・管理を実施することが必要であり，これにより，住まいの(ウ)年数を延ばすことができる。
>
> 日本の住まいの寿命は，諸外国に比べ短い。これは耐久性が劣っているからではなく，維持管理が不十分であることや，住要求の変化に対応させるため，<u>利用可能でも壊して新築すること</u>が多いためである。

① 文章中の(ア)～(ウ)に入る，最も適切な語句を次の【語群】から選び答えなさい。

【語群】 耐用　構造　能率　管理　安全　近隣関係

② 下線部のことを何というか答えなさい。

(2) 「両開きとびら」を表す平面記号を答えなさい。

(3) 「住宅の品質確保の促進等に関する法律」に基づき，外観や間取り図からでは分かりにくい住宅の性能を等級や数値で表示したもので，住まいの性能比較や劣化・不具合の確認の把握などに役に立つ制度の名称を答えなさい。

(4) 住居により長く，より快適に住み続けるための工夫として，古い建築物の機能を今の時代に適したあり方に変えて，新しい機能を付与することを何というかカタカナで答えなさい。

(5) 今まで一体であった建物の骨格・構造と，内装・設備を分けて造ることで，建物自体は長持ちさせつつ，住み手のライフステージに応じて間取りの変更や水回りなどの設備の更新などに対応できるようにした住宅を何というか，答えなさい。

(6) 住宅に使用される建築材料や薬剤などから発生する多様な化学物

質に起因する健康被害が指摘され，2003年7月に改正建築基準法が施行された。この化学物質のうち，目やのどの痛みなどの症状を引き起こすホルムアルデヒドの室内の上限濃度として，厚生労働省が示しているものを，次の(ア)〜(オ)から一つ選び，記号で答えなさい。

(ア)　0.008ppm　　(イ)　0.08ppm　　(ウ)　0.8ppm　　(エ)　8ppm
(オ)　80ppm

(☆☆☆◎◎◎)

【5】福祉に関する各問いに答えなさい。

(1)　次の①〜④の文は麻痺の分類について説明したものである。①〜④に該当するものを以下の(ア)〜(オ)からそれぞれ一つずつ選び，記号で答えなさい。

①　からだの片側の腕と脚に麻痺がある場合
②　腕の左右のどちらかだけに麻痺がある場合
③　両脚に麻痺がある場合
④　両手両脚に麻痺がある場合

(ア)　片麻痺　　(イ)　対麻痺　　(ウ)　三肢麻痺　　(エ)　単麻痺
(オ)　四肢麻痺

(2)　次の社会保障制度に関する文章中の(　①　)〜(　④　)に最も適する語句を答えなさい。

　　社会保障制度には，あらかじめ保険料を支払った人が集団でリスクを分担する(　①　)と，税金を財源として国や自治体がサービスを提供する社会福祉に分けられる。

　　(　①　)には，5つの制度がある。疾病や出産に対して医療サービスを提供する(　②　)，40歳以上の国民が保険料を負担し，介護サービスを提供する(　③　)，高齢・障がい・死亡に際して本人や遺族に年金給付を行う公的年金制度，主に失業者に対して給付を行う(　④　)，業務上の事故における労働災害や通勤災害を補償する労働者災害補償保険(労災保険)がある。

(3) 次のマークは，噛む力や飲み込む力が低下してきた高齢者の食事に対応した加工食品に付けられているマークである。このマークの名称を答えなさい。

区分 **1** 容易にかめる

(4) 次の文章を読み，(①)～(④)に最も適する語句を以下の(ア)～(カ)からそれぞれ一つずつ選び，記号で答えなさい。

(①)とは，動作を行っていない状態の姿勢をいい，からだが重力方向とどのような関係にあるかを示す時に用いる言葉である。人は，長時間同じ(①)でいると，(②)の発生や関節の(③)，骨や筋肉の(④)を起こす。

(ア) 萎縮　　(イ) 褥瘡　　(ウ) 体位　　(エ) 臥位

(オ) 拘縮　　(カ) 立位

(5) 次の①～③の語句の説明として最も適する文を，以下の(ア)～(オ)からそれぞれ一つずつ選び，記号で答えなさい。

① 介護老人保健施設

② 訪問看護

③ 通所介護(デイサービス)

(ア) 訪問介護員が，利用者宅を訪れて入浴，排せつ，食事などの介護，その他の日常生活上の世話を行うサービスのこと。

(イ) 看護師などが，利用者宅を訪れて，療養上の世話または必要な診療の補助を行うサービスのこと。

(ウ) 利用者を通わせ，入浴，排せつ，食事などの介護，その他の日常生活上の世話や機能訓練を行うサービスのこと。

(エ) 常時介護が必要で居宅生活が困難な要介護者を対象とした施設のこと。

(オ) 病状安定期にあり，入院治療する必要はないが，リハビリテーションや看護・介護を必要とする要介護者を対象とした施設の

こと。

(☆☆☆◎◎◎◎)

【6】家族や家庭に関する各問いに答えなさい。

(1)　次の文章を読み，①，②の各問いに答えなさい。

　　日本では，第二次世界大戦前まで，平均5人の子どもを生み育て，(ア)<u>その年に生まれた0歳児が何歳まで生きるかを表したもの</u>が50年に満たない時代が長く続いた。第二次世界大戦後，日本人の一生は大きく変化した。(イ)<u>1人の女性が一生の間に生む平均の子どもの数で，その年次の15歳〜49歳の女性の年齢別出生率を合計したもの</u>は，戦後のベビーブーム期の4.54をピークとして低下し，2005年には戦後最低の1.26を記録した。

　　家族は，社会のあり方と深くかかわっており，社会の状況が変わるにつれて，家族の形や家庭の機能も変化してきた。世帯構成割合も変化が見られ，近年では，高齢化によるパートナーとの死別，離婚の増加などにより，（　ウ　）世帯が増加している。

---

①　下線部(ア)，(イ)が説明している語句をそれぞれ答えなさい。

②　（　ウ　）に入る最も適切な語句を答えなさい。

(2)　次の①〜③の文について，正しいものには○を，間違っているものには×を答えなさい。

①　民法第24条に婚姻は両性の合意のみに基づいて成立することが定められている。

②　子は親権を行う者の許可を得なければ，職業を営むことはできない。

③　相続は遺言がある場合は，遺言が優先されるため，配偶者であっても遺留分はない。

(3)　次の文は男女共同参画社会基本法にある「男女共同参画社会の形

成」という用語の意義である。この文に関する①，②の各問いに答えなさい。

> 男女共同参画社会とは，男女が社会の対等な(ア)として，自らの意思によって社会のあらゆる(イ)における活動に参画する(ウ)が確保され，もって男女が均等に政治的，経済的，社会的及び文化的利益を享受することができ，かつ，共に責任を担うべき社会である。

① 文中の(ア)～(ウ)に入る適切な語句を【語群】より選び答えなさい。

【語群】 分野　尊厳　構成員　慣行　機会　個人

② 過労死が「カローシ」として国際語になるほど日本の長時間労働は世界的にも有名である。人間らしい生活を継続的に営むため，働きがいのある人間らしい仕事であることが重要である。これを達成する手段の一つに，労働時間の短縮という方法があり，ワーク・ライフ・バランスやワークシェアリングなどがあるが，この働きがいのある人間らしい仕事のことを何というかカタカナで答えなさい。

(☆☆☆☆◎◎◎◎)

【7】食生活に関する各問いに答えなさい。

(1) 五大栄養素のうち，あずきに一番多く含まれるものを答え，その栄養素の主な働きを次の(ア)～(ウ)から一つ選び，記号で答えなさい。

(ア) エネルギー源となる。

(イ) 身体を構成する物質のもととなる。

(ウ) 身体の生理的機能を調節する。

(2) 次の①～⑤の文について，下線部の内容が，正しいものには○を，間違っているものには正しい語句を答えなさい。

① 体内で過剰に摂取したブドウ糖は，<u>肝臓</u>でグリコーゲンに変え

られて貯蔵され，必要に応じて利用される。

② タンパク質は約100種類のアミノ酸が多数結合したものである。

③ 加工脂は植物性の液体油に酸素を添加し，硬化し固体脂のようにしたものである。

④ 牛乳はビタミンCを除く各栄養素を豊富に含む。

⑤ プロビタミンDは紫外線を浴びるとビタミンDに変わる成分である。

(3) 現代の日本が抱えている「栄養の偏り」，「食」の安全性の問題，豊かな日本の食文化を保持継承する困難さなどの問題を改善するために2005年に施行された法律名を答えなさい。

(4) 次の図は，国民一人ひとりの1日の適切な食事摂取量を分かりやすいイラストで示した「食事バランスガイド」である。図中の（　ア　）が示しているものを答えなさい。

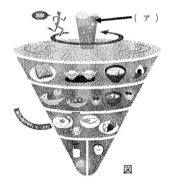

図

(5) 食料を生産地から消費地に運ぶのにかかる環境の負荷を数値で示したものを何というか，答えなさい。

(6) 次のグラフは(5)の2001年の国際比較を示したグラフである。グラフの中で日本を示しているものを(ア)〜(ウ)より選び，記号で答えなさい。

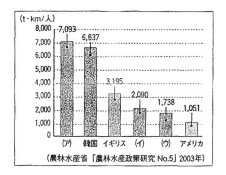

（農林水産省「農林水産政策研究 No.5」2003年）

(7) 次の図は西洋料理の食器の配膳について示したものである。図中の(ア)〜(キ)はナイフ，フォーク，スプーンの配置場所である。①魚用のフォーク，②スープ用スプーンの正しい配膳場所を(ア)〜(キ)よりそれぞれ一つずつ選び，記号で答えなさい。

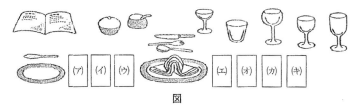

図

(8) みそ汁を調理する際，じゃがいも270gが必要な場合，準備しておかなければならないじゃがいもの重量を答えなさい。ただし廃棄率を10％とする。

(9) 菊花かぶの作り方を説明した次の文中の（　ア　），（　イ　）に入る最も適切な調味料，又は材料名を答えなさい。

　　　かぶは，葉を切り落として皮をむき，切り離さないように底を残してマス目状に切り目を入れ，（　ア　）をふる。しばらく置いてしんなりしたら，水気を絞り，（　イ　）につける。

(10) 次の枠内のものは，カスタードクリームの材料(シュークリーム10個分)について示したものである。（　ア　）〜（　ウ　）に最も適す

る材料の名称を答えなさい。

（　ア　）・・・40g(2個分)	
（　イ　）・・・60g	小麦粉(薄力粉)・・・30g
（　ウ　）・・・200ml	バニラエッセンス・・・少量

(11)　次の食品表示に関する文中の(　ア　), (　イ　)に入る最も適切な法律名を答えなさい。

食品の表示は，(　ア　)法，JAS法，健康増進法の3法によって規定されていたが，消費者には複雑で分かりにくかった。そこで，3法の規定を統合した(　イ　)法が制定され，2015年4月から施行された。

(12)　次の図は野菜の切り方の基本の一つである。この切り方の名称を答え，さらに，この切り方が適する料理の具材を以下の(ア)～(エ)から一つ選び，記号で答えなさい。

図

(ア)　いりどりのにんじん　　（イ）　ミートソースの玉ねぎ

(ウ)　柳川なべのごぼう　　（エ）　おでんの大根

(13)　杏仁酥(シンレイスウ)とはどのような料理か答えなさい。答えは「○○風[　　]」の表現を用いて答えなさい。

(14)　次の食中毒に関する文中の(　ア　), (　イ　)に最も適する語句を以下の【語群】よりそれぞれ一つずつ選び答えなさい。

食中毒は微生物性食中毒，(　ア　)食中毒，化学性食中毒に分けられる。また，病因物質では，微生物性食中毒が圧倒的に多く，その中でも鶏肉などの食肉に含まれる(　イ　)が最も多い病因菌である。

【語群】　ウイルス性　　自然毒　　カンピロバクター
　　　　　腸炎ビブリオ　　黄色ブドウ球菌

(☆☆☆◎◎◎◎)

【8】消費生活と環境に関する次の各問いに答えなさい。

(1)　次に示す(ア)〜(ウ)の消費者政策に関わる法律について，制定された年の古い順に並べたものとして正しいものを①〜⑥より一つ選び，番号で答えなさい。

(ア)　消費者基本法　　　(イ)　消費者契約法
(ウ)　消費者保護基本法

①　(ア)→(イ)→(ウ)　　②　(ア→(ウ)→(イ)
③　(イ)→(ウ)→(ア)　　④　(イ)→(ア)→(ウ)
⑤　(ウ)→(ア)→(イ)　　⑥　(ウ)→(イ)→(ア)

(2)　次の図は，消費者庁の位置づけについて示したものである。図中の①〜③に最も適する語句を以下の(ア)〜(オ)からそれぞれ一つずつ選び，記号で答えなさい。

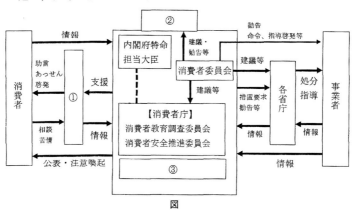

図

(ア)　経済産業大臣　　　(イ)　内閣総理大臣
(ウ)　環境大臣　　　　　(エ)　消費生活センター
(オ)　国民生活センター

123

(3)　平成30年6月に成立した，成年年齢に関係すること等を内容とする「民法の一部を改正する法律」に関して，次の①，②の各問いに答えなさい。

①　この改正により定められた成年年齢は何歳か答えなさい。

②　この改正が施行されるのはいつからか答えなさい。(西暦で答えること。)

(4)　クーリング・オフ制度が適用できないものを次の(ア)〜(オ)より一つ選び，記号で答えなさい。

(ア)　マルチ商法　　　(イ)　内職商法　　　(ウ)　通信販売

(エ)　モニター商法　　(オ)　訪問販売

(5)　次に示すマークは，個人情報について，適切な保護措置を講じていると認定された事業者に表示が許可されるものである。マークの名称を答えなさい。

(6)　「開発途上国の人々との対等な関係と環境保護を目指し，適正な価格での取引を進めること」を何というか答えなさい。

(7)　「持続可能な開発のための教育」をアルファベット3文字で表しなさい。

(☆☆☆◎◎◎◎)

解答・解説

【中学校】

【 1 】(1)　(ウ)　　(2)　学校運営協議会(制度)(コミュニティ・スクール)

(3)　(オ)　　(4)　①　(ウ)　　②　(コ)　　③　(オ)　　④　(シ)

⑤　(エ)　　⑥　(キ)

〈解説〉(1)　教育の機会均等を定めた教育基本法第4条からの出題。教育基本法は教育を受ける権利を国民に保障した日本国憲法に基づき，日本の公教育の在り方を全般的に規定する法律で1947年に制定され，制定後60年間の教育環境の変化を鑑みて2006年に改正されている。教育基本法制定の由来と目的を明らかにし，法の基調をなしている主義と理想とを宣言する前文と18の条文から構成されている。　(2)　学校運営協議会とは，保護者や地域住民などから構成されるものであり，学校運営の基本方針を承認したり，教育活動などについて意見を述べたりする取組を行う。学校運営協議会を設置している学校をコミュニティ・スクールと呼び，その根拠法が地方教育行政の組織及び運営に関する法律(地教行法)第47条の5である。　(3)　中央教育審議会「『令和の日本型学校教育』の構築を目指して～全ての子供たちの可能性を引き出す，個別最適な学びと，協働的な学びの実現～(答申)」(令和3年1月26日)は，「各学校においては，教科等の特質に応じ，地域・学校や児童生徒の実情を踏まえながら，授業の中で『個別最適な学び』の成果を『協働的な学び』に生かし，更にその成果を『個別最適な学び』に還元するなど，『個別最適な学び』と『協働的な学び』を一体的に充実し，『主体的・対話的で深い学び』の実現に向けた授業改善につなげていくことが必要である」としている。その中にあるように，現在文部科学省は学校におけるICTの活用を推進しており，ICTを基盤とした先端技術や学習履歴などの教育ビッグデータの効果的な活用により，「誰一人取り残すことのない，公正に個別最適化された学び」の実現を目指している。なおSociety5.0とは，サイバー空間(仮想空間)とフィジカル空間(現実空間)を高度に融合させたシステムにより，経済発展と社会的課題の解決を両立する，人間中心の社会(Society)のことで，2016年1月閣議決定された「第5期科学技術基本計画」において日本が目指すべき未来社会の姿として初めて提唱された概念である。(4)　平成29年3月告示の新中学校学習指導要領より，家庭科は「A　家族・家庭生活」「B　衣食住の生活」「C　消費生活・環境」の3つの領域に整理され，「生活の課題と実践」の一層の充実を目指し，「実践的

な活動を家庭や地域などで行うことができるよう配慮することとされた。「Ａ　家族・家庭生活」では，少子高齢化社会の進展への対応として，幼児との触れ合い体験などを一層重視するとともに，高齢者など地域の人々と協働することに関する内容が新設されている。

【２】(1)　ア　単独世帯　　イ　夫婦のみの世帯　　ウ　三世代世帯
(2)　①　つながり　　②　高齢者　　③　在宅サービス　　④　行政
⑦　町内会，自治会　　⑦　環境美化，防災　　(3)　①　睡眠
②　基本的　　③　社会的　　④　遊び　　⑤　運動　　(4)　①　○
②　幼児の話は，さえぎらずに最後まで聞く。　　③　幼児を肩より高く持ち上げたり，振り回したりしない。　　④　○　　⑤　誤飲のおそれがあるので，ビー玉ではなくビーチボールを使う。

〈解説〉(1)　「国民生活基礎調査」(令和元年度)によれば，65歳以上の者のいる世帯は2,558万4,000世帯(全世帯の49.4％)であり，世帯構造をみると，「夫婦のみの世帯」が827万世帯(65歳以上の者のいる世帯の32.3％)で最も多く，次いで「単独世帯」が736万9,000世帯(同28.8％)，「親と未婚の子のみの世帯」が511万8,000世帯(同20.0％)となっている。
(2)　出題の「家庭生活と地域」は，新学習指導要領における「１　家庭分野の目標」の「(3)　自分と家族，家庭生活と地域との関わりを考え，家族や地域の人々と協働し，よりよい生活の実現に向けて，生活を工夫し創造しようとする実践的な態度を養う」に関連した内容である。なお，「自立して心豊かに生きる　未来を創造する　鳥取の人づくり」を基本理念とする「鳥取県教育振興基本計画〜未来を拓く教育プラン」(2019〜2023年度)では，基本理念の実現のために5つの目標と22の施策と重点取組を挙げている。その「目標１　社会全体で取り組む教育の推進」の実現のために示されている「学校，家庭，地域の連携・協働の推進」「コミュニティ・スクールの導入促進，運営の充実」「学校，地域の連携による，ふるさとへの愛着や誇りを高める教育の充実」などの具体例は，本問解答のヒントとなるだろう。　　(3)　出題の「幼児の生活と発達の特徴」は，学習指導要領における「Ａ　家

族・家庭生活」の中の「幼児の生活と家族」に関連する内容である。幼児の心身の発達とそれを支える生活や，幼児期における周囲の人との基本的な信頼関係や生活習慣の形成の重要性が分かり，幼児にふさわしい生活を整える家族の役割について理解できるようにすること，幼児の身体の発育や運動機能，言語，認知，情緒，社会性などの発達の概要について理解できるようにすることを目的としている。

(4) 幼児にとって遊びは生活そのものであり，身体の発育や運動機能，言語，認知，情緒，社会性などの発達を促すことや，特に成長に応じて友達と関わりながら遊ぶことが大切である。また，幼児の発達や生活の特徴を踏まえ，幼児に応じた関わり方を考えることが大切である。例えば，幼児と目の高さを合わせ，一人一人の話を丁寧に聞いたり，ゆっくりと分かりやすい言葉で話したりする必要がある。

【3】(1) ① 取扱い表示(取扱い絵表示) ② (ア) (C) (イ) (D)
(ウ) (A) ③ A 天然 B 動物 ④ 混用(混紡)
⑤ A 弱い洗濯 B 酸素 C 日陰の平干し D 110
(2) ア 後ろ イ えり下

〈解説〉(1) 家庭用品質表示法の改正に伴い，平成28年12月1日から，衣類等の繊維製品の洗濯表示は，新しいJIS L0001が規定する記号に変更された。「家庭洗濯」「漂白」「乾燥」「アイロン」「クリーニング」の5つの基本記号及び付加記号と数字で表示される。消費者庁によるニュースリリース「家庭用品質表示法に基づく繊維製品品質表示規程の改正について」(平成28年11月4日)には新しい洗濯表示のポイントが分かりやすく示されているので，目を通しておきたい。
(2) ア 股ぐりが浅いほうが前，深いほうが後ろである。 イ えり下は，えり先から裾の端にある角までの間。

【4】(1) ① 利点…店に出向かなくてもよい。(世界各地から商品を取りよせることができる。) 問題点…実物を見たり，サイズを確認したり，比較したりできない。 ② 即時払い (2) ① ア 4

　　イ　８　　ウ　５　　②　(ア)　ジャドママーク(オンラインマーク)
(イ)　安全である権利　　　(ウ)　消費者生活センターに相談する
(3)　①　低炭素社会　　②　リフューズ　　③　循環型社会形成推進
基本法　　④　環境マネジメントシステム

〈解説〉(1)　①　インターネットによる購入は，店へ行くことができな
い場合には便利であるが，イメージとは異なるものが届いたり，クレ
ジットカード決済時に情報流出等のリスクが伴ったりする点に注意が
必要である。　②　デビットカードは，商品購入時に，自分の指定し
た銀行口座から代金が即時引き落とされる。プリペイドカードは前払
い，クレジットカードは後払いである。　(2)　①　ケネディ大統領の
消費者の4つの権利とは，「安全を求める権利，知らされる権利，選ぶ
権利，意見を聞いてもらう権利」のこと(その後ニクソン大統領によっ
て「救済される権利」，フォード大統領によって「消費者教育を受け
る権利」が追加されたといわれる)。また，消費者の8つの権利とは，
「生活の基本的ニーズが保障される権利，安全である権利，知らされ
る権利，選ぶ権利，意見を反映される権利，補償を受ける権利，消費
者教育を受ける権利，健全な環境の中で働き生活する権利」をいう。
消費者の5つの責任とは，「批判的意識，自己主張と行動，社会的関心，
環境への自覚，連帯」のことである。　②　JYADMA(ジャドマ)マー
クは，公益社団法人日本通信販売協会の入会審査に合格し，正会員と
なった事業者であることを示すもの。同協会では，質の高い商品の紹
介，アフターケアの徹底，広告表現の正確さなど，良心的な通信販売
システムの発展を目的としている。インターネットなどによる通信販
売は広く普及しているが，便利である一方トラブルも多発している。
万一のときの相談先や連絡先をあらかじめ押さえておくことが大切で
ある。なお，2004年6月に施行された「消費者基本法」には，消費者
の権利が初めて明記された。権利として，次の5つが示されている。
「1　安全が確保されること」「2　自主的かつ合理的な選択の機会が確
保されること」「3　必要な情報，教育の機会が提供されること」「4
消費者の意見が消費者政策に反映されること」「5　被害が生じたとき

は適切かつ迅速に救済されること」。　(3)　①　低炭素社会とはCO_2の排出が少ない社会のことであり，地球温暖化の緩和を目的としている。日本では，2050年までに80％の温室効果ガスの排出削減を目指している。　②　3Rとは，使用済製品やその部品等を繰り返し使用するリユース，廃棄物等を原材料やエネルギー源として有効利用するリサイクル，製品をつくる時に使う資源の量を少なくすることや廃棄物の発生を少なくするリデュースのこと。リデュースはゴミを減らすということ，出題のリフューズは不要なものは断るということなので，混同しないように。　③　「循環型社会形成推進基本法」は，「1　発生抑制(リデュース)」「2　再利用(リユース)」「3　再生利用(マテリアルリサイクル)」「4　熱回収(サーマルリサイクル)」「5　適正処分」の5つを基本原則とする。　④　環境マネジメントシステムには，環境省が策定したエコアクション21や国際規格のISO14001のほか，地方自治体やNPO等が策定したエコステージ，KES・環境マネジメントシステム・スタンダード等がある。

【5】(1)　ア　明治　　イ　和式　　ウ　和洋折衷　　(2)　①　ノーマライゼーション　　②　バリアフリー　　③　ユニバーサルデザイン　(3)　①　窒息・圧死　　②　安全な家具の配置…転倒落下・移動しても，ドアをふさがないような置き方をする。　　②　家具の転倒防止対策…天井と家具の間に転倒防止支柱をはさむ。　　③　火災報知器　④　ハザードマップ

〈解説〉(1)　中学校学習指導要領家庭科における「B　衣食住の生活」領域の「住居の機能と安全な住まい方」に関連する出題である。同解説技術・家庭編では，この項の指導に当たっては，どのような生活を重視するのかによって住空間の使い方は異なること，畳，座卓，座布団などを用いた日本古来の座式の住まい方が現代の住居に受け継がれていること，現代の住居には和式と洋式を組み合わせた(＝和洋折衷)住空間の使い方の工夫があること，伝統的な住宅や住まい方に見られる様々な知恵に気付き，生活文化を継承する大切さに生徒が気付くよう

にすること，とされている。　(2)　バリアフリーは，もともとある物や施設を使いやすくするために，あとから障害を除去するという考え方で，対象は障害者や高齢者である。一方のユニバーサルデザインは，はじめから使いやすいデザインで物や施設を作るという考え方であり，対象は全ての人間である。　(3)　阪神淡路大震災は，1995年1月17日の午前6時前に発生した。就寝中に建物の倒壊や家具の転倒の下敷きとなった犠牲者が多く見られ，また，調理中のガスコンロからの出火，暖房器具や断線したコードからの火災で被害が拡大した。これらを踏まえ，建築基準法の改正や消防法の改定が実施され，一般家庭でも耐震耐火のための家具の転倒防止や，火災報知器の設置が義務付けられるようになった。さらに，近年では，日本全国で地震や噴火，地滑りや竜巻，洪水などの自然災害が頻発しており，国民の間の防災意識も高まっている。各自治体では居住地区の危険度を示すハザードマップを公開し，想定される災害への対策を呼び掛けている。

【6】(1)　①　ア　一人で食事をすること　　イ　同じ食卓を囲んでいても，それぞれ別の食べ物を食べること　　②　遅くまで起きていると，朝食を抜く傾向がある。　　(2)　ア　血液　　イ　4　　ウ　カルシウム　　エ　ビタミンA　　オ　ビタミンC　　カ　4　　キ　9　(3)　(ちがうもの／のこり三つに共通している栄養素／食品群の順)　①　えび／カルシウム／2群　　②　ピーマン／ビタミンC／4群　③　とうふ／炭水化物／5群　　④　にぼし／たんぱく質／1群　　⑤　レタス／ビタミンA／3群　　(4)　①　発酵食品　　②　(イ),(オ),(キ)　　(5)　①　えび，かに，卵　　②　トレーサビリティ　　③　食品添加物　　④　(ア)　賞味期限　　(イ)　消費期限　　(6)　①　ア　ささがき　　イ　小口切り　　②　ア　いためる　　イ　煮るウ　蒸す　　(7)　①　2013年　　②　(ア)　(C)　　(イ)　(B)(ウ)　(A)　　(エ)　(D)　　③　加える一品…緑黄色野菜(かぼちゃ等)の煮物・炒め物・あえ物・ひたし物　　理由…不足している栄養素(カロテン)をとり，調理法が重ならないものとした。

〈解説〉(1) ① 子どもの食事で気を付けるべき「こしょく」には，出題の「個食」「孤食」のほか，自分の好きなものしか食べない「固食」，パンやパスタなどの粉ものを好む「粉食」，わずかな量しか食べない「小食」，濃い味付けのものを好む「濃食」がある。 ② 「令和元年度食育白書」(令和2年6月16日 農林水産省)によると，毎日朝食を摂る子どもほど学力・体力が高い傾向があった。文部科学省では，食を通じて地域等を理解することや，食文化の継承を図ること，自然の恵みや勤労の大切さなどを理解することも重要であるとして，学校における食育の推進・学校給食の充実を図っている。 (2), (3) 主な栄養素については，その役割と，不足するとどのようなリスクが考えられるかを整理しておくとよい。6つの食品群については厚生労働省の「食事バランスガイド」などを参照されたい。ヨーグルトは2群(牛乳・乳製品・骨ごと食べられる魚)，えびは1群(魚肉卵大豆)，ピーマンは3群(緑黄色野菜)，とうふは1群(魚肉卵大豆)，にぼしは2群(牛乳・乳製品・骨ごと食べられる魚)，レタスは4群(その他の野菜果物)。

(4) 食品の発酵は，細菌や酵母やカビなどの微生物のはたらきによる。身近な発酵食品として，出題のみそ，納豆，しょうゆのほかに，日本酒，ぬか漬け，キムチ，ヨーグルトなどがある。 (5) 近年，食品アレルギーを有する人の割合が増え，中には生命にかかわるアナフィラキシーショックをひき起こす例が増えていることや，相次いで食品の産地偽装問題が起こり，消費者の間には食に対する不信感や不安が高まっていた。これらを受けて，事業者にも消費者にもわかりやすく食品の表示に関する包括的で一元的な制度が必要だとして，食品衛生法，JAS法及び健康増進法の食品の表示に関する規定を統合し，「食品表示法」が制定された(平成27年4月1日施行)。同法では，食品の品質に関する表示が適正かを図るための品質事項，国民の健康の保護を図るために必要な衛生事項，国民の健康の増進を図るために必要な保健事項の3種類が表示されている。 (6) 野菜の切り方については，輪切り，半月切り，乱切り，いちょう切り，くし切り，拍子切り，短冊切りなどの基本を押さえておくこと。また，加熱調理には出題のほか，油で

「揚げる」もある。この調理法は，旨味や風味を閉じ込めたり，油の香味を加えたりする効果もある。　(7)　①　和食は「自然を尊ぶ」という日本人の気質に基づいた食文化で，次の4つを特徴とする。「1　多様で新鮮な食材とその持ち味の尊重」「2　健康的な食生活を支える栄養バランス」「3　自然の美しさや季節の移ろいの表現」「4　正月などの年中行事との密接な関わり」。これらの要素が高く評価され，和食は「日本人の伝統的な食文化」として2013年に無形文化遺産に登録された。　②　配膳の原則は，主食(米飯)は左，汁物は主食の右，主菜は主食の右奥である。よって，副菜は(A)の位置となる。　③　一汁三菜は，主食，汁物，主菜，副菜，副々菜から成る。穀物や野菜，肉や魚などをバランスよく摂ることができるのが利点である。献立作りの際は，食材や調理法，味(辛味，酸味，甘味など)が重複しないように注意する。

【高等学校】

【１】(1)　(ウ)　　(2)　学校運営協議会(制度)(コミュニティ・スクール)　(3)　(オ)　　(4)　①　ア　男女　　イ　主体的　　ウ　技能　エ　論理　　オ　参画　　②　家庭基礎，家庭総合

〈解説〉(1)　教育の機会均等を定めた教育基本法第4条からの出題。教育基本法は教育を受ける権利を国民に保障した日本国憲法に基づき，日本の公教育の在り方を全般的に規定する法律で1947年に制定され，制定後60年間の教育環境の変化を鑑みて2006年に改正されている。教育基本法制定の由来と目的を明らかにし，法の基調をなしている主義と理想とを宣言する前文と18の条文から構成されている。　(2)　学校運営協議会とは，保護者や地域住民などから構成されるものであり，学校運営の基本方針を承認したり，教育活動などについて意見を述べたりする取組を行う。学校運営協議会を設置している学校をコミュニティ・スクールと呼び，その根拠法が地方教育行政の組織及び運営に関する法律(地教行法)第47条の5である。　(3)　中央教育審議会「『令和の日本型学校教育』の構築を目指して〜全ての子供たちの可能性を引

き出す，個別最適な学びと，協働的な学びの実現～(答申)」(令和3年1月26日)は，「各学校においては，教科等の特質に応じ，地域・学校や児童生徒の実情を踏まえながら，授業の中で『個別最適な学び』の成果を『協働的な学び』に生かし，更にその成果を『個別最適な学び』に還元するなど，『個別最適な学び』と『協働的な学び』を一体的に充実し，『主体的・対話的で深い学び』の実現に向けた授業改善につなげていくことが必要である」としている。その中にあるように，現在文部科学省は学校におけるICTの活用を推進しており，ICTを基盤とした先端技術や学習履歴などの教育ビッグデータの効果的な活用により，「誰一人取り残すことのない，公正に個別最適化された学び」の実現を目指している。なおSociety5.0とは，サイバー空間(仮想空間)とフィジカル空間(現実空間)を高度に融合させたシステムにより，経済発展と社会的課題の解決を両立する，人間中心の社会(Society)のことで，2016年1月閣議決定された「第5期科学技術基本計画」において日本が目指すべき未来社会の姿として初めて提唱された概念である。

(4) ① 今回の改訂における家庭科の目標では，少子高齢化等の社会の変化や持続可能な社会の構築，食育の推進，男女共同参画社会の推進，成年年齢の引下げ等への対応を一層重視し，生活を主体的に営むために必要な理解と技能を身に付け，課題を解決する力を養い，生活を主体的に創造しようとする実践的な態度を養うことにより，家庭や地域の生活を創造する資質・能力を育成することを目指している。

② 新学習指導要領では，「家庭基礎」(2単位)，「家庭総合」(4単位)の2科目が設けられ，いずれか1科目を必履修科目として履修することとしている。

【2】(1) 4週間 (2) 胎便 (3) ① ○ ② ○ ③ ×
④ × ⑤ ○ (4) ファミリー・サポート制度
(5) ① (ウ) ② (オ) ③ (カ) ④ (イ) (6) ベビーカーマーク
〈解説〉(1) 生後28日(4週)未満が新生児，4週～1歳未満が乳児期，1歳～

7歳未満が幼児期である。　(2)　出生直後には粘り気がある黒褐色〜緑色の胎便が排泄されるが，3〜5日で普通便に移行する。

(3)　③　象徴機能とは，ものごとや出来事を何らかの記号に置き換えてそれが目の前に存在しないときにも記号によって認識すること。象徴機能の代表的な遊びが，ままごと遊びである。　④　初めに生えるのは下の前歯(乳中切歯)である。　(4)　各自治体では，地域住民がファミリー・サポート制度を利用できるよう，ファミリー・サポート・センター事業を実施している。センターは市区町村または市区町村から委託等を受けた法人が運営しており，会員同士のマッチングや提供会員に対する研修などを実施する。　(5)　(イ)　母子保健法は，母性及び乳幼児の健康の保持増進を図ることを目的に制定されたもの(1966年施行)。　(ウ)　児童虐待防止法の正式名称は「児童虐待の防止等に関する法律」で，2000年11月に施行された。　(オ)「児童憲章」は児童福祉に対する国民の意識を啓発するために，1951年5月に作成された児童の権利宣言。　(カ)　新憲法制定の翌年1947年に，新憲法の精神を踏まえて制定されたのが「児童福祉法」。　(6)　ベビーカーマークは国土交通省によって作成されたもので，ベビーカーを安全に利用できる場所を表す。

【3】(1)　①　三原組織　②　平織　③　朱子織　④　斜文織
(2)　②　(ウ), (カ)　③　(ア), (キ)　④　(イ), (オ)
(3)　①　(ケ)　②　(ア)　③　(カ)　④　(エ)　⑤　(ウ)
(4)　①　(イ)　②　(ア)　③　(ウ)　(5)　①　たもとそで
②　元禄そで　③　舟底そで　(6)　③
〈解説〉(1), (2) 朱子織で織られた生地は，非常に華やかで高級感もあるので，主にフォーマルウェアやパーティー用のドレスなどの裏地に使われることが多い。平織の布は丈夫で破れにくく，浴衣などにも利用される。斜紋織(綾織)は，糸の密度を高くすれば厚地の生地を織ることもでき，密度が高く丈夫である。デニムが代表的な斜紋織(綾織)である。　(3)　家庭用品品質表示法の改正に伴い，2016(平成28)年12

月1日から，衣類等の繊維製品の洗濯表示は，新しいJIS L0001が規定する記号に変更された。「家庭洗濯」「漂白」「乾燥」「アイロン」「クリーニング」の5つの基本記号及び付加記号と数字で表示される。消費者庁によるニュースリリース「家庭用品質表示法に基づく繊維製品品質表示規程の改正について」(平成28年11月4日)には新しい洗濯表示のポイントが分かりやすく示されているので，目を通しておきたい。

(4) 直線縫いのとき，糸調子のバランスが取れているときは，上糸と下糸が布のほぼ中央で交わる。図①のように下糸がポツポツ出る場合は上糸調子が強すぎ，図③のように上糸がポツポツ出る場合は上糸調子が弱すぎる(下糸調子が強すぎる)ので，ミシンの糸調子ダイヤルで上糸の張力を調整しなければならない。　(5)　和服の袖の種類には，ほかに振袖や筒袖がある。　(6)　待ち針は，「端→端→中央→間→間」の順に打つと均等に打てる。

【4】(1)　①　ア　安全　　イ　構造　　ウ　耐用　　②　スクラップ・アンド・ビルド

(2)

(3)　住宅性能表示制度　　(4)　リノベーション　　(5)　スケルトン・インフィル方式(スケルトン・インフィル住居)　　(6)　(イ)

〈解説〉(1)　スクラップ・アンド・ビルドのもともとの意味は，企業で採算や効率の悪い部門を整理して新たな部門を設けることや，老朽化・陳腐化した建造物や設備を効率の高いものに更新すること。日本では新築物件が重視され，約30年おきに建物を壊して新築することが主流であった。近年，環境保護の観点からも中古住宅の活用が叫ばれるようになり，住宅のリノベーションに注目が集まっている。

(2)　ドア・扉関係や，窓，階段など主な記号は押さえておくこと。

(3)　住宅性能表示制度とは「住宅の品質確保の促進等に関する法律」(2000(平成12)年4月1日施行)に基づく制度である。同法では，「様々な

住宅の性能をわかりやすく表示する『住宅性能表示制度』を制定すること」「新築住宅の基本構造部分の瑕疵担保責任期間を『10年間義務化』すること」「トラブルを迅速に解決するための『指定住宅紛争処理機関』を整備すること」と規定されている。　(4)　解説(1)を参照。(5)　スケルトンとは建物を支える構造躯体，インフィルは住宅の間取りや内装を指す。スケルトン・インフィル方式の住居は分譲マンションなどに多く見られる。　(6)　ホルムアルデヒドは，建材の接着剤や防腐剤などに含まれ，シックハウス症候群を発生させる原因の一つとなる。

【5】(1)　①　(ア)　　②　(エ)　　③　(イ)　　④　(オ)　　(2)　①　社会保険　　②　医療保険　　③　介護保険　　④　雇用保険
(3)　ユニバーサルデザインフードマーク　　(4)　①　(ウ)
②　(イ)　　③　(オ)　　④　(ア)　　(5)　①　(オ)　　②　(イ)
③　(ウ)

〈解説〉(1)　麻痺は，手足に力が入らない運動麻痺と，感覚が鈍くなる感覚麻痺の2つに大別される。運動麻痺の原因の主なものとしては，脳梗塞や脳出血，クモ膜下出血，脳腫瘍，頸髄損傷などがある。選択肢(ウ)の三肢麻痺とは，体が自分の思い通りに動かない，スムーズに動くことができない，体を動かすとバランスが崩れるなどの症状が，身体の左右の手，左右の足のうち，3つに現れるもの。　(2)　社会保障の目的は，国民の生活の安定が損なわれた場合に，国民に健やかで安心できる生活を保障することであり，主に「1　生活安定・向上機能」「2　所得再分配機能」「3　経済安定機能」の3つの機能がある。
(3)　ユニバーサルデザインフードとは，年齢・障がいの有無に関わらず，通常の食事から介護食まで多くの人が利用できるように作られている食品のこと。ユニバーサルデザインフードマークは，日本介護食品協議会によって定められた基準に基づき，会員企業が製造・販売をしたことを証明するもの。冷凍食品，レトルト食品，加工食品，とろみ調整食品などがあり，食べる人が自分の状態に合った食品を選べる

ように，「区分1　容易にかめる」「区分2　歯ぐきでつぶせる」「区分3　舌でつぶせる」「区分4　かまなくてよい」の指標が併せて表示されている。　(4)　問題文は，寝たきりの高齢者や傷病者に多く見られる症状である。褥瘡や拘縮を予防するには，介護者によるこまめな体位変換が必要となる。　(5)　選択肢(ア)はホームヘルパーによる訪問介護，(エ)の介護施設は，高齢者向けであれば老人ホームのこと。公的施設である特別養護老人ホームと，民間の有料老人ホームの2種類がある。

【6】(1)　①　(ア)　平均寿命　　(イ)　合計特殊出生率　　②　単独　(2)　①　×　　②　○　　③　×　　(3)　①　ア　構成員　　イ　分野　　ウ　機会　　②　ディーセント・ワーク

〈解説〉(1)　厚生労働省の「令和2年簡易生命表の概況」によれば，2020(令和2)年の日本人の平均寿命は男性が81.64歳で前年より0.23年延び，女性が87.74歳で前年より0.29年延びている。また，「令和2年人口動態統計月報　結果の概要」によると，合計特殊出生率も，前年の1.36から1.34に低下しており，少子高齢化に歯止めがかからない状態である。　(2)　①　民法でははく，憲法第24条に定められている。③　民法は法定相続人に，遺言によっても奪えない「遺留分」を保障している。　(3)　①　男女共同参画社会基本法は，男女が互いに人権を尊重し，責任を分かち合い，性別に関わらず個性と能力を十分に発揮できる男女共同参画社会の実現を日本社会の最重要課題として定められたもの。同法に基づき，政府では，2020(令和2)年に「第5次男女共同参画基本計画～すべての女性が輝く令和の社会へ～」を閣議決定している。新しい目標として，「2030年代には，誰もが性別を意識することなく活躍でき，指導的地位にある人々の性別に偏りがないような社会となることを目指す」「そのための通過点として，2020年代の可能な限り早期に指導的地位に占める女性の割合が30％程度となるよう目指して取組を進める」を挙げている。　②　ディーセント・ワークの実現は，「雇用の促進」「社会的保護の方策の展開及び強化」「社会対話の促進」「労働における基本的原則及び権利の尊重，促進及び

実現」の4つの戦略的目標を通して実現されると位置付けられ，男女平等及び非差別は，これらの目標における課題とされている。

【7】(1)　一番多く含まれるもの…炭水化物　働き…(ア)

(2)　①　○　　②　20　　③　水素　　④　○　　⑤　○　　(3)　食育基本法　　(4)　水・お茶　　(5)　フードマイレージ　　(6)　(ア)

(7)　①　(イ)　　②　(キ)　　(8)　300〔g〕　　(9)　ア　塩　イ　甘酢　(10)　ア　卵黄　イ　砂糖　ウ　牛乳

(11)　ア　食品衛生　イ　食品表示　　(12)　切り方の名称…ささがき　　料理の具材…(ウ)　　(13)　中国風アーモンドクッキー

(14)　ア　自然毒　　イ　カンピロバクター

〈解説〉(1), (2)　食品に含まれている栄養素の分類には「5大栄養素」，「3色食品群」，「6つの基礎食品」などがある。「5大栄養素」は，炭水化物，脂質，たんぱく質，無機質，ビタミンを表す。主な栄養素については，その役割と，それを含む代表的な食物，不足するとどのようなリスクが考えられるかを整理しておくとよい。なお，選択肢(ア)，(イ)，(ウ)のように，栄養素の働きから3つの食品グループに分類したものが「3色食品群」。「6つの基礎食品」は栄養面で同じような働きをする食品を1グループにまとめたもので，1群は魚・肉・卵・大豆・大豆製品，2群は牛乳・乳製品・海藻・小魚類，3群は緑黄色野菜，4群は淡色野菜・果物，5群は穀類・イモ類・砂糖，6群は油脂類・脂肪の多い食品である。併せて覚えておこう。　(3)　食育基本法を踏まえ，文部科学省では，食を通じて地域等を理解することや，食文化の継承を図ること，自然の恵みや勤労の大切さなどを理解することも重要であるとして，学校における食育の推進・学校給食の充実を図っている。新学習指導要領においても，総則の中で「学校における食育の推進並びに体力の向上に関する指導，安全に関する指導及び心身の健康の保持増進に関する指導については，保健体育科，家庭科及び特別活動の時間はもとより，各教科・科目及び総合的な探究の時間などにおいてもそれぞれの特質に応じて適切に行うよう努めること」と明記されて

いる。 (4) 「食事バランスガイド」は，厚生労働省と農林水産省が共同で策定したもので，1日に何をどれだけ食べたらよいか，何をどう組み合わせて食べればバランスがよくなるかが，イラストで分かりやすく示されている。 (5)，(6) フードマイレージとは，食料の輸送量に輸送距離を掛け合わせた指標。数値が大きくなるほど環境への負荷が高くなる。日本では，食料のほとんどを輸入に頼っているため，世界各地からの輸送に伴うCO_2排出量が大きく，フードマイレージの数値が世界一高いことに留意しよう。 (7) 原則として，左右に置かれたフォークとナイフを，料理が来た順に外側から使う。(キ)はスープ用のスプーンで，(ア)と(カ)がオードブル用のフォークとナイフ，(イ)と(オ)は魚料理用，(ウ)と(エ)は肉料理用である。 (8) 廃棄率10％であるので可食部率は90％。よって，一人当たりの純使用料270〔g〕÷可食部率90〔％〕×100＝300〔g〕となる。 (9) かぶにマス目状に切り目を入れるときは底まで切り離さないように注意すること，水気を絞るときは形を崩さないようにすることがポイント。 (10) カスタードクリームは，洋菓子作りに欠かせない基本のクリームであるので，作り方をマスターしておきたい。卵黄のみ使用するもののほか，全卵を使用するものなど，バリエーションがある。 (11) 「食品表示法」には，「食品の品質に関する表示が適正かを図るための品質事項」「国民の健康の保護を図るために必要な衛生事項」「国民の健康の増進を図るために必要な保健事項」の3種類が表示されている。 (12) ささがきは，野菜を回しながら包丁で削るように薄く切る。面を大きく切れるので，味がしみこみやすく火が通りやすい。主にごぼうやにんじんなどに使う。 (13) 「酥」は中華菓子のうち，パイやクッキーなど，サクサクした食感の菓子を指す(料理名に使われることもある)。(14) 微生物性食中毒の病因菌として，ほかにノロウイルスや腸管出血性大腸菌，サルモネラ菌などがある。

【8】(1) ⑥ (2) ① (エ) ② (イ) ③ (オ) (3) ① 18歳 ② 2022年4月1日 (4) (ウ) (5) プライバシーマーク

(6)　フェアトレード運動　　(7)　ESD

〈解説〉(1)　消費者保護基本法は1968年，消費者契約法は2001年，消費者基本法は2004年である。　　(2)　消費者庁は，内閣府の外局である。国民生活センターは消費者庁が所管する独立行政法人で，消費生活センターは各自治体が設置する行政機関。　　(3)　成年年齢が18歳となっても，喫煙や飲酒や公営競技に関する年齢制限は従来通り20歳であることに注意する。　　(4)　通信販売や，消費者が自主的に店舗に出向いて契約したものについては，クーリング・オフは適用されない。

(5)　プライバシーマーク制度は，個人情報保護を目的として，現・経済産業省の指導により1998年に運用開始された。第三者機関である「一般財団法人日本情報経済社会推進協会(JIPDEC)」及びその指定機関が，企業や団体について個人情報の取り扱いが適切かどうかを審査し，審査を通過した企業や団体にロゴ(プライバシーマーク)の使用が認定される。　　(6)　フェアトレードとは，途上国との貿易に関して，公正な取引をすることによって，途上国の人々の生活を支援する仕組みのこと。　　(7)　持続可能な開発のための教育(ESD：Education for Sustainable Development)とは，文部科学省によると，「人類が将来の世代にわたり恵み豊かな生活を確保できるよう，身近なところから取り組む(think globally, act locally)ことで，問題の解決につながる新たな価値観や行動等の変容をもたらし，持続可能な社会を実現していくことを目指して行う学習・教育活動」と説明されている。

2021年度　実施問題

【中学校】

【1】次の各問いに答えなさい。

(1) 次の文は，教育公務員特例法に規定された条文である。条文中の空欄(①)・(②)にあてはまる最も適切な語句の組み合わせをア～カから一つ選び，記号で答えなさい。

> 第21条　教育公務員は，その職責を遂行するために，絶えず(①)と(②)に努めなければならない。

	①	②
ア	研修	修養
イ	研修	実践
ウ	研究	研鑽
エ	研究	修養
オ	教育	実践
カ	教育	研鑽

(2) 次の①～③の法令に規定されている条文を，ア～カからそれぞれ一つずつ選び，記号で答えなさい。

① 教育基本法　　② 学校教育法　　③ 地方公務員法

ア　第30条　すべて職員は，全体の奉仕者として公共の利益のために勤務し，且つ，職務の遂行に当つては，全力を挙げてこれに専念しなければならない。

イ　第7条　文部科学大臣は，教育職員の健康及び福祉の確保を図ることにより学校教育の水準の維持向上に資するため，教育職員が正規の勤務時間及びそれ以外の時間において行う業務の量の適切な管理その他教育職員の服務を監督する教育委員会が教育職員の健康及び福祉の確保を図るために講ずべき措置に関する指針

(次項において単に「指針」という。)を定めるものとする。

ウ　第1条　教育は，人格の完成を目指し，平和で民主的な国家及び社会の形成者として必要な資質を備えた心身ともに健康な国民の育成を期して行われなければならない。

エ　第23条　公立の小学校等の教諭等の任命権者は，当該教諭等(臨時的に任用された者その他の政令で定める者を除く。)に対して，その採用(現に教諭等の職以外の職に任命されている者を教諭等の職に任命する場合を含む。附則第5条第1項において同じ。)の日から一年間の教諭又は保育教諭の職務の遂行に必要な事項に関する実践的な研修(以下「初任者研修」という。)を実施しなければならない。

オ　第66条　小学校は，当該小学校の教育活動その他の学校運営の状況について，自ら評価を行い，その結果を公表するものとする。

※第79条，第79条の8，第104条，第135条において，それぞれ中学校，義務教育学校，高等学校，特別支援学校に準用。

カ　第34条　小学校においては，文部科学大臣の検定を経た教科用図書又は文部科学省が著作の名義を有する教科用図書を使用しなければならない。

※第49条，第49条の8，第62条，第82条において，それぞれ中学校，義務教育学校，高等学校，特別支援学校に準用。

(3)　次の文章は，「中学校学習指導要領(平成29年3月告示)」第2章　第8節　技術・家庭で示された「家庭分野」の目標と指導計画の作成と内容の取扱いの一部である。次の問いに答えなさい。

(　①　)～(　⑥　)に入る最も適切な語句を【語群】より一つずつ選び，記号で答えなさい。

> 1　目標
>
> 　(　①　)に係る見方・考え方を働かせ，衣食住などに関する実践的・体験的な活動を通して，よりよい生活の実現に向けて，生活を工夫し創造する資質・能力を次のとおり育成することを目指す。

(1)　家族・家庭の機能について理解を深め，家族・家庭，衣食住，消費や環境などについて，生活の自立に必要な基礎的な理解を図るとともに，それらに係る（　②　）を身に付けるようにする。

(2)　家族・家庭や地域における生活の中から問題を見いだして課題を設定し，解決策を構想し，実践を評価・（　③　）し，考察したことを論理的に表現するなど，これからの生活を展望して課題を解決する力を養う。

(3)　自分と家族，家庭生活と地域との関わりを考え，家族や地域の人々と協働し，よりよい（　④　）に向けて，生活を工夫し創造しようとする実践的な態度を養う。

指導計画の作成と内容の取扱い

(3)　家庭分野の内容の「（　⑤　）」の(1)については，小学校家庭科の学習を踏まえ，中学校における学習の見通しを立てさせるために，第1学年の最初に履修させること。

(4)　各項目及び各項目に示す事項については，相互に有機的な関連を図り，総合的に展開されるよう適切な（　⑥　）を設定して計画を作成すること。

【語群】

ア　知識	イ　学習内容	ウ　改善
エ　あり方	オ　仕組み	カ　行動
キ　技能	ク　生活の営み	ケ　生活の実現
コ　社会	サ　健康	シ　題材
ス　衛生	セ　A家族・家庭生活	ソ　B衣食住の生活
タ　C消費生活・環境		

(☆☆☆○○○○○)

143

【２】家族・家庭と子どもの成長について，次の各問いに答えなさい。

(1)　次の図1は，内閣府による「国民生活に関する世論調査」(令和元
年度)「２　調査結果の概要」において，「家庭の役割」について調
査した結果である。図1のア～ウに入る「家庭の役割」を【語群】
の中から一つずつ選び，答えなさい。

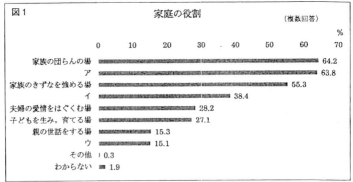

内閣府「国民生活に関する世論調査の概要（令和元年度）」より作成

【語群】
　子どもをしつける場　　休息・やすらぎの場
　親子が共に成長する場

(2)　次の文は，家庭の機能についての説明である。(　①　)～(　⑧　)
に適する語句を【語群】より一つずつ選び，答えなさい。

　　家庭の機能は，食事，睡眠，入浴，娯楽，団らんなどの活動と，
それを支える調理や洗濯などの(　①　)が行われることによって果
たされている。家庭の機能の(　②　)がすすみ，以前は，家庭の機
能であった，教育，医療，福祉などの(　③　)も家庭にかわって社
会がその役割を担うようになった。

　　家庭の機能の(　②　)は，互助組織やNPO法人による(　④　)，
国や地方公共団体など公共機関による(　⑤　)，企業による(　⑥　)
などの形態で行われている。家庭に提供される(　③　)の多くは，
地域を拠点にした活動であり，家庭生活を支えているが，活動の担
い手も家族や個人であり，地域住民が企画，参加することによって

成り立っている。一方，家庭の機能が果たされず，家族との生活が
負担になったり，危険を感じたりする人に対しては，相談に乗った
り，家族から保護したりする地域の機関や団体がある。児童福祉法
に基づいて設置され18歳未満の子どもに関する相談ができる(　⑦　)
や介護保護法で定められた地域住民の保健・福祉・医療の向上，虐
待防止などを行う(　⑧　)などがこれに当たる。

【語群】

家庭生活	家事労働	職業労働	商品化	公共化
社会化	共同化	平等化	サービス	家庭裁判所
児童相談所	シェルター	地域包括支援センター		

(3)　乳幼児の体と心の発達について，(　①　)〜(　⑩　)に適する語
句や数字を答えなさい。

・生まれたときの平均体重は約(　①　)kgで，平均身長は約(　②　)
cmである。乳児期は，一生でもっとも急速に，体が大きく成長・
発達する。個人差はあるが，生後1年で身長は約(　③　)倍，体重
は約(　④　)倍になる。

・体の運動機能の発達には(　⑤　)部から臀部へ，体の(　⑥　)部
から末端部へという方向性と順序がある。

・(　⑦　)歳を過ぎると，幼児はよい・悪いの区別なく自己を主張
するようになる。これを自我の芽生えとしての(　⑧　)という。

・言葉は，1歳ごろから「まんま」「ぶー」などの(　⑨　)文を話す
ようになり，3歳から4歳ごろには日常会話がほぼできるようにな
る。

・信頼感を基盤にした特定の相手との心のきずなを(　⑩　)といい，
子どもが外の世界を模索する際の安全基地の役割を果たし，発達
の基盤ともなる。

(4)　中学3年生の太郎さんは，幼児とのふれあい体験に向けて，5歳児
を対象とした遊び道具を製作することになった。

```
材　料：ペットボトル
　　　　新聞紙
　　　　ビニールテープ
作り方：1　ペットボトルにビニールテープやマジックで飾り
　　　　　　つけをする。
　　　　2　新聞紙を丸め，直径15cmくらいのボールをつくる。
　　　　3　ボールをビニールテープで巻き，形を整える。
遊び方：○　ペットボトルをボーリングのピンに見立てて，新
　　　　　　聞紙を丸めて作ったボールを転がしてピンをたお
　　　　　　す。
　　　　○　幼児を2つのグループに分けて，たおしたピンの
　　　　　　数で競い合う。
```

①　次の文は，幼児の遊び道具の選び方を示したものである。
（　ア　）～（　オ　）にあてはまる語句を答えなさい。
・（　ア　）への配慮がなされているもの
・つくりが（　イ　）であるか
・幼児の心身の発達段階に合っているもの
・遊びを工夫し，（　ウ　）させることができるもの
・幼児の（　エ　）・関心に合ったもの
・（　オ　）マークがついているもの

②　太郎さんの製作した遊び道具は主にどんな力を育てるか2つ答えなさい。

③　太郎さんが考えた遊び方で，4～5歳児の発達段階を考慮している点を2つ答えなさい。

(☆☆☆◎◎◎◎)

【3】衣生活に関する次の各問いに答えなさい。

(1) 「中学校学習指導要領(平成29年3月告示)」に示された学習内容「B
衣食住の生活」の(4)「衣服の選択と手入れ」と(5)「生活を豊かに

するための布を用いた製作」との関連を図った学習計画を立てた。

＜ねらい＞

　　衣服の選択，日常着の手入れ，生活を豊かにするための布を用
いた製作について課題をもち，それらに関する基礎的・基本的な
知識及び技能を身に付け，これからの生活を展望して課題を解決
する力や，健康・快適で持続可能な衣生活を工夫し創造しようと
する実践的な態度を育成すること。

＜構成＞

　　題材の始めに「健康・快適で持続可能な衣生活」を送るための
「題材全体を貫く課題」を設定し，課題1「衣服の選択」，課題2
「日常着の手入れ」，課題3「衣服等の再利用」という三つの問題
解決的な学習を通してその解決を図る構成としている。

○　課題3では，「衣服等を再利用した生活を豊かにする物の製作と
まとめ」(8時間)について，次のような学習計画をたてた。各問い
に答えなさい。

(学習計画)

時間	ねらい・学習活動
1	衣服の計画的な活用の必要性について理解する。
1	（ⅰ）自分の生活を豊かにするための衣服等の再利用について問題を見い出し，課題を設定する。
4	（ⅱ）製作計画に沿って製作する。
1	衣服等を再利用した製作について振り返り，評価したり，改善したりする。
1	（ⅲ）再利用の作品について発表するとともに，今までの学習をまとめる。

①　（ⅰ）で，生徒A，Bは，次の表1のとおり，不用になった衣服を
活用して，製作する物を考えた。

表1

生徒	不用な衣服	製作する物
A	ジーンズ（厚地）	トートバッグ
B	綿のシャツ	巾着袋

・生徒Aが製作するにあたって，製作時に気をつける点を用具・
生地の特性を踏まえて，具体的に2つ答えなさい。

・生徒Bは，使用する衣服にアイロンをかけたが，布のゆがみが
とれなかった。布のゆがみをとるための方法について，具体的
に答えなさい。

② ジーンズに，図2の記号がついていた。下の取扱い表示に示されている記号の意味について，（　ア　）〜（　エ　）に適する言葉または数字を答えなさい。

図2

洗濯の仕方	液温は40℃を限度とし，洗濯機で（　ア　）洗濯ができる。
漂白の仕方	（　イ　）
乾燥の仕方	（　ウ　）
アイロンの仕上げ	底面温度（　エ　）℃を限度としてアイロン仕上げができる。

③ （ⅱ）で生徒Aは縫いしろのしまつをミシンで行った。図3のうち，どちらの縫い方が適するか答えなさい。

図3

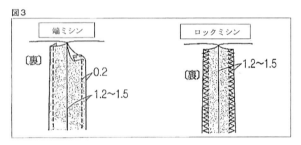

④ 作業中にミシン針が折れる場合，どのような原因が考えられるか2つ答えなさい。

(2) 被服の保健衛生的機能について，次の問いに答えなさい。

① 次の文章の（　X　）〜（　Z　）に入る適切な言葉または数字を答えなさい。

被服を着ると，被服と皮膚のすきまにわずかな空気の層ができる。これは（　X　）と呼ばれる。私たちが最も快適に感じるのは，皮膚の表面に近い温度が（　Y　）±1℃，湿度が（　Z　）±10％の状態である。

② 被服の着装の工夫について，次の各問いに答えなさい。

ア 冷房時の室温を28℃にしたときに快適に過ごせる服装のこと

を何というか答えなさい。

イ　暖房時の室温を20℃にしたときに快適に過ごすための被服の着装の工夫を2つ答えなさい。

(3)　次の文は，被服と資源・環境とのかかわりについて示したものである。下線部が正しければ〇を，間違っていれば正しい語句を答えなさい。

①　綿や毛などでつくられた繊維製品を針状の機具で崩して毛羽立たせ，もとの単繊維に戻したものを反毛という。カーペットやぬいぐるみの中綿，固形燃料などに使われる。

②　着なくなったジーンズからバッグをつくることを，リサイクルという。

③　流行を取り入れ短いサイクルで生産し，低価格で世界的に販売される衣料品のことをエシカルファッションという。

④　ポリ乳酸繊維は，とうもろこしなどを原料とする繊維で，土に埋めると微生物の働きで分解される。

(☆☆☆〇〇〇〇)

【4】消費生活と環境に関して次の各問いに答えなさい。

(1)　次の文は，消費生活のかかわりについて説明したものである。各説明にあてはまる適切な語句を答えなさい。

①　情報を収集し，それぞれの情報源を確かめ，情報の真偽や質を分析・評価できるような情報を読み解く力

②　商取引で結んだ契約について，冷静に熟慮するための期間をもうけることのできる制度

③　欠陥商品の事故による被害から消費者を救済するため1994年に制定された法律

④　1960年に設立された世界の消費者運動団体の連合体。世界消費者大会の開催などの活動をしている国連機関の諮問機関

⑤　製品の原材料調達から廃棄・リサイクルまでの全過程を通して排出される温室効果ガスの排出量を商品に分かりやすく表示する

　　しくみ
(2)　次の図4は，限りある資源を循環させて使い続ける循環型社会を
　示したものである。図4の　A　～　C　にあてはまる語句を答え
　なさい。

図4

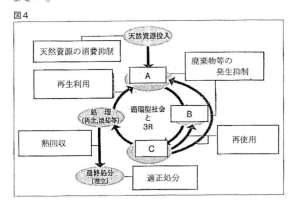

(3)　次の図5は，家計における費目別構成比の推移を示している。
　　にあてはまる費目は何か答えなさい。

図5

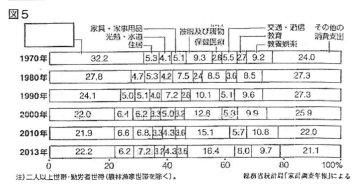

(4)　次の①～③は暮らしの中に見られるマークである。これらのマー
　クの意味について，適するものを【語群】から1つずつ選び，記号
　で答えなさい。

① 　② 　③

【語群】

ア　発展途上国の労働者が労働にみあった賃金を得られるように，適正な価格で取引する公正な貿易

イ　日本農林規格基準を満たしている有機農産物と加工食品

ウ　製品に欠陥があり事故を起こした場合，損害賠償される花火製品

エ　返品や交換に応じるなど公正な販売に努めていることを示す日本通信販売協会のマーク

オ　地域の特色を生かした食品

(5)　次の図は，契約における消費者と店との関係を示している。図6の　①　～　③　にあてはまる語句を答えなさい。

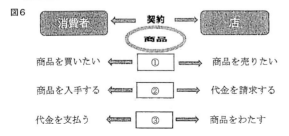

(6)　クレジットやローンの借金返済方法で，毎月ほぼ一定の金額で返済する方法を何というか答えなさい。

(☆☆☆◎◎◎◎)

【5】食生活に関して，次の各問いに答えなさい。

(1)　食事の役割や栄養素のはたらきについて，次の各問いに答えなさい。

①　人の体の成分を表した次の図7の　A　にあてはまる成分を答

151

えなさい。

図7

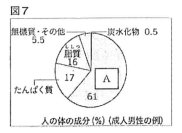

人の体の成分(%)(成人男性の例)

② 朝食の必要性について，次の図8から考えられることを説明しなさい。

図8

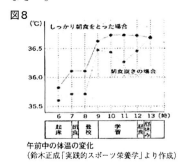

午前中の体温の変化
(鈴木正成「実践的スポーツ栄養学」より作成)

③ 次の表2は，栄養素のはたらきについて説明したものである(　ア　)～(　ケ　)にあてはまる語句を答えなさい。

表2

たんぱく質	体内で消化されて (　ア　) になり、吸収・利用される。
無機質	カルシウム・・・主に骨や歯をつくるもとになる。 (　イ　)・・・血液の重要な成分であり、体内に酸素を運んでいる。不足すると貧血の原因になる。
ビタミン	(　ウ　)・・・体の成長を助け、目のはたらきをよくし、細菌に対する抵抗力をつける。 (　エ　)・・・骨や歯をじょうぶにする。
炭水化物	エネルギー源となる (　オ　) とエネルギー源としては利用できない (　カ　) がある。 (　オ　) は体内で消化され、(　キ　) となり、血液とともに全身の組織にいきわたり、エネルギー源として使われる。特に脳のエネルギー源として重要である。
脂質	体内で消化・吸収された後、(　ク　) と (　ケ　) になり、細胞膜の成分となるなど体の組織をつくる。

(2) 生鮮食品は，たくさん出回る時期(旬，出盛り期)があり，この時期には，価格が安くなり，味もおいしくなる。その他，旬にとれる生鮮食品の利点を答えなさい。

(3) 次の①～⑤の文は，食品や食品に関する情報を示すマークについて書かれたものである。それぞれのマークの名称を答えなさい。

① 農林水産省が定めた規格・基準に合格し品質が認められた食品につけられる。

② 原則として農薬や化学肥料を使わないで生産された有機農産物とその加工食品などにつけられる。

③ インターネットなどで生産情報が提供されている。生産情報を正確に伝えていると認められている食品につけられる。

④ 「おなかの調子を整える」など健康に役立つことが認められ許可を受けた加工食品につけられる。

⑤ ある生物の遺伝子を，ちがう生物などに組み入れてつくった農作物と，それを使った加工食品のこと。

(4) 調理の仕方について，次の各問いに答えなさい。

① 可食部100gのあじフライを作るためには，あじを何g準備しなければならないか答えなさい。求める計算式も記載し，小数第1位を四捨五入して整数で答えなさい。なお，あじの廃棄率は55％とする。

② 5基本味とは，旨味・甘味・塩味・酸味とあと一つは何か答えなさい。

③ 旨味成分について，次の食品に含まれる旨味成分は何か答えなさい。

ア こんぶ　　イ かつおぶし・煮干し　　ウ 干ししいたけ

④ 同じ味を持つ2種類あるいは2種類以上の化合物を混合すると，その味が両者の和以上に強められる効果を味の何作用というか答えなさい。

(5) 卵の調理上の性質について次の問いに答えなさい。

① 次の文の（ ア ）～（ エ ）にあてはまる語句を答えなさい。

卵の主成分の（ ア ）は，加熱により固まるので（ イ ）という性質があり，その性質を生かしたいろいろな料理がある。また，卵は空気を含んで泡立つ（ ウ ）という性質，水と油をつないで

まとめる(エ)という調理性もあるので，いろいろな食品が作られている。

② 次に示されたa～cは，①の(イ)～(エ)のどの性質が使われているか，それぞれ記号で答えなさい。

a マヨネーズ　　b スポンジケーキ・カステラ

c プリン・かきたま汁

(6) 弁当作りについて，次の各問いに答えなさい。

① 次に示した弁当作りのポイントの(ア)～(ウ)にあてはまる最も適した語句を答えなさい。

> ○ 誰がどんなときに食べるのかを考える。
> ○ 主食，主菜，副菜を考える
> 　・味付けや(ア)が，偏らないようにする
> 　・彩りや(イ)を考える
> ○ 主食：主菜：副菜の割合を考える
> ○ 持ち運ぶときに料理が(ウ)ように，きっちり詰める

② 主食：主菜：副菜の割合をどのようにすると栄養のバランスがよいとされるか，割合を答えなさい。

③ 次に示した【食材】を6つの食品群に分類しなさい。(下の図9のあてはまる食品群に○をつけること。)

【食材】

ご飯	たまご	ごぼう	しらす干し
干しひじき	かぼちゃ	きゅうり	じゃがいも
アスパラガス	とうふ	マヨネーズ	ごま

図9

食　材	1群	2群	3群	4群	5群	6群
ご飯						
たまご						
ごぼう						
しらす干し						
干しひじき						
かぼちゃ						
きゅうり						
じゃがいも						
アスパラガス						
とうふ						
マヨネーズ						
ごま						

(7) 次の文は，おせち料理の由来について説明したものである。①～③は何について説明したものか，料理名または食品名を答えなさい。

① 田畑の肥料として，いわしが使われていたことから豊作を願ったもの。

② 巻物・書物を表し，学問・文化の繁栄を願ったもの。

③ 卵の数が多いことから子孫繁栄を願ったもの。

(8) 環境に配慮した食生活について，次の問いに答えなさい。

① 環境に配慮した食生活について説明された次の文の(ア)～(ウ)にあてはまる語句を答えなさい。

> 食料の生産，貯蔵・流通，調理，残菜の処理などには多くのエネルギーが必要である。エネルギーの消費は，地球環境を悪化させる原因である(ア)の排出につながる。そのため，食料輸送に伴う環境への影響を示す(イ)，生産に使われる水の総量を示す(ウ)という指標を用いて，環境に配慮した食生活が考えられ始めている。

② 次に示した図10は，フランス，アメリカ合衆国，日本，韓国の①の(イ)について示したものである。

このうち日本はどれにあたるか $\boxed{A}$ ～ $\boxed{D}$ から選び記号

155

で答えなさい。

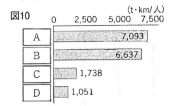

図10

各国の人口１人あたりの比較
中田哲也「農林水産政策研究」第5号2003年より

(☆☆☆◎◎◎◎)

【6】さまざまな住まいと暮らし方について，次の問いに答えなさい。

(1) 室内環境について，あてはまる語句を下の【語群】から一つずつ
選び，記号で答えなさい。ただし，同じ語句は1度しか使用しない
ものとする。

　室内の空気が汚染する原因には，日常生活の中で発生する水蒸気
や(①)，ほこり，ダニ，カビなどのほか，(②)の発生に関
連すると考えられる(③)などがある。

　最近の住宅は，気密化が進み，室内の換気が不足し，湿度が高く
なると，(④)やカビが発生しやすくなる。さらに，室内のほこ
りなどをえさにして，ダニも増殖しやすくなり，それらは(⑤)
やぜんそくなどの原因にもなる。

　室内の空気汚染への対策は換気が有効である。換気には，窓を開
けて行う(⑥)と，換気扇など機械を使う人工換気がある。

【語群】

ア　結露　　イ　自然換気　　ウ　燃焼　　エ　二酸化炭素
オ　酸素　　カ　化学物質　　キ　養分　　ク　アレルギー
ケ　シックハウス症候群

(2) 図11と図12は，起居様式を表すものである。それぞれ何と呼ばれ
ているのか答えなさい。

図11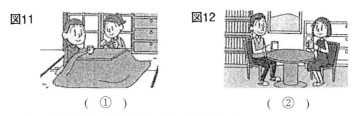

図12

(①)　　　　　　　(②)

(3)　次の【平面図】を見て下の問いに答えなさい。

【平面図】

①　建物の中を人が移動する時に通る経路のことを何というか答えなさい。

②　【平面図】の A B C は，個人生活，家族生活，生理・衛生，家事作業のどの空間にあてはまるか，それぞれ答えなさい。

③　【平面図】の玄関の出入り口に使われている平面表示記号が示す扉の名称を答えなさい。

(☆☆☆○○○)

【高等学校】

【1】次の各問いに答えなさい。

(1)　次の文は，教育公務員特例法に規定された条文である。条文中の空欄(①)・(②)にあてはまる最も適切な語句の組み合わせをア〜カから一つ選び，記号で答えなさい。

> 第21条　教育公務員は，その職責を遂行するために，絶えず(①)と(②)に努めなければならない。

	①	②
ア	研修	修養
イ	研修	実践
ウ	研究	研鑽
エ	研究	修養
オ	教育	実践
カ	教育	研鑽

(2)　次の①～③の法令に規定されている条文を，ア～カからそれぞれ一つずつ選び，記号で答えなさい。

①　教育基本法　　②　学校教育法　　③　地方公務員法

ア　第30条　すべて職員は，全体の奉仕者として公共の利益めために勤務し，且つ，職務の遂行に当つては，全力を挙げてこれに専念しなければならない。

イ　第7条　文部科学大臣は，教育職員の健康及び福祉の確保を図ることにより学校教育の水準の維持向上に資するため，教育職員が正規の勤務時間及びそれ以外の時間において行う業務の量の適切な管理その他教育職員の服務を監督する教育委員会が教育職員の健康及び福祉の確保を図るために講ずべき措置に関する指針(次項において単に「指針」という。)を定めるものとする。

ウ　第1条　教育は，人格の完成を目指し，平和で民主的な国家及び社会の形成者として必要な資質を備えた心身ともに健康な国民の育成を期して行われなければならない。

エ　第23条　公立の小学校等の教諭等の任命権者は，当該教諭等(臨時的に任用された者その他の政令で定める者を除く。)に対して，その採用(現に教諭等の職以外の職に任命されている者を教諭等の職に任命する場合を含む。附則第5条第1項において同じ。)の日から一年間の教諭又は保育教諭の職務の遂行に必要な事項に関する実践的な研修(以下「初任者研修」という。)を実施しなければならない。

オ　第66条　小学校は，当該小学校の教育活動その他の学校運営の

158

状況について，自ら評価を行い，その結果を公表するものとする。

※第79条，第79条の8，第104条，第135条において，それぞれ中学校，義務教育学校，高等学校，特別支援学校に準用。

カ　第34条　小学校においては，文部科学大臣の検定を経た教科用図書又は文部科学省が著作の名義を有する教科用図書を使用しなければならない。

※第49条，第49条の8，第62条，第82条において，それぞれ中学校，義務教育学校，高等学校，特別支援学校に準用。

(3)　次の各文は，「高等学校学習指導要領(平成21年3月告示)」第2章　各学科に共通する各教科　第9節　家庭において示されている各科目の目標について述べたものである。　①　～　③　に入る最も適切な科目を答えなさい。

---

①

人の一生と家族・家庭及び福祉，消費生活，衣食住などに関する知識と技術を体験的に習得させ，家庭や地域の生活課題を主体的に解決するとともに，生活の充実向上を図る能力と実践的な態度を育てる。

---

②

人の一生と家族・家庭，子どもや高齢者とのかかわりと福祉，消費生活，衣食住などに関する知識と技術を総合的に習得させ，家庭や地域の生活課題を主体的に解決するとともに，生活の充実向上を図る能力と実践的な態度を育てる。

---

③

人の一生と家族・家庭及び福祉，衣食住，消費生活などに関する基礎的・基本的な知識と技術を習得させ，家庭や地域の生活課題を主体的に解決するとともに，生活の充実向上を図る能力と実践的な態度を育てる。

---

(4)　次の文章は,「高等学校学習指導要領(平成21年3月告示)」第3章　主として専門学科において開設される各教科　第5節　家庭において示されている各科目にわたる指導計画の作成と内容の取扱いの一部である。(　①　)～(　③　)に入る最も適切な科目,または数字を答えなさい。

1　指導計画の作成に当たっては,次の事項に配慮するものとする。
(1)　家庭に関する各学科においては,「(　①　)」及び「(　②　)」を原則としてすべての生徒に履修させること。
(2)　家庭に関する学科においては,原則として家庭に関する科目に配当する総授業時数の10分の(　③　)以上を実験・実習に配当すること。(以下,略)

(☆☆☆○○○○○)

【2】子どもの成長や発達について,次の問いに答えなさい。

(1)　新生児期に「体をもちあげて急に下げると,両手をさっと広げ,抱きつくような動きをする」反射運動を何というか答えなさい。

(2)　生後5～6か月頃から成長にともない,母乳だけでは必要な栄養素を満たせなくなり,乳汁から幼児食へ移行すること(過程)が必要となる。下線部のことを何というか答えなさい。

(3)　積み木,絵本,子ども向けのテレビ番組やわらべ歌など,子どもの遊びを支え,生活を豊かにするものを何というか答えなさい。

(4)　「ガラガラ」,「おしゃぶり」など,目,耳,口,手足などを使って,感触や音を楽しむ遊びを何というか,答えなさい。

(5)　次の新生児の頭の骨の特徴についての文を読み,(　①　)～(　③　)には最も適切な語句を答え,(　④　)には最も適切な時期をア～エの中から一つ選び記号で答えなさい。

> 　新生児の頭の骨には(　①　)と呼ばれるすきまが開いている。胎児はこのすきまによって頭の形を変形させ，狭い(　②　)を通ることができる。おでこの上あたりにある最も大きい(　①　)を(　③　)と呼び，(　④　)に閉じる。

ア　生後3か月頃　　　イ　生後6か月頃　　　ウ　生後1歳半頃
エ　生後3歳頃

(6)　次の図1の①〜③のうち，子どもの身体や運動機能の発達の方向を矢印で正しく示しているものを一つ選び，番号で答えなさい。

図1

(7)　次の①〜④の子育て支援に関する説明文のうち，間違っているものを一つ選び番号で答えなさい。

①　育児・介護休業法では，子どもが小学校就学の始期に達するまで，1年に5日(子が2人以上は10日)まで，子どもの病気の看護などのために，休暇の取得が可能な制度が定められている。

②　待機児童に対応するための地域型保育の対象児の年齢は，0〜2歳である。

③　母子保健法では，妊娠・出産・育児のための休業を理由とする解雇の禁止を定めている。

④　児童福祉法による「児童」とは，原則として18歳未満としている。

(8)　子どもの遊びは，子どもの発達の段階によって変化する。次のア〜エの遊びを，発達に伴い変化していく順に記号を並べ替えなさい。
　　ア　連合遊び　　イ　協同遊び　　ウ　ひとり遊び
　　エ　並行遊び

(9)　元気だった乳幼児が睡眠中に突然死亡してしまう病気をアルファ

ベット4文字で答えなさい。

(10)　次の子どもの保育についての文章中の（　①　）～（　⑤　）に最も適する語句を答えなさい。

> 　子どもの保育には，家庭保育と集団保育がある。集団保育の施設には，「保育所」，「幼稚園」や2006年に創設された，この二つの施設の機能をあわせ持つ「認定（　①　）」がある。さらに2012年に法改正により，「（　②　）連携型認定（　①　）」に改善された。幼稚園は，学校教育機関としての性質を持ち，（　③　）省の管轄である。保育所は（　④　）法により定められ，保育者の名称は（　⑤　）である。

(11)　児童虐待のない社会の実現を目指し，象徴である図2を身につけることで，児童虐待防止に賛同し，子育てをあたたかく見守る意志があることを示す取組みの名称を答えなさい。

図2

(12)　乳児の呼吸法について，最も適するものをア～ウの中から一つ選び，記号で答えなさい。

　ア　胸式呼吸　　イ　腹式呼吸　　ウ　胸腹式呼吸

(13)　2010年6月に，男性の子育て参加や育児休業の取得促進等を目的に，厚生労働省が立ち上げたプロジェクトの名称を答えなさい。

(14)　2015年4月に，幼児期の幼児教育や保育，地域の子育て支援の量の拡充や質の向上を進めていくために始まった制度の名称を答えなさい。

(☆☆☆◎◎◎◎)

【3】衣生活について，次の各問いに答えなさい。

(1)　次の（　①　）～（　⑥　）に最も適する語句を答えなさい。

> 　被服の形や着装の仕方は，平面である布をどのように構成して身体を覆うかによって異なる。(　①　)的に裁断した布を縫い合わせて作られるものを(　②　)構成の被服という。(　②　)構成の被服の特徴は，(　①　)が多く，ひもや(　③　)を用いることでさまざまな(　④　)に対応しやすい。また，曲線的に裁断した布を縫い合わせて作られるものを(　⑤　)構成の被服という。布の一部をつまんで縫い消した(　⑥　)や縫い縮めて膨らみを持たせるいせ込みなどの技法を用いて立体化する。

(2)　水溶性のしみのしみ抜き方法を図示するとともに，手順を説明しなさい。その際，「しみのついた衣類」，「あて布」，「歯ブラシ」の3つの図の関係を語句とともに図示し，手順の説明の中にも3つの語句を使用しなさい。

(3)　次の採寸の方法が正しい場合は○，間違っている場合は×を記入しなさい。

①　袖丈は，首の付け根から手のくるぶしまでの長さを，腕を軽く曲げて測る。

②　女性の胴囲は，胴のもっとも細いところを水平に一周測る。

③　また上丈は，胴囲線から腰囲線までの長さを測る。

(4)　次の①〜⑤の文は繊維の特徴について述べた文である。最も適する繊維名をア〜クの中からそれぞれ一つずつ選び，記号で答えなさい。

①　湿気をよく吸い，染色がしやすい。ぬれると弱くなり，縮みやすい。ジャケットの裏地などに用いられる。

②　肌触りがよく，熱に強く，ぬれると強くなる。また，しわになりやすく，乾きにくい。肌着やシャツなどに用いられる。

③　しなやかで優雅な光沢がある。紫外線で黄変・劣化し，虫害を受けやすい。

④　弾力性があり，保温性が大きい。吸湿性は小さく，熱に弱い。繊維の側面は，繊維方向にすじがある。

⑤　伸縮性に富み，引っぱり，摩擦に強い。水着やガードルなどに
用いられる。

ア　綿　　　　　　　イ　麻　　　　　ウ　毛

エ　絹　　　　　　　オ　レーヨン　　カ　アクリル

キ　ポリエステル　　ク　ポリウレタン

(5)　ミシンを使用している際，ミシン針が折れた。その原因として適
切なものを①～⑤の中から2つ選びなさい。

①　送り歯の高さが低すぎる。

②　上糸のかけ方が間違っている。

③　針が曲がっている。

④　糸調子ナットが締まりすぎている。

⑤　針の太さが布地にあっていない。

(6)　裁ちばさみを使用する際の留意点について，次の語句を用いて説
明しなさい。

裁ちばさみ　　台

(7)　次の①～③は，被服製作において型紙に表示する記号である。記
号が表す意味として最も適するものをア～ウの中からそれぞれ一つ
ずつ選び，記号で答えなさい。

ア　見返し線　　イ　わ　　ウ　たての布目

(☆☆☆◎◎◎)

【4】住生活について，各問いに答えなさい。

(1)　次の文章を読んで，①，②の各問いに答えなさい。

住生活において，換気が不足すると，気づかないうちに室内の空気が汚れていく。特に_A（　ア　）時期などは，空気中の水蒸気が（　イ　）温面にふれ，飽和水蒸気が（　ウ　）して水滴になり，構造材の腐朽やカビ，ダニの原因になる。また，_B住宅の建材に使用されている化学物質などによって，健康に悪影響を及ぼすこともある。

① （　ア　）〜（　ウ　）に最も適する語句を語群より選び答えなさい。

【語群】

　高　　低　　暑い　　寒い　　気化　　液化

② 下線部Aのような現象を何というか。また，下線部Bのように，目やのどの痛み，頭痛などの不快な症状を何というか，それぞれ答えなさい。

(2) 次の図3を表す平面記号と名称を答えなさい。

図3

(3) 2006年6月に公布・施行された，豊かな住生活を実現するための理念が示されている，住生活に関する法律名を答えなさい。

(4) 柱と柱の間に対角線方向に入れ，建物が横に揺れた時，壁が変形するのを防ぐための図4，図5の A の部分の名称を答えなさい。

図4　　　　　図5

(5) 津波や洪水の際に予想される浸水範囲など，自然災害による被害が予測される区域や避難場所を示した地図の名称を答えなさい。

(6)　火災の原因にもなる，電源プラグの周囲にほこりや湿気が付着することにより，差込口から出火する現象を答えなさい。

(☆☆☆◎◎◎)

【5】福祉について，次の各問いに答えなさい。

(1)　次の文章を読み，(　①　)〜(　⑧　)に適する語句や数字を答えなさい。

> 　社会全体で高齢者の介護を担っていくことを制度とした介護保険制度は，高齢者が自分に必要な介護(　①　)を選び，料金の(　②　)割〜(　③　)割を負担して利用するものである。(　④　)歳以上の国民が保険料を納め，それに国や地方自治体からの公費を加えて，残りの費用をまかなう。(　①　)を利用するには，(　⑤　)が行う要介護認定を受けなければならない。要介護認定は，生活する能力に合わせて(　⑥　)段階に分かれている。高齢者は(　⑦　)とともに，自分の生活に合わせて，(　⑧　)を作成し，要支援では介護予防給付，要介護では介護給付の(　①　)を受ける。

(2)　生活を，単に物質的な面からとらえるのではなく，個人の生きがいや精神的な豊かさを重視して，質的に把握しようとする考え方を，アルファベット3文字で答えなさい。

(3)　次の3つの法律について，公布された順に正しく示しているものをア〜ウの中から一つ選び，記号で答えなさい。

ア　高齢社会対策基本法　→　高齢者虐待防止法　→　老人福祉法
イ　高齢者虐待防止法　→　老人福祉法　→　高齢社会対策基本法
ウ　老人福祉法　→　高齢社会対策基本法　→　高齢者虐待防止法

(4)　高齢者の介助について述べた次の文章を読み，(　①　)〜(　⑤　)に最も適する語句をア〜カの中からそれぞれ一つずつ選び，記号で答えなさい。

　　介助の心構えとして，介助が必要な高齢者のやる気を尊重し，できることは自分でやってもらい，(　①　)機能を最大限に活用した適切な支援が必要である。食事の介助時には高齢者が食べ物を飲み込んだことを確認してから，次の一口を運ぶ。食べ物が誤って肺に入ると，窒息や(　②　)性肺炎などをおこし，命にかかわる場合もある。杖を使う場合の歩行の介助では，(　③　)側に倒れることが多いため，(　③　)側を支える。衣服の着脱時には，負担をかけないように，(　④　)ときは健康な方から，(　⑤　)ときはまひなど障がいのある方からおこなう。

ア　脱ぐ　　　　イ　誤嚥　　ウ　残存　　　エ　着る
オ　まひのある　　カ　まひのない

(5)　次に説明する高齢者におこりやすい病気の名称を答えなさい。

　　目の水晶体が，にごって見えにくくなる視覚の機能障がい。

(6)　2000年に世界保健機関(WHO)が提唱した，日常的に介護を必要とせず，自立した生活のできる生存期間を示した健康に関する指標を答えなさい。

(7)　次に示す図6の車いすの部分　①　～　④　の名称を答えなさい。

図6

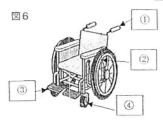

(☆☆☆◎◎◎◎)

【6】家族・家庭について，次の各問いに答えなさい。
(1)　次の文章中の(　①　)～(　④　)に最も適する語句を答えなさい。

> 　（　①　）労働は，個人や家族の経済生活に必要な収入を得る
> ための働きであり，有償労働である。（　②　）労働は，家庭内
> でおこなわれるお金に換算されない（　③　）労働であるが，家
> 事や育児・高齢者の介護など，私たちの暮らしに必要不可欠な
> 労働である。現在では，（　②　）労働の外部化か進み，家庭内
> の労働の負担は軽減されつつあるが，男性の家事・育児への参
> 加は依然として少ないといえる。そもそも職業時間が長いこと
> もあるが，「男は仕事，女は家庭」といった固定的な（　④　）意
> 識も関係している。男女が可能な限り（　②　）労働をともに担
> い，支え合う社会が求められている。

(2)　次の①～⑤の文は人の一生に関わる主な法律の一部を抜粋したものである。それぞれ法律名を答えなさい。

①　出生の届出は，14日以内(国外での出生は3か月以内)にこれをしなければならない。

②　男は，18歳に，女は，16歳にならなければ，婚姻をすることができない。

③　事業主は，労働者の募集及び採用について，その性別にかかわりなく均等な機会を与えなければならない。

④　何人も，児童に対し，虐待をしてはならない。

⑤　20歳に達したとき国民年金の被保険者の資格を取得する。

(3)　次の①～⑤の文は婚姻，親権，扶養に関わる法律の条文の一部を抜粋したものである。文の内容が正しい場合には○を，間違っている場合には×を記入しなさい。

①　夫婦は，婚姻の際に定めるところに従い，夫の氏を称する。

②　直系血族及び兄弟姉妹は，互いに扶養をする義務がある。

③　夫婦は同居し，互いに協力し扶助しなければならない。

④　成年に達しない子は，母の親権に服する。

⑤　すでに配偶者がいる者は重ねて婚姻することはできない。

(4)　内閣府が取り組んでいる，社会全体でワーク・ライフ・バランス

を実現するため，企業，団体，個人が「仕事のやり方を何か1つで
も，今日から変える」と表明し，具体的な行動を起こすキャンペー
ンの名称を何というか答えなさい。

(☆☆☆☆◎◎◎◎)

【7】食生活について，次の各問いに答えなさい。

(1)　主なエネルギー源であるたんぱく質，脂質，炭水化物が，それぞ
れ食事全体のエネルギーに占める割合を示したもので，栄養バラン
スを判断する指標となっているものを何というか答えなさい。

(2)　栄養素に関する次の①〜③の文について，下線部が正しい場合に
は○を，間違っている場合には正しい語句や数字を答えなさい。

①　炭水化物は，消化酵素によって分解される糖質と，分解されに
くい食物繊維に分類される。

②　たんぱく質を構成しているアミノ酸には，体内で合成すること
ができない必須アミノ酸(不可欠アミノ酸)が11種類ある。

③　ビタミンAが不足すると，脚気の原因となることがある。

(3)　乳製品の種類について，(　①　)〜(　⑤　)に入る最も適切なも
のをア〜オの中から一つ選び，記号で答えなさい。

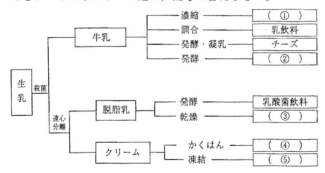

ア　ヨーグルト　　　イ　バター　　ウ　練乳
エ　アイスクリーム　　オ　脱脂粉乳

(4)　食中毒予防に関する次の文中の(　①　)〜(　③　)に最も適する
語句やアルファベットを答えなさい。

169

> 　食中毒予防の3原則として「菌を(　① 　)」,「菌を(　② 　)」,「菌を死滅させる」がある。食品に関係する多くの企業では,食中毒を予防するために原料から最終製品までの工程を衛生管理するシステムとして(　③ 　)が導入されている。

(5) 　油揚げを調理する際に行う,「油抜き」の方法を説明しなさい。

(6) 　次の①～③の各食材からだしを取る場合,最も適切なだしの取り方をア～エの中からそれぞれ一つずつ選び,記号で答えなさい。

　　① 　煮干し　　② 　昆布　　③ 　かつおぶし

　　ア 　水から入れ中火にかけ,沸騰したら3～4分ほど煮だして火を止め,こす。

　　イ 　水を沸騰させ,食材を入れ30秒ほど中火で加熱して火を止め,こす。

　　ウ 　水から入れ一定程度の時間をおいてから中火にかけ,沸騰直前で取り出して火を止め,こす。

　　エ 　水から入れ沸騰させ,20分ほど煮だして火を止め,こす。

(7) 　次の①～④の包丁について,包丁の名称を答えなさい。また,①～④の包丁の特徴をア～エの中からそれぞれ一つずつ選び,記号で答えなさい。

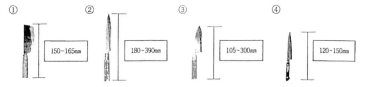

　　ア 　魚介類をおろす。

　　イ 　野菜を切り刻むのに適している。

　　ウ 　引き切りに適していて,主に刺身を作るのに用いられる。

　　エ 　手のひらにおさまる大きさで,細工や果物などの皮むきに適している。

(8) 　すし飯をつくる際の合わせ酢に用いる酢の分量として最も適する

ものをア〜オの中から一つ選び，記号で答えなさい。ただし，すし飯に用いる米の量は計量カップ1杯(200mL)とする。

　ア　200mL　　イ　100mL　　ウ　50mL　　エ　20mL　　オ　5mL

(9)　次の脂質に関する文章中の(　①　)〜(　⑨　)に最も適する語句を答えなさい。

> 　脂質には，(　①　)，(　②　)，(　③　)などがあり，食品中の脂質の大半は(　①　)である。(　①　)は脂肪酸と(　④　)が結合してできており，1gあたり(　⑤　)キロカロリーのエネルギー源となり，内臓保護や体温保持の働きがある。脂肪酸には，主に効率の良いエネルギー源となる(　⑥　)脂肪酸と生理機能の調節にかかわる(　⑦　)脂肪酸がある。(　⑦　)脂肪酸の中には，体内で合成できないため，食品から摂らなければならない(　⑧　)脂肪酸がある。(　②　)は主に細胞膜をつくり，(　③　)は細胞膜を作るほか，(　①　)の消化を助ける胆汁酸や代謝を調節する(　⑨　)ホルモンの材料となる。

　　　　　　　　　　　　　　　　　　　　　(☆☆☆○○○○)

【8】消費生活と環境について，次の各問いに答えなさい。

(1)　収入と支出に関する次の文章中の(　①　)〜(　④　)に最も適する語句を答えなさい。

> 　収入を得て消費するという経済行為は家庭単位で行われることが多いことから，経済行為を把握する際には(　①　)を用いる。収入は，資産・財産を増やす(　②　)，お金を借りたり預貯金を引き出したりした時のように，手元にお金は増えるが財産は増えない(　②　)以外の受取と繰入金の3つに分けられる。支出も大きく分けると3つに分類され，資産・財産を減らす(　③　)，住宅ローンの返済のように，一時的には支出に見えるが家計の資産となる(　③　)以外の支払と繰越金に分けられ

　　る。また，(　②　)から税金や社会保険料など必ず支払わなければならない非消費支出を引いたものを(　④　)所得といい，自分で自由に使い道が決められるお金である。

(2)　2009年に発足した消費者の安全安心にかかわる問題を幅広く所管し，情報の一元的収集・分析，発信，企画立案などの機能をもち，消費者行政全般についての司令塔として位置づけられている省庁名を答えなさい。

(3)　消費者保護政策に関する次の文章中の(　①　)，(　②　)に最も適する数字を答えなさい。

　　　1982年に国際的な消費者団体である国際消費者機構が「消費者の(　①　)つの権利と(　②　)つの責任」を提唱した。この提唱は，1985年に国連が採択した消費者保護ガイドラインとあわせて，各国政府の消費者政策の指針となっている。

(4)　次のマークの名称を，ア～オの中から一つずつ選び，記号で答えなさい。

①　　②　　③

　　ア　バイオマスマーク　　　イ　リターナブルびんマーク
　　ウ　スリーアローマーク　　エ　再生紙使用マーク
　　オ　ウールマーク

(5)　持続可能な開発目標について，次の各問いに答えなさい。

　①　次の文章を読み，(　ア　)～(　エ　)に最も適する数字を答えなさい。

　　　(　ア　)年9月25日～27日にニューヨーク国連本部で「国連持続可能な開発サミット」が開催された。そこで「我々の世界を変革する：持続可能な開発のための(　イ　)アジェンダ」が採択された。アジェンダは，人間，地球及び繁栄のた

めの行動計画として，宣言および目標を掲げた。この目標が「持続可能な開発目標」であり(ウ)の目標と(エ)のターゲットから成っている。

② 文章中の下線部の略称をアルファベットで答えなさい。

(☆☆☆◎◎◎◎)

解答・解説

【中学校】

【1】(1) エ　(2) ① ウ　② カ　③ ア　(3) ① ク
② キ　③ ウ　④ ケ　⑤ セ　⑥ シ

〈解説〉(1) 教育公務員特例法は，教育公務員の職務とその責任の特殊性に基づき，その任免・分限・懲戒・服務などについて地方公務員法に対する特例を規定する法律で，研修について定めた同法第21条第1項からの出題。「法律に定める学校の教員は，自己の崇高な使命を深く自覚し，絶えず研究と修養に励み，その職責の遂行に努めなければならない」としている教育基本法第9条第1項，「職員には，その勤務能率の発揮及び増進のために，研修を受ける機会が与えられなければならない」としている地方公務員法第39条第1項との文言の違いに注意しておくこと。　(2) ア　地方公務員の服務の根本基準を定めた地方公務員法第30条である。　イ　教育職員の業務量の適切な管理等に関する指針の策定等を定めた公立の義務教育諸学校等の教育職員の給与等に関する特別措置法第7条第1項である。　ウ　教育の目的を定めた教育基本法第1条である。　エ　初任者研修について定めた教育公務員特例法第23条第1項である。　オ　小学校の学校評価について定めた学校教育法施行規則第66条第1項である。　カ　検定を経た教科用図書の使用義務を定めた学校教育法第34条第1項である。　(3)　中

学校学習指導要領「家庭分野」のうち目標からの出題は頻出である。文言はもちろん，主旨を十分に理解すること。また「学習指導計画の作成と内容の取扱い」については(3)(4)からの抜粋である。他にも(1)〜(6)まであるので確認し，学習指導要領解説もあわせて学習しよう。

【２】(1)　ア　休息・やすらぎの場　　イ　親子が共に成長する場　ウ　子どもをしつける場　　(2)　①　家事労働　　②　社会化　③　サービス　　④　共同化　　⑤　公共化　　⑥　商品化　　⑦　児童相談所　　⑧　地域包括支援センター　　(3)　①　3　　②　50　③　1.5　　④　3　　⑤　頭　　⑥　中心　　⑦　2　　⑧　第1反抗期　　⑨　一語　　⑩　愛着(アタッチメント)　　(4)　①　ア　安全　イ　じょうぶ　　ウ　発展　　エ　興味　　オ　ST(玩具安全)マーク　②　運動能力，コミュニケーション力　　③　・数人でやりとりをしながら遊べるように，2つのグループに分けて競い合えるようにしたところ。　　・力や心を合わせて遊べるように，ルールのある遊び(ボーリング)にしたところ。

〈解説〉(1)　家庭の機能は衣食住をはじめとして多岐にわたるが，最近は家庭の機能の外部化により，「子どもを生み，愛情を持って養育する機能」が比重を多く占めるようになった。設問のグラフの「家庭の役割」について，男女別にみると割合が大きいのは，女性の「家族のきずなを強める」「親子が共に成長する」「子どもを生み，育てる」に対し，男性は「夫婦の愛情をはぐくむ」である。都市別，性別，年齢別のデータがあるので確認しておこう。　　(2)　家庭の機能の社会化を外部化ともいう。「食べる」「育てる」「着る」「住まう」「高齢者を介護する」等についての社会化を具体的に把握すること。NPO法人(Non Profit Organization)は，民間非営利組織である。利益追求を目的としないボランティア活動をはじめとする住民主体の団体である。児童相談所は児童福祉法第12条に基づき，各都道府県に設けられた児童福祉の専門機関である。地域包括支援センターは2006年に介護保険制度が改正され設置された。　　(3)　新生児，乳幼児の体重・身長の増加状況に

ついては，成長曲線で覚えておこう。成長曲線は平均値で，あくまで
も目安であり，発達には個人差がある。第1反抗期は自分でやりたが
る主張のあらわれなので，「自分でやる」ことを尊重し，アドバイス
しながら達成感を持たせることが大切である。なお，第2反抗期は中
学生の頃の思春期の時期である。一語文の前に生後2～3か月頃「アー
アー」等の喃語と呼ばれる発声が出るようになる。その後一語文，二
語文，多語文と進む。3～4歳では1500を超える語彙を身につける。愛
着の対象である親は，探索活動が活発になると「安全地帯」となる。
愛着関係が形成されないとかえって親から離れないことがある。

(4)　①　遊び道具は乳幼児の発達に欠かせないものである。事故にも
つながるため安全なおもちゃを選ぶ必要がある。STマークの他には盲
導犬マーク，うさぎマーク等もある。　②　遊びによって，感覚を働
かせ，運動をし，ものを作り，想像し，創造する力を身につける。そ
の一役を担うのが遊び道具である。　③　4～5歳は連合遊びといい，
子どもが数人で一緒になって遊ぶが，役割分担などはなくそれぞれが
好きなことをして遊ぶ。5歳頃には協同遊びになり，遊びのルールや
役割分担があらわれて遊ぶようになる。

【3】(1)　①　生徒A…・ミシンの針は，太いものを使用する。　・ミシ
ンは低速で縫う。(布の分厚いところは，手ではずみ車を回しながら針
を動かす)　生徒B…1時間ほど水につけ，生乾きの状態で布目を正
しながら，裏面から高温でアイロンをかける。　②　ア　弱い
イ　塩素系及び酸素系漂白剤の使用禁止　ウ　日陰のつり干しがよ
い　エ　110　③　ロックミシン　④　・針が曲がっている
・針の取り付け方が間違っている　(2)　①　X　被服気候　Y　32
Z　50　②　ア　クールビズ　イ　・暖かくて軽い素材　・袖口
や襟をつめるデザインにする　(3)　①　○　②　リフォーム(リ
メイク)　③　ファストファッション　④　○

〈解説〉(1)　①　生徒Aについて，ジーンズという厚地の生地であること
に留意すること。ミシン針は太いほど番号の大きいものを使う。ミシ

ン糸は太いほど番号が小さくなる。生徒Bについて，使用するのは綿のシャツで「ゆがみ」があるので地の目を通す「地直し」が必要である。地直しとは，防縮加工をしていない綿織物の下準備の方法である。防縮加工の織物は裏からアイロンをかける。繊維の種類によって方法が異なるので確認しておこう。　②　2016年12月から取扱い表示も国際規格に合わせ，種類も多くなり41種となった。洗濯処理の記号が14種，漂白処理は3種，乾燥処理の記号11種，アイロン仕上げ処理が4種，ドライクリーニング処理が5種，ウエットクリーニング処理が4種である。　③　生徒Aはジーンズ(厚地)を使用するので，端ミシンは端を折るのでごろつきやすく，ロックミシンの方が適している。④　調子よく縫えない原因として他に，針棒が動かない(糸巻き軸が下糸を巻く状態になっている等)，布が進まない(送り調節ダイヤル目盛りが0になっている)，針目がとぶ(針のつけ方が正しくない等)，また上糸や下糸が切れる等もある。　(2)　①　体温と外気温の差が10℃以上あると被服の着用が必要である。繊維の特性についても学習しておきたい。
②　クールビズは，2005年から環境省が中心となってすすめている，夏場に涼しい格好をすることによりエアコンの利用を少なくし二酸化炭素の排出量を減らすための取組みである。イはウォームビズといい，クールビズの秋冬版である。3つの首すなわち手首，足首，首を温めるデザインや，保温性の高い素材を選ぶことの他に，重ね着をすることで空気層が増え暖かさが増すこと等がある。　(3)　②　衣服についてのリフォームは，サイズ直しや縫製を直したりすること。リメイクはデザインを作り変えて使用すること。リサイクルは再生利用で，例えばポリエステル100％の制服を原料の状態に戻し，新しい製品の原料とすること等。　③　ファストファッションは，1990年代初頭にバブルが崩壊し高級ブランド商品が低迷した後に誕生した。ファストフード(食)の「衣」版ともいわれる。エシカルファッションは「倫理的・道徳的なファッション」で人と地球にやさしい地球環境に配慮したファッションのことを指す。

【4】(1) ① メディア・リテラシー ② クーリング・オフ制度
③ 製造物責任法(PL法) ④ 国際消費者機構(CI) ⑤ カーボ
ンフットプリント (2) A 生産 B 消費・使用 C 廃棄
(3) 食料(食費) (4) ① ア ② ウ ③ オ (5) ① 合
意 ② 権利 ③ 義務 (6) リボルビング払い

〈解説〉(1) ① インターネットやテレビ, 新聞などで情報が氾濫する
現代において, 受け取る情報を取捨選択する能力が求められている。
② クーリング・オフ制度は, 訪問販売やマルチ商法などの連鎖販売
取引などに代表される悪徳商法による被害から消費者を守るためにも
うけられたものである。契約の解除が適用されるものとされないもの,
それぞれ確認しておこう。 ③ 製造物責任法はPL法とも呼ばれ, 製
造物の欠陥により人の生命, 身体又は財産に係る被害が生じた場合に
おける製造業者等の損害賠償の責任について定めたものである。
④ 国際消費者機構は先進諸国の消費者団体が中心となって設立され
た。1982年に提唱された「消費者の8つの権利と5つの責任」は確認し
ておこう。 ⑤ カーボンフットプリント(CFP)は商品のCO_2排出量を
「見える化」したものである。 (2) 循環型社会の姿の図は我々がと
るべき行動を示している。これは2000年に制定された循環型社会形成
推進基本法に基づく。図の3Rはリデュース(廃棄物の発生抑制), リュ
ース(再使用), リサイクル(再生利用)をいう。なお, この図は環境省
「環境白書」による。 (3) 消費支出に占める食費の割合をエンゲル
係数という。一般にはこの数値が高い程生活水準が低いといわれる。
1970年に比べれば2013年では低くなっているが, 消費支出の中では一
番高い費目である。 (4) ①はフェアトレード認証ラベル, ②はSFマ
ーク, ③はEマークといい, 地域特産品認証マークである。語群のう
ち正答以外の, イの有機JASマーク, エのJADMAマークについても確
認しておこう。 (5) 消費者と店などの合意によって成立する法律行
為を契約という。合意すれば基本的には口約束でも契約は成立する。
(6) リボルビング払いは一定額を支払っていくため, 支払い回数が明
確でなく, 長期化しやすくそのため手数料を多く支払うことになりや

すい。それに対し分割払いは支払う回数が決まっている。

【5】(1)　①　A　水分　　②　・基礎代謝が低下し，体温が上がらない。・疲れやすい　・脳がしっかりとはたらかない。　　③　ア　アミノ酸　イ　鉄　ウ　ビタミンA　　エ　ビタミンD　　オ　糖質　カ　食物繊維　キ　ぶどう糖　ク　脂肪酸(グリセリン)　　ケ　グリセリン(脂肪酸)　(2)　栄養価が高い　　(3)　①　JASマーク　②　有機JASマーク　　③　生産情報公表JASマーク　　④　特定保健用食品マーク　　⑤　遺伝子組換え食品　(4)　①　式…$\dfrac{100}{100-55}\times 100$　答…222g　　②　苦味　　③　ア　グルタミン酸　イ　イノシン酸　　ウ　グアニル酸　　④　相乗効果　(5)　①　ア　たんぱく質　イ　熱凝固性　　ウ　起泡性　エ　乳化作用　　②　a　エ　b　ウ　c　イ　(6)　①　ア　調理方法　イ　季節感　ウ　動かない　　②　主食：主菜：副菜＝3：1：2
③

食材	1群	2群	3群	4群	5群	6群
ご飯					○	
たまご	○					
ごぼう				○		
しらす干し		○				
干しひじき		○				
かぼちゃ			○			
きゅうり				○		
じゃがいも					○	
アスパラガス			○			
とうふ	○					
マヨネーズ						○
ごま						○

(7)　①　田づくり　②　伊達巻き　③　数の子　(8)　①　ア　二酸化炭素　イ　フードマイレージ　　ウ　バーチャル・ウォーター　②　A

〈解説〉(1)　①　体内の水分量は成人の約60％に対し，高齢者は50～55％に下がる。これは加齢に伴い基礎代謝量が低下し，細胞内の水分が少なくなるためである。それに対し子どもは約70％と多い。　②　朝食

の欠食は，集中力が低下し午前中の学習の能率が上がらない，イライラ等にもつながる。欠食とは，菓子・果物・乳製品・嗜好飲料のみ，錠剤や栄養ドリンクのみ，何も食べない，の3つを指す。　③　たんぱく質，炭水化物，脂質を3大栄養素といい，エネルギーの源となる。ビタミンと，無機質を加えて5大栄養素という。ビタミンは，体の発育や活動を正常にする。無機質(ミネラル)は，体内で合成されないため食べ物から摂取しなければならない。5大栄養素それぞれの種類や分類，働きや含有食品等をきちんと理解しておくこと。　(2)　魚であれば脂の乗り切った時期が旬で産卵前である。出始めを「はしり」といい，値段も高く栄養価も旬と比較すると低い。　(3)　①　JASマークは日本農林規格ともいう。　②　有機食品のJASに適合した生産が行われていることを登録認証機関が検査し，認証された事業者のみが有機JASマークを使用することができる。　③　生産情報公表JASマークは，給餌や動物用医薬品の投与などの情報が正確に記録・保管・公表されている食品や加工品につけられている。　④　国によって制度化されている保健機能食品は，特定保健用食品，栄養機能食品，機能性表示食品である。　⑤　遺伝子組換え食品は，食品安全委員会で安全性が確認されたものが使用許可される。表示義務があるのは，作物8種類(大豆，とうもろこし，ばれいしょ，菜種，綿実，アルファルファ，てんさい，パパイア)とそれらの加工品である。　(4)　①　計算式は可食部÷(100−廃棄率)×100である。可食部とは食べることのできる部分をいう。　②　味覚は食べ物に含まれる味物質が，舌などに存在する味蕾により知覚される感覚である。他に渋味，辛味もある。③　設問であげられているのは，日本料理のだしの種類である。かつおぶしとこんぶなど2種類でとることを混合だしという。またかつおぶしで最初に取っただしを一番だしと言い，それをもう一度使ってとるだしを二番だしという。　④　相乗作用は，味の相互作用の一つで他に対比効果，抑制効果等がある。　(5)　卵の熱凝固性を利用した料理にゆで卵がある。卵黄は68℃，卵白は72〜80℃で凝固する。起泡性によって，卵白を攪拌すると空気を抱き込み泡ができる。メレンゲは

これを利用した料理である。スポンジケーキなどは卵白と卵黄を一緒に泡立てる場合もあり，これを共立てという。マヨネーズは卵黄の低密度リポたんぱく質が水と油を結びつける乳化作用によって作られる。
(6)　①　食材にしっかり火を通す，調理器具や手指の衛生管理を行う，料理は冷ましてから弁当箱に詰める等にも気をつける。　②　弁当は品数が少なく栄養が偏りがちなので，主食：主菜：副菜のバランスを意識することが大切である。　③　1群は魚・肉・卵・豆・豆製品，2群は牛乳・乳製品・小魚・海藻，3群は緑黄色野菜，4群はその他の野菜・果物，5群は米・パン・めん・いも・砂糖，6群は油脂である。
(7)　おせち料理の重箱の一の重は祝い肴・口どりである。田づくり，数の子，伊達巻は一の重に詰める。二の重は焼き物，酢の物である。三の重は煮物である。　(8)　①　フードマイレージは食料の輸送量(t)×輸送の距離(km)で計算される。日本は人口1人あたりの値が他の国と比べて高い。バーチャル・ウォーターとは農産物を生産するために必要な水のことで，食料を輸入に頼る日本は間接的に大量の水を輸入していることになる。　②　図10のBは韓国，Cはフランス，Dはアメリカである。日本も韓国も輸入相手国は約半分近くがアメリカである。

【6】(1)　①　エ　②　ケ　③　カ　④　ア　⑤　ク　⑥　イ
(2)　①　床座　②　椅子座　(3)　①　動線　②　A　生理・衛生　B　家族生活　C　家事作業　③　片開き扉
〈解説〉(1)　シックハウス症候群は，建材，塗料や接着剤等の施行材，家具などから拡散するホルムアルデヒド等の化学物質が原因とされ，めまいや，目の痛み，頭痛や吐き気などの症状が起こる。結露は屋外が寒くなり，住居の内表面の温度が低くなると，室内空気中の水蒸気が水滴となり，押し入れや窓ガラスにつくことをいう。対策としては，通風・換気を良くすることがあげられる。　(2)　床座は床に直に座って暮らす日本古来の生活スタイルである。部屋の用途を固定せず，多用途に使える。一方，洋風建築の広まりに合わせ，大正時代から机や椅子といった家具を置いて椅子座が取り入れられるようになった。休

息姿勢から立つ姿勢への移行が楽にでき体に負担をかけにくいが，大型家具などを使用するので部屋の用途の融通がきかない等の欠点がある。　(3)　①　動線は短い方が効率が良いとされる。台所と居間など関連する動線は短くし，異なる動線を交差させないようにすると良い。②　生活行為により，住空間を4つに分類している。他に通路の空間もある。特に4つの具体的な部屋について覚えよう。この空間を配置・構成したものが間取りである。　③　設問の平面図の右下が玄関である。建築の図面はJIS(日本産業規格)による平面表示記号を用いて，実寸の1：50または1：100等の縮尺で描く。主な平面表示記号の基本的なものは覚えること。

【高等学校】

【１】(1)　エ　　(2)　①　ウ　　②　カ　　③　ア　　(3)　①　生活デザイン　　②　家庭総合　　③　家庭基礎　　(4)　①　生活産業基礎　②　課題研究　　③　5

〈解説〉(1)　教育公務員特例法は，教育公務員の職務とその責任の特殊性に基づき，その任免・分限・懲戒・服務などについて地方公務員法に対する特例を規定する法律で，研修について定めた同法第21条第1項からの出題。「法律に定める学校の教員は，自己の崇高な使命を深く自覚し，絶えず研究と修養に励み，その職責の遂行に努めなければならない」としている教育基本法第9条第1項，「職員には，その勤務能率の発揮及び増進のために，研修を受ける機会が与えられなければならない」としている地方公務員法第39条第1項との文言の違いに注意しておくこと。　(2)　ア　地方公務員の服務の根本基準を定めた地方公務員法第30条である。　イ　教育職員の業務量の適切な管理等に関する指針の策定等を定めた公立の義務教育諸学校等の教育職員の給与等に関する特別措置法第7条第1項である。　ウ　教育の目的を定めた教育基本法第1条である。　エ　初任者研修について定めた教育公務員特例法第23条第1項である。　オ　小学校の学校評価について定めた学校教育法施行規則第66条第1項である。　カ　検定を経た教科

用図書の使用義務を定めた学校教育法第34条第1項である。　(3)　平成21年告示の学習指導要領に関する出題である。平成30年告示の学習指導要領では「家庭基礎」と「家庭総合」の2科目になり，目標については(1)から(3)に細分化されたが，2科目とも同じ文言である。

(4)　「生活産業基礎」と「課題研究」の取り扱いは平成30年告示の学習指導要領も変わっていない。専門学科において開設される各教科は20科目から21科目となった。新学習指導要領について学習しておこう。

【２】(1)　モロー反射　　(2)　離乳　　(3)　児童文化財　　(4)　感覚遊び　(5)　①　泉門　　②　産道　　③　大泉門　　④　ウ　　(6)　②　(7)　③　　(8)　ウ→エ→ア→イ　　(9)　SIDS　　(10)　①　こども園　②　幼保　　③　文部科学　　④　児童福祉　　⑤　保育士　(11)　オレンジリボン運動　　(12)　イ　　(13)　イクメンプロジェクト　　(14)　子ども・子育て支援新制度

〈解説〉(1)　原始反射は，他に吸てつ反射(口に触れたものに吸いつく)，把握反射(手のひらに触れたものをぎゅっとつかむ)などもある。

(2)　離乳食は栄養素の補給の他に，そしゃく機能や味覚の発達，生活のリズムを整える等の働きがある。　(3)　児童文化財は，子どもを対象とした文化活動を通して生まれたもので有形のものと無形のものがある。有形のものには，おもちゃ，児童図書，絵本，テレビ，映画等があり，無形のものには，紙芝居，人形劇，舞踊，わらべうた，口演童話等がある。　(4)　遊びの種類は様々分類がある。ビューラー，カイヨワ，ピアジェ，パーテンの分類について学習しておこう。感覚遊びの他に，運動遊び，模倣遊び，構成遊び，受容遊びなどがある。

(5)　大泉門は前頭部にあり，後頭部には小泉門がある。小泉門は生後2〜3か月で閉じる。　(6)　運動機能の発達には法則性があり，そのひとつは方向性である。発達は頭からおしりへ，中心から周辺へと進んでいく。　(7)　母子保健法ではなく，妊娠・出産のための休業については労働基準法や男女雇用機会均等法，育児のための休業については育児・介護休業法に定められている。また，婚姻による解雇の禁止は

男女雇用機会均等法で定めている。 (8) ひとり遊び(0〜1歳頃)は，他の人に影響されず1人で遊ぶ。並行遊び(2〜3歳頃)は同じ場所で同じ遊びをするが1人で遊ぶ。連合遊び(3〜4歳頃から)は一緒に同じ遊びをするが役割分担しない。協同遊び(5歳頃から)は目標に向かい役割分担して遊ぶ。 (9) SIDSは乳幼児突然死症候群といい，窒息の事故とは異なる。2017年では1歳未満の乳児の死亡原因の第4位になっている。 (10) 認定こども園は，幼保連携型，幼稚園型，保育所型，地方裁量型がある。 (11) 2004年に栃木県で，幼児2人の父子家庭の兄弟が同居人から度重なる暴行を受け，殺害された事件をきっかけにその翌年オレンジリボン運動が始まった。 (12) 乳児は胸部の断面が円形であり，肋骨がほぼ平行に並んでおり呼吸器が未発達なため胸式呼吸に適さない。幼児期は呼吸筋の発達に伴い胸部と腹部を同時に使う胸腹式呼吸を行い，学童期以降はより成人に近づき7歳頃には胸式呼吸に変化する。 (13) イクメンは子育てを楽しみ，自分自身も成長する男性，または将来そのような人生を送ろうとしている男性を指す。 (14) 子ども・子育て支援新制度により，認定こども園・幼稚園・保育所を通じた共通の給付と小規模保育等への給付の創設，認定こども園制度の改善，地域の実情に応じた子ども・子育て支援の充実などが行われている。

【3】(1) ① 直線 ② 平面 ③ 帯 ④ 体型 ⑤ 立体 ⑥ ダーツ
(2) 図…

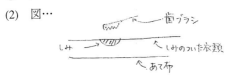

説明…しみのついた衣類の下に乾いたあて布を置く。しみのついた衣類の方から歯ブラシで優しくたたく。 (3) ① × ② ○ ③ × (4) ① オ ② ア ③ エ ④ カ ⑤ ク (5) ③，⑤ (6) 片方の手で布をおさえ，他方の手で裁ちばさみを

持ち，裁ちばさみを台につけて裁断する。　　(7)　①　ウ　　②　ア
③　イ

〈解説〉(1)　平面構成は日本の伝統的な和服等である。作務衣や祭りの
はっぴ等もそうである。日本以外ではインドのサリーやペルーのポン
チョ等がある。洋服は主に立体構成である。体や動きにあわせて裁断
されているので活動的である。　　(2)　下に当て布を置き歯ブラシでた
たくのは，しみを他の布に移しとるためである。こすらないでたたき
出すようにする。しみには油性と水溶性があり，それぞれ方法を確認
しておこう。　　(3)　採寸についての問題は頻出である。各部の採寸方
法は確実に覚えておこう。①は裄丈の測り方である。袖丈は肩先から
手のくるぶしまでを測る。③は胴囲線から足の付け根まで。　　(4)　繊
維は天然繊維(植物繊維，動物繊維)，化学繊維(再生繊維，半合成繊維，
合成繊維)に大別できる。整理してそれぞれ特徴を覚えよう。正答以外
の繊維について，イの麻は植物繊維で通気性が良く吸水・吸湿性に優
れている。ウの毛は動物繊維で，弾力性，伸縮性，保温性，吸湿性，
難燃性に優れている。キのポリエステルは合成繊維で，丈夫で縮み・
型崩れが起きにくい，熱に強い，耐候性，速乾性がある，軽いなどの
特徴がある。　　(5)　正答以外のものについて，①の場合は布が進まな
い。②，④は糸が切れる。　　(6)　布は平らに置いて動かさず，自分が
動いて裁断する。布を手に持ってしまうと伸びてしまう。　　(7)　布目
は型紙に示されている矢印で，布のたて方向をあらわす。見返し線は，
前あわせ，えり，そで口など，布の端が見えないようにしたり，補強
したりするためのパーツ。「わ」は布を二つ折りにしたときの折り目
の部分である。

【４】(1)　①　ア　寒い　　イ　低　　ウ　液化　　②　Ａ　結露
Ｂ　シックハウス症候群
(2)　平面記号…　　　　　　　　　　　　名称…片開きとびら

(3)　住生活基本法　　(4)　筋交い　　(5)　ハザードマップ　　(6)　ト

ラッキング現象

〈解説〉(1) 結露対策としては，空気の通り道を作り熱や湿気を逃すことである。具体的には，家具と壁との間にすきまを作る，押し入れの中に空気の流れを作るために戸を少し開ける，すのこを入れる，壁に断熱材を入れ温度差を作らない等がある。なお換気には自然換気と機械換気がある。シックハウス症候群は建材，塗料や接着剤等の施行材，家具等から拡散するホルムアルデヒド等の化学物質が原因とされる。2003年の建築基準法の改正により，適切な建材の選択，常時換気システムの設置が義務づけられた。 (2) 建築の図面は，JIS(日本産業規格)による平面表示記号を用いて，実寸の1：50または1：100等の縮尺で描く。窓や扉，戸等の平面記号の基本的なものは覚えること。

(3) この法律により，住生活基本計画が策定されている。平成28年の全国計画では，「若年・子育て世帯や高齢者が安心して暮らすことができる住生活の実現」，「既存住宅の流通と空き家の利活用を促進し，住宅ストック活用市場への転換を加速」，「住生活を支え，強い経済を実現する担い手としての住生活産業を活性化」の3つが掲げられた。

(4) 建物を補強するものとして，他に，火打ちはり，火打ち台，アンカーボルト等がある。 (5) ハザードマップは災害予測地図ともいう。2011年の東日本大震災を受け，各地方自治体で新たに作成，または見直しされた。また近年では豪雨による洪水被害が多く起きていることから洪水ハザードマップも見直されている。 (6) これを防ぐには，電気プラグを抜き，乾いた布でほこりを取り除くなど，定期的に掃除をすること。またトラッキング現象防止機能が備わった電源プラグもある。

【5】(1) ① サービス ② 1 ③ 3 ④ 40 ⑤ 地方自治体 ⑥ 7 ⑦ ケアマネジャー ⑧ ケアプラン (2) QOL (3) ウ (4) ① ウ ② イ ③ オ ④ ア ⑤ エ (5) 白内障 (6) 健康寿命 (7) ① グリップ ② ハンドリム ③ フットサポート ④ キャスター

〈解説〉(1)　介護保険法は2000年に施行され，2005年の改正では介護予防給付が追加され，2006年に地域包括支援センターが創設された。要介護認定の7段階とは，要支援1〜2，要介護1〜5である。ケアマネジャーは介護支援専門員，ケアプランは介護サービス計画である。

(2)　QOLはQuality Of Lifeの略で，日本語では「生活の質」を意味する。精神的，社会的，経済的な面のすべてを含む。　(3)　老人福祉法は1963年，高齢社会対策基本法は1995年，高齢者虐待防止法は2006年の施行である。　(4)　誤嚥性肺炎は高齢者に起こりやすく食事の介助には注意が必要である。歩行の介助，衣服の着脱の介助についての問題は頻出なので，理解を深めておこう。　(5)　白内障の症例の一つとして，道路標識が見えなくなることがある。高齢者がかかりやすい目の病気として他に緑内障がある。眼圧が高くなることによって，視神経に障害がおき，視野が狭くなったり，部分的に見えなくなる病気である。　(6)　日本人の健康寿命は平成28年では，男72.14歳，女74.79歳である。健康寿命と平均寿命の差が不健康で介護が必要な時期と考えると，男性は8.84年，女性は12.35年であり，この期間をできるだけ縮めることが課題である。　(7)　グリップは握りともいい，介助者が車椅子を操作する時に使用する。ハンドリムは，自走用で後輪の外側についているリングのことで，手でこぐときに使用する。フットサポートは足の支持部で，跳ね上げることができる。キャスターは前輪の事で，方向転換をするのに必要である。

【6】(1)　①　職業　　②　家事　　③　無償　　④　性別役割分業
(2)　①　戸籍法　　②　民法　　③　男女雇用機会均等法　　④　児童虐待防止法　　⑤　国民年金法　　(3)　①　×　　②　○　　③　○　④　×　　⑤　○　　(4)　カエル！ジャパン
〈解説〉(1)　家庭の機能は，家庭という場所や家族の人々が行う営みや働き・役割をいうが，家庭の機能の外部化により，現代の家庭の機能は，子どもの養育や家族の人々の愛情の充足，心理的安定等精神的な機能が中心となってきている。日本は国際比較データで見ると男性の

有償労働時間が一番長い。どの国も無償労働時間は女性の方が長いが，男女比(男性を1とした場合の女性の比率)を見ると，その差が大きいのは，5.5倍の日本，4.4倍の韓国，2.3倍のイタリアとなっている。

(2)　①　出生届は戸籍法第49条に定められている。　②　婚姻の年齢については，第731条に定められている。2022年から，女性は現行の16歳から男性と同じ18歳に引き上げられる。　③　男女雇用機会均等法は，1985年に日本は女子差別撤廃条約に批准し，それを受けて1986年に施行された。　④　児童虐待防止法は，急増する児童虐待への対応を図るために2000年に制定された。　⑤　国民年金法は1959年に制定された。日本の年金制度の基礎であり，公的年金の種類など確認しておきたい。　(3)　①　夫婦の氏は，民法第750条に「夫または妻の氏を称する」と定めている。「夫婦別姓」も国会等で話題となったがまだ成立していない。　④　民法第818条に，「成年に達しない子は，父母の親権に服する」とある。　⑤　民法第732条に，「配偶者のある者は，重ねて婚姻をすることができない」とある。　(4)　「ワーク・ライフ・バランス(仕事と生活の調和)憲章」および「仕事と生活の調和推進のための行動指針」は2007年に策定された。この取組みを効果的に推進するために「カエル！ジャパン」というキーワードのもと，キャンペーンを実施している。

【7】(1)　PFC比率　(2)　①　○　②　9　③　ビタミンB₁
(3)　①　ウ　②　ア　③　オ　④　イ　⑤　エ　(4)　①　付けない　②　増やさない　③　HACCP　(5)　ざるに油あげを入れて，熱湯をまわしかける。　(6)　①　ア　②　ウ　③　イ
(7)　①　名称…菜切り包丁　特徴…イ　②　名称…刺身(柳刃)包丁　特徴…ウ　③　名称…出刃包丁　特徴…ア　④　名称…ペティナイフ　特徴…エ　(8)　エ　(9)　①　中性脂肪　②　リン脂質　③　コレステロール　④　グリセリン　⑤　約9　⑥　飽和　⑦　不飽和　⑧　必須　⑨　ステロイド
〈解説〉(1)　PFC比率は，エネルギー産生栄養素バランスと表すようにな

った。日本人の食事摂取基準(2020年版)では，性別や年齢によっても異なるが目標値は，たんぱく質(P)は13～20％，脂質(F)は20～30％，炭水化物(C)は50～65％としている。たんぱく質と炭水化物は1gにつき4キロカロリー，脂質は9キロカロリーのエネルギーに変わるといわれている。　(2)　②　正しくは，必須アミノ酸は9種類で，イソロイシン，ロイシン，リジン，メチオニン，フェニルアラニン，トレオニン(スレオニン)，トリプトファン，バリン，ヒスチジンである。　③　炭水化物(糖質)の代謝にビタミンB_1が必要である。不足するとブドウ糖からエネルギーを十分に産生できなくなり，様々な症状がでる。

(3)　生乳の殺菌方法には，62～65℃で30分加熱する低温保持殺菌と，120～130℃で2～3秒加熱する超高温瞬間殺菌等がある。乳製品の種類については問題の表が基本であるので整理して覚えること。　(4)　食中毒の三原則の「菌を付けない」は清潔，「菌を増やさない」は迅速または冷却，「菌を死滅させる」は加熱・殺菌を意味する。HACCPは，恐れのある危害をあらかじめ分析(Hazard　Analysis)し，どの段階でどのような対策を取ればよいか重要管理点(Critical Control Point)を定め，これを連続的に監視することにより，安全を確保する衛生管理の手法である。　(5)　油抜きは揚げてある食品をさらに調理する場合，食品についている余分な油や油臭さを除くために行う。　(6)　煮干し・かつおぶしの旨味成分はイノシン酸，昆布はグルタミン酸である。

(7)　包丁は他に薄刃包丁，うなぎ包丁，そば包丁，すいか切り包丁，すし切り包丁，中華包丁，パン切り包丁，肉切り包丁等がある。

(8)　合わせ酢とは，酢，砂糖，食塩を合わせたものである。酢の分量は，地域によっても違うが，米の重量に対し約12％ぐらいである。米200mLは約160gである。　(9)　脂質の種類は単純脂質(中性脂肪など)，複合脂質(リン脂質やリポたんぱく質)，誘導脂質(脂肪酸，コレステロール，ステロイド)がある。脂肪酸の種類は飽和脂肪酸と不飽和脂肪酸であるが，不飽和脂肪酸は一価不飽和脂肪酸(オレイン酸など)と多価不飽和脂肪酸(アラギドン酸，リノール酸，ドコサヘキサエン酸等)に分かれる。必須脂肪酸にはリノール酸，アラキドン酸等がある。

【8】(1) ① 家計 ② 実収入 ③ 実支出 ④ 可処分
(2) 消費者庁 (3) ① 8 ② 5 (4) ① エ ② オ
③ イ (5) ① ア 2015 イ 2030 ウ 17 エ 169
② SDGs

〈解説〉(1) 家計の収入と支出の構成をよく理解すること。実収入は経
常収入(勤め先収入，事業・内職収入等)と特別収入(受贈金等)に分類さ
れる。可処分所得を手取り額ともいう。消費支出はいわゆる商品(物や
サービス)を購入する費目である。 (2) 消費者庁はこれまで厚生労
働省，農林水産省，経済産業省等で行われてきた消費者対応の窓口の
一本化を目指し設立された。 (3) 消費者の権利については1962年に
アメリカのケネディ大統領が提唱した「消費者の4つの権利」が基礎
となり，それに付け加えられている。すべて確認しておこう。国際消
費者機構(CI)は1960年に先進諸国の消費者団体が中心となって設立さ
れた国際消費者団体で120以上の国の250以上の団体が加盟している。
(4) ① 古紙配合率を示す目印である。 ② ウールの品質に関する
マークである。 ③ リターナブルびんは，返却，詰め替えをするこ
とによって何度も使用することができるびんのことである。正答以外
のバイオマスマーク(生物由来の資源を利活用し，品質・規格等に合致
しているマーク)，スリーアローマーク(回収・リサイクルが必要であ
ることを示すマーク)も確認しておこう。 (5) SDGsは，2001年に策
定されたミレニアム開発目標の後継として掲げられた，2030年までに
取り組む国際目標である。17の目標が示されているので必ず目を通し
ておこう。

【中学校】

【1】次の各問いに答えなさい。

(1)　次の文は，教育に関する法令に記載された条文の一部である。下の問いに答えなさい。

> 第6条　法律に定める学校は，(　　　)を有するものであって，国，地方公共団体及び法律に定める法人のみが，これを設置することができる。

①　(　　　)にあてはまる最も適切な語句を答えなさい。

②　この文が記載された法令として最も適切なものを，次のア〜オから1つ選び，記号で答えなさい。

ア　日本国憲法　　イ　教育基本法

ウ　学校教育法

エ　地方教育行政の組織及び運営に関する法律

オ　教育公務員特例法

(2)　次の①，②の文は，文部科学省国立教育政策研究所が平成30年3月に発行したキャリア教育リーフレット「生徒が直面する将来のリスクに対して学校にできることって何だろう？」において，進路に関する主な相談機関について説明したものである。①，②の相談機関として最も適切なものを，下のア〜オからそれぞれ1つずつ選び，記号で答えなさい。

①　若者一人一人の状況に応じて，専門的な相談に乗ったり，各地域にある若者支援機関を紹介したりする施設。

②　労働者の最低限の労働条件を定めた労働基準法や，労働者の安全を守るための基準を定めた労働安全衛生法などに基づいて，労働者を保護するための仕事を行う機関。

ア　総合労働相談コーナー(都道府県労働局総務部)

　　イ　公共職業安定所
　　ウ　労働基準監督署
　　エ　職業能力開発促進センター
　　オ　地域若者サポートステーション

(☆☆○○○○○)

【2】中学校学習指導要領解説技術・家庭編(平成29年7月)に関する次の
　　問いに答えなさい。
　(1)　次の文章は,「第2章　第3節　家庭分野の目標及び内容」の家庭
　　　分野の目標とその説明の一部である。(　①　)～(　⑦　)に入る最
　　　も適切な語句をあとのア～セからそれぞれ1つずつ選び,記号で答
　　　えなさい。

　　生活の営みに係る見方・考え方を働かせ,衣食住などに関す
　る実践的・(　①　)な活動を通して,よりよい生活の実現に向
　けて,生活を工夫し創造する資質・能力を次のとおり育成する
　ことを目指す。

　(1)　家族・家庭の(　②　)について理解を深め,家族・家庭,
　　　衣食住,消費や環境などについて,生活の(　③　)に必要な
　　　基礎的な理解を図るとともに,それらに係る(　④　)を身に
　　　付けるようにする。
　(2)　家族・家庭や地域における生活の中から問題を見いだして
　　　課題を設定し,(　⑤　)を構想し,実践を評価・改善し,考
　　　察したことを論理的に表現するなど,これからの生活を展望
　　　して課題を解決する力を養う。
　(3)　自分と家族,家庭生活と地域との関わりを考え,家族や地
　　　域の人々と(　⑥　)し,よりよい生活の実現に向けて,生活
　　　を工夫し創造しようとする実践的な態度を養う。

　○生活の営みに係る見方・考え方を働かせとは,家庭分野が学

191

習対象としている家族や家庭，衣食住，消費や環境などに係る生活事象を，協力・（　⑥　），健康・快適・安全，生活文化の（　⑦　）・創造，持続可能な社会の構築等の視点で捉え，生涯にわたって，（　③　）し共に生きる生活を創造できるよう，よりよい生活を営むために工夫することを示したものである。

ア	役割	イ	継承	ウ	協働	エ	体験的
オ	総合的	カ	全体計画	キ	自立	ク	連携
ケ	向上	コ	技能	サ	技術	シ	解決策
ス	機能	セ	発展				

(2)　次の文章は，「第3章　指導計画の作成と内容の取扱い」の一部である。（　①　）～（　⑤　）に入る最も適切な語句を下のア～コからそれぞれ1つずつ選び，記号で答えなさい。

・家庭分野においては，小・中・高等学校の内容の系統性を明確にし，基礎的・基本的な（　①　）の確実な定着を図るため，これまでの「A家族・家庭と子どもの成長」，「B食生活と自立」，「C衣生活・住生活と自立」，「D身近な消費生活と環境」の四つの内容を小学校と同様に「A家族・家庭生活」，「B衣食住の生活」，「C消費生活・環境」の三つに整理し，全ての生徒に履修させることとした。ただし，習得した（　①　）などを（　②　）し，これからの生活を展望して課題を解決する力と（　③　）を育むことの必要性から，「生活の課題と実践」に当たる三項目については，一以上選択して履修させることとした。

・各分野の指導に当たっては，前回の学習指導要領に引き続き，各学校が創意工夫して教育課程を編成できるようにする観点や，基礎的・基本的な（　①　）を確実に身に付けさせるとともに生徒の興味・関心等に応じて課題を設定できるようにする観点から，各分野の各項目に配当する（　④　）及び履修学年については，生徒や学校，（　⑤　）の実態等に応じて各学校で適切に定めることとしている。

ア　知識及び技能　　　イ　学習　　　ウ　実践的な態度

エ　題材　　　　　　　オ　地域　　　カ　思考

キ　内容の系統性　　　ク　授業時数　　ケ　活用

コ　題材数

(☆☆☆◎◎◎)

【3】食生活に関する次の各問いに答えなさい。

(1)　次の文章は，食事の役割や栄養素の種類とはたらきについて説明したものである。

> ・食事の役割
>
> 　私たちは(　A　)や健康を維持し，活動し，成長するために食事をしているだけでなく，食事自体が楽しみでもあり，生活の(　B　)もつくっている。また，いっしょに食事をして人と人がつながったり，(　C　)を受け継いだりという社会的な役割もある。
>
> ・栄養素の種類とはたらき
>
> 　食物に含まれる成分のうち，エネルギーにしたり，体をつくったり，体の調子を整えたりするために必要な成分を栄養素という。栄養素はそのはたらきや性質から5種類に分けられ，(　D　)といわれる。

①　(　A　)～(　D　)に入る最も適切な語句を答えなさい。

②　次の図は，栄養素と食品の関係を表したものである。図の⑦～㊃に入る最も適切な語句を答えなさい。

図

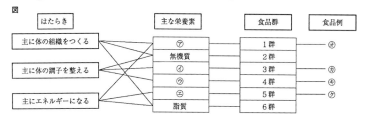

③　②の図の㋔〜㋗にあてはまる食品を，次のA〜Fからそれぞれ1
つずつ選び，記号で答えなさい。

A　バター，マーガリン，ごま油

B　米，うどん，さつまいも

C　にんじん，かぼちゃ，ほうれんそう

D　いちご，キャベツ，はくさい

E　卵，とり肉，あじ，えび

F　わかめ，しらす干し，牛乳

④　脂質の1グラムあたりの発生エネルギーは，約何kcalか答えなさ
い。

⑤　ビタミンDが欠乏したときの症状を説明した文として正しいも
のを，次の(a)〜(d)から1つ選び，記号で答えなさい。

(a)　発達が遅くなり，皮膚炎や味覚の低下をまねく。

(b)　甲状腺機能が低下し，甲状腺がはれる。

(c)　子どもではくる病，大人では骨の病気になる。

(d)　出血しやすくなり，壊血病になる。

⑥　次の文章は，ミネラルについて説明したものである。（　ア　）
・（　イ　）に入る最も適切な語句を答えなさい。

　　日本人が不足しがちなミネラルはカルシウムと（　ア　）である。
一方で，過剰摂取による健康障害が危惧されるミネラルは
（　イ　），リン，ヨウ素である。（　イ　）の過剰摂取は高血圧の
発症と関連がある。

(2)　次の文章は，日本人の伝統的な食文化について説明したものであ
る。

> 　2013年12月「和食：日本人の伝統的な食文化」がユネスコ無
> 形文化遺産に登録された。
> 　伝統的な和食は，飯を主食とした汁と主菜，副菜，副々菜で
> 構成される（　A　）という献立構成が食事の基本である。ⓐさま
> ざまな調理法があるが，（　B　）の生食調理は和食の最たる特徴
> である。

> 和食の味わいは，料理の基本となるだしの(　C　)である。
> (　C　)は日本人が発見した味である。(b)和食の食事構成はPFC
> バランスが理想的な比率となり，栄養学的にバランスがよい。

① 　(　A　)〜(　C　)に入る最も適切な語句を答えなさい。

② 　次の4点は，和食の特徴について説明したものである。(　⑦　)
・(　⑦　)に入る最も適切な語句を答えなさい。また，下線部⑦
に関して，生活の節目の行事に用意する食事を何というか答えな
さい。

　●新鮮で多様な食材とその(　⑦　)の尊重
　●栄養バランスにすぐれた健康的な食生活
　●自然の美しさや季節の移ろいを表現した(　⑦　)
　●⑦正月行事などの年中行事とのかかわり

③ 　下線部(a)に関して，加熱する調理法を5つ答えなさい。

④ 　下線部(b)に関して，PFC比率とはどのようなものか説明しな
さい。

(3)　砂丘花子さん(中学生)は，4人家族(父親　母親　弟(小学生))であ
る。花子さんは，家族の夕食を準備したいと考えた。この日(4月28
日)の朝食，昼食は次の内容であった。1日の食品群別摂取量のめや
すを満たす夕食の献立を考えた場合，あとの質問に答えなさい。た
だし，調味料及び香辛料は食品群に含まないものとする。なお食品
群とは，6つの基礎食品群とし，4人の身体活動レベルはⅡ(ふつう)
である。

○トースト 　食パン ○目玉焼き 　卵1個　ブロッコリー 　ウィンナー 　油 ○紅茶

○トマトとなすのスパゲッティ 　スパゲッティ，ホールトマト， 　なす，にんにく，たまねぎ，ベ 　ーコン，赤とうがらし，オリー 　ブ油，白ワイン，塩，こしょう ○サラダ 　コーン，きゅうり，ミニトマト， 　レタス，ドレッシング ○フルーツ盛り合わせ 　$\left(りんご\frac{1}{4}個・バナナ1本・キウ\right.$ 　$\left.イフルーツ\frac{1}{2}個\right)$ ○お茶

① 朝食，昼食の献立の中で，最も不足している食品群とその食品群の主な栄養素を答えなさい。

② 昼食のりんご・バナナ・キウイフルーツの中で，ビタミンCを最も多く含む食品を調べることにした。

　・簡易実験で調べる方法とその方法で判定できる理由について答えなさい。

　・その結果，ビタミンCを最も含む食品は何であったか，答えなさい。

③ 1日の食品群別摂取量のめやすを満たすため，次の表のような夕食の献立を考えた。

　　あとの(A)～(C)の各問いに答えなさい。

```
【夕食】
○白飯                    ○いわしのかば焼き
○若たけ汁                  いわし
 ゆでたけのこ，干しわかめ     〈下味用調味料〉
 とうふ                   しょうゆ，しょうが
 煮だし汁(混合だし)          かたくり粉，油
  昆布，かつお節，水        〈たれ〉
 塩，しょうゆ，木の芽        しょうゆ，みりん，酒
                        ○副菜
                        ○デザート
```

(A)　1日の献立を考える上での工夫点を2つ答えなさい。

(B)　若たけ汁では，昆布とかつお節を用いた混合だしを使うこととした。だしの取り方の手順を答えなさい。

(C)　中学生に必要な1日の食品群別摂取量のめやすを満たす副菜・デザートとして適切なものをア〜ウから1つ選び，記号で答えなさい。

ア　さつまいもの甘辛焼き(さつまいも，油，しょうゆ，みりん)
　　青菜の卵とじ(小松菜，卵，だし汁，しょうゆ，みりん)
　　わらびもち(わらび餅粉，水，砂糖，きな粉，塩)

イ　青菜のおひたし(ほうれん草，塩，しょうゆ，しらす干し)
　　いりどり(とりもも肉，ごぼう，れんこん，にんじん，干ししいたけ，こんにゃく，さやいんげん，油，酒，砂糖，しょうゆ，みりん)
　　牛乳かん(寒天・牛乳・砂糖)

ウ　こんにゃくのピリ辛(こんにゃく，ごま油，しょうゆ，だし汁，赤唐辛子)
　　青菜のごま和え(ほうれん草，いりごま，しょうゆ，砂糖)
　　スイートポテト(さつまいも，さとう，卵，バター)

(4)　包丁の切り方として，①，②の切り方の名称を答えなさい。

①

②

(☆☆☆◎◎◎)

【4】消費生活と環境に関する次の各問いに答えなさい。
(1)　次の文章は，消費生活について説明したものである。(　①　)～
(　⑥　)に入る最も適切な語句を，下のア～サからそれぞれ1つずつ
選び，記号で答えなさい。
・インターネットの普及により，事業者は消費者の個人情報を容易
に収集できるようになり，個人情報は事業者間で(　①　)として
売買されている。個人情報の適正な利用のためには(　②　)によ
る保護がある。しかし，インターネットを利用して個人情報を盗
む(　③　)も横行している。個人情報の管理には十分に注意を払
う必要がある。
・契約は消費者と販売業者との二者間で締結されることが多い。し
かし，商品を購入し，クレジットで支払う場合は，(　④　)とな
る。この時，消費者と販売業者の間には(　⑤　)，消費者とクレ
ジット会社にクレジットカード契約，クレジット会社と販売者に
は加盟店契約が結ばれている。
・消費者被害を救済するための法律のうち，欠陥商品事故による被
害の救済のために(　⑥　)がある。
　　ア　クーリングオフ制度　　イ　個人情報保護法
　　ウ　消費のサービス化　　　エ　特定商取引法
　　オ　商品　　　　　　　　　カ　ネットバンキング
　　キ　フィッシング　　　　　ク　製造物責任法

198

　　ケ　キャッシュレス化　　コ　三者間契約
　　サ　売買契約

(2)　次の①～④の文は，消費生活と環境について説明したものである。①～④にあてはまる最も適切な文章を，下のア～クからそれぞれ1つずつ選び，記号で答えなさい。

①　食料の輸送によって生じる環境負荷の指標として用いられている。

②　「開発は環境や資源という土台の上に成り立つものだから，持続可能な発展には環境の保全が必要不可欠である」として，国連の「環境と開発に関する世界委員会」(WCED)によって提案された。

③　世界の飢餓状況を栄養不足人口の割合により国ごとに5段階で示したもの。

④　ふだんの買い物などを通じて，環境に配慮したり，社会に貢献したりすること。

　　ア　循環型社会形成推進基本法　　イ　サステイナブルという考え方
　　ウ　フードマイレージ　　　　　　エ　フェアトレード
　　オ　ハンガーマップ　　　　　　　カ　グリーンコンシューマー
　　キ　環境マネジメントシステム　　ク　エシカル消費

(3)　次の暮らしの中のマーク①～③が示す情報として最も適切なものを，下のア～オからそれぞれ1つずつ選び，記号で答えなさい。

①　　　　　　②　　　　　　③

　　ア　おもちゃの安全基準に適合した製品
　　イ　エネルギー消費機器の省エネ性能を示す
　　ウ　食品から木材まで安心できる農林水産物と加工品
　　エ　生産から廃棄までを通して環境に配慮された製品

オ　原料に，古紙を規定の割合以上利用しているリサイクル製品

(☆☆☆◎◎◎)

【5】家族・家庭と子どもの成長に関する次の各問いに答えなさい。

(1)　次の図の①～③の時期を何というか，答えなさい。

図

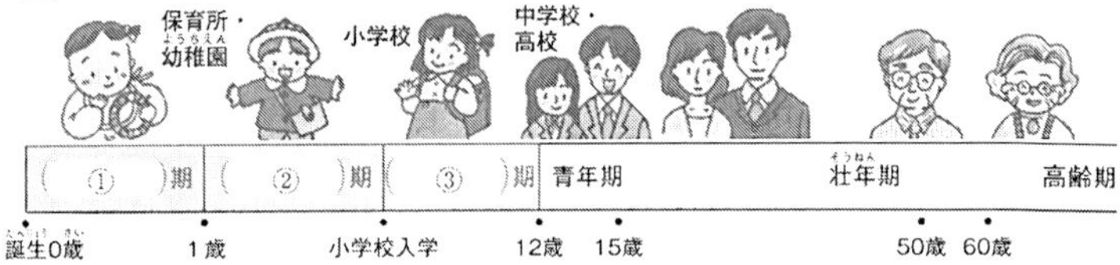

(2)　子どもの発達について説明した次の①，②について，それぞれ発達の早い順番に並び替え，記号で答えなさい。

①　からだ・運動の発達

ア　けんけんをする　　　イ　寝返りをうつ

ウ　ハイハイする　　　　エ　階段を登る

オ　上手に歩く

②　社会性の発達

ア　大人のまねをする　　イ　一人で歯磨きをする

ウ　バイバイをする　　　エ　顔を見つめる

オ　笑いかける

(3)　次の①～④の文章は，子どもや家族を支える施設や機関について説明したものである。それぞれの施設や機関名を答えなさい。

①　保護者が就労などのため家庭で保育できない0歳から就学前までの乳幼児が対象。保育時間は朝早くから夜遅くまである。さまざまな子育て支援を行っている。

②　保育所と幼稚園の機能を合わせもつ施設である。0歳から就学前までのすべての乳幼児が対象となる。地域の子育て支援も担う。

③　児童(18歳までのすべての人)を対象にした施設である。小学生の放課後の遊びを支える役割が大きかったが，最近では子育て中の親の集まりを企画するなど，子育て支援の機能も整えている。

④ 各市町村などに設置されている。子育て中の親が集う場を提供
   したり，さまざまな相談活動などを実施したりしている。

(4) 次の①，②は，子どもの健やかな成長のために定められた権利宣
   言及び条約である。それぞれの名称を答えなさい。また，①の
   (ア)〜(ウ)に入る最も適切な語句を答えなさい。

① 第二次世界大戦後の1951年5月5日，日本国憲法の精神に基づき
   制定された。日本での最初の子どもの権利宣言である。

   〈前　文〉

     児童は，(ア)として尊ばれる。

     児童は，(イ)として重んぜられる。

     児童は，(ウ)の中で育てられる。

② 1989年に国際連合総会で採択された，子どもの人権に関する世
   界で最初の国際的な条約。児童の人権の尊重と子どもたちが幸せ
   に生活できることを目的とし，54条で構成されている。日本は
   1994年に批准した。

(5) 幼児の遊びは，発達にとって欠かすことができない。次の表は遊
   びの種類と内容，育つ力等を示したものである。(①)〜(④)
   に入る最も適切な語句を答えなさい。

表

遊びの種類と内容	育つ力	道具・素材
(①)	感じる力・からだをコントロールする力	ぬいぐるみ・ガラガラ・なわとび
(②)	「見て真似る」力・表現する力	人形・布・食器
(③)	じっと聞いたり見たりする力・共感性	絵本・紙芝居・指人形
(④)	工夫してつくる力・協力する力	積み木・ブロック・粘土

(6) 「中学生と幼児とのふれ合い体験」について，次の問いに答えな
   さい。

① 「幼児とのふれ合い体験」の事前学習において，中学生にどの
   ような課題をもたせることができるか，具体的に2つ答えなさい。

② 「幼児とのふれ合い体験」において，幼児の発達の特徴から，
   安全面について留意することを具体的に2つ答えなさい。

(☆☆☆◎◎◎)

【6】衣生活に関する次の各問いに答えなさい。

(1) 衣服のはたらきについて示した次の表の(①)〜(③)に入る最も適切な語句を答えなさい。

表

衣服のはたらき	具体的なはたらき	＜例＞
(①)	皮膚を衛生的に保つ	靴下・下着
	暑さ、寒さを防ぐ	マフラー・コート
(②)	運動をしやすくする	体操服
	作業をしやすくする	作業着
(③)	職業や所属を表す	学生服・制服
	気持ちを表す（社会的慣習に合わせる）	礼服・晴れ着
	自分らしさや個性を表す	私服・衣装

(2) ミシンの使い方について，次の図①，②のようになった時の上糸の状態と調節方法をそれぞれ答えなさい。

図①

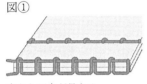

表から下糸が見える

図②

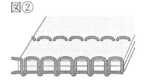

表から見て上糸が浮いている

(3) 主な繊維の種類とその特徴をまとめた次の図表の(A)〜(D)に入る最も適切な語句を，あとのア〜オからそれぞれ1つずつ選び，記号で答えなさい。

分類		繊維名	原料	原料写真	顕微鏡写真	性質
天然繊維	植物繊維	綿	綿花			肌ざわりがよい。吸湿性・吸水性が大きい。洗濯にたえる。しわになりやすい。
		(A)	あま等の茎			表面が平滑で冷感がある。吸湿性・吸水性が大きい。洗濯にたえる。弾性が低くしわになりやすい。
	動物繊維	毛	羊などの獣毛			保温性が大きい。吸湿性に富むが水をはじく性質がある。ぬれてもまれると、フェルト化し縮みやすい。虫害を受けやすい。
		(B)	繭繊維			しなやかな感触で光沢に富む。吸湿性が大きい。紫外線で黄変しやすい。虫害を受けやすい。

202

	再生繊維	（ C ）	木材パルプ	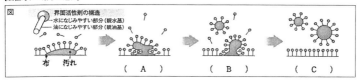		吸湿性・吸水性が大きい。ぬれると極端に弱くなり縮みやすい。摩擦に弱い。しわになりやすい。
化学繊維	半合成繊維	アセテート	木材パルプと酢酸			絹のような光沢がある。引っ張り・摩擦に弱い。ぬれるとさらに弱くなる。
	合成繊維	（ D ）	石油			強くてしわになりにくい。型崩れしにくく、プリーツ性に優れている。吸湿性が小さく静電気をおびやすい。

ア　レーヨン　　イ　麻　　ウ　ポリエステル　　エ　ポリ乳酸
オ　絹

(4) 次の図は，油性の汚れの落ちる過程を示したものである。(　A　)
　〜(　C　)に入る最も適切な語句を下のア〜エからそれぞれ1つずつ
　選び，記号で答えなさい。

［油性汚れの落ちる過程］

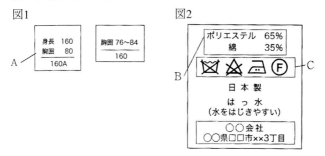

ア　再付着防止作用　　イ　乳化・分散作用　　ウ　浸透作用
エ　吸着作用

(5) 次の図1, 2は，既製服の表示を示したものである。下の①，②の
　問いに答えなさい。

図1

身長　160
胸囲　80
160A
A

胸囲 76〜84
160

図2

A

ポリエステル　65％
綿　　　　　35％
B　⊠　⊠　▱　Ⓕ　C
日 本 製
はっ水
（水をはじきやすい）
〇〇会社
〇〇県□□市××3丁目

① 図1, 2のA・B・Cの表示の名称を答えなさい。
② 図2の表示から，この既製服の説明として不適切なものを，次
　のア〜カから2つ選び，記号で答えなさい。

　　ア　家庭での洗濯はできない。

　　イ　漂白はできない。

　　ウ　底面温度200℃を限界としてアイロン仕上げができる。

　　エ　石油系溶剤でのドライクリーニングができる。

　　オ　日本で縫製がなされた。

　　カ　型崩れしやすくシワになりやすい。

(6)　次の①～④の表示は，2016年12月から使用されている表示(JIS　L
　　0001)である。それぞれの表示が示す内容を，下のア～クからそれ
　　ぞれ1つずつ選び，記号で答えなさい。

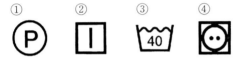

①　　　　　　②　　　　　　③　　　　　　④

　　ア　40℃以下の液温で洗濯機で洗濯ができる。

　　イ　平干しがよい。

　　ウ　石油系溶剤による弱いドライクリーニングができる。

　　エ　つり干しがよい。

　　オ　80℃以下のタンブル乾燥ができる。

　　カ　パークロロエチレン及び石油系溶剤によるドライクリーニン
　　　　グができる。

　　キ　40℃以下の液温で洗濯機で弱い洗濯ができる。

　　ク　塩素系及び酸素系の漂白剤が使用できる。

　　　　　　　　　　　　　　　　　　　　　　　　（☆☆☆◎◎◎）

【7】住生活に関する次の各問いに答えなさい。

(1)　生活行為と住空間について，（　①　）～（　⑤　）に入る最も適切な
　　語句をあとのア～オからそれぞれ1つずつ選び，記号で答えなさい。

（　①　）の空間	（　②　）の空間
・団らん	・入浴　　・排泄
・食事　　など	・洗面　　など

```
┌─────────────────────────┐
│ (  ③  )の空間            │
│  ・出入り    ・通行       │
│  ・収納    など          │
└─────────────────────────┘
```

```
┌─────────────────────┐   ┌─────────────────────────┐
│ (  ④  )の空間        │   │ (  ⑤  )の空間            │
│  ・休養   ・睡眠     │   │  ・調理   ・洗濯          │
│  ・趣味   ・仕事     │   │  ・裁縫   ・アイロンかけ  │
│  ・勉強   など       │   │           など            │
└─────────────────────┘   └─────────────────────────┘
```

ア　個人　　イ　家族共有　　ウ　移動と収納　　エ　生理・衛生
オ　家事

(2)　和室と洋室の住まい方の特徴をそれぞれ1つずつ答えなさい。

(3)　バリアフリーとユニバーサルデザインの違いについて答えなさい。

(4)　次の図から高齢者における家庭内事故死亡率が最も高いことがわかる。高齢者に対する住まいの安全対策として考えられるものを2つ答えなさい。

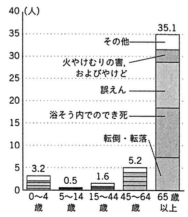

図

家庭内事故死亡率
（人口10万人あたりの死亡数）
（厚生労働省「平成21年人口動態統計」より作成）

(5)　室内環境の調整における注意事項の要素は，温度・湿度・換気・明るさに加えて，もう一つは何か，答えなさい。

(6)　次の間取り図A・Bは，敷地も家の外形も家族構成も同じだが，間取りの内容がそれぞれ大きく異なった性格をもっている。それぞれにどのような特徴をもっているのか答えなさい。

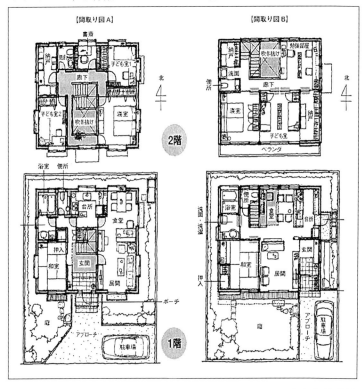

(☆☆☆◎◎◎)

【高等学校】

【1】次の各問いに答えなさい。

(1)　次の文は，教育に関する法令に記載された条文の一部である。あとの問いに答えなさい。

> 第6条　法律に定める学校は，（　　）を有するものであって，国，
> 　　　　地方公共団体及び法律に定める法人のみが，これを設置す
> 　　　　ることができる。

① （　　）にあてはまる最も適切な語句を答えなさい。

② この文が記載された法令として最も適切なものを，次のア～オ
　から1つ選び，記号で答えなさい。

　ア　日本国憲法

　イ　教育基本法

　ウ　学校教育法

　エ　地方教育行政の組織及び運営に関する法律

　オ　教育公務員特例法

(2) 次の①，②の文は，文部科学省国立教育政策研究所が平成30年3
月に発行したキャリア教育リーフレット「生徒が直面する将来のリ
スクに対して学校にできることって何だろう？」において，進路に
関する主な相談機関について説明したものである。①，②の相談機
関として最も適切なものを，下のア～オからそれぞれ1つずつ選び，
記号で答えなさい。

① 若者一人一人の状況に応じて，専門的な相談に乗ったり，各地
　域にある若者支援機関を紹介したりする施設。

② 労働者の最低限の労働条件を定めた労働基準法や，労働者の安
　全を守るための基準を定めた労働安全衛生法などに基づいて，労
　働者を保護するための仕事を行う機関。

　ア　総合労働相談コーナー(都道府県労働局総務部)

　イ　公共職業安定所

　ウ　労働基準監督署

　エ　職業能力開発促進センター

　オ　地域若者サポートステーション

(3) 次の文は，平成21年3月告示高等学校学習指導要領「家庭」の各
学科に共通する教科「家庭」と主として専門学科において開設され

る教科「家庭」の目標である。(　①　)～(　⑥　)に入る最も適切な語句を答えなさい。

> 各学科に共通する教科「家庭」
>
> 　人間の生涯にわたる発達と生活の営みを(　①　)的にとらえ，家族・家庭の意義，家族・家庭と社会とのかかわりについて理解させるとともに，生活に必要な知識と技術を習得させ，男女が(　②　)して(　③　)的に家庭や地域の生活を創造する能力と実践的な態度を育てる。
>
> 主として専門学科において開設される教科「家庭」
>
> 　家庭の生活にかかわる(　④　)に関する基礎的・基本的な知識と技術を習得させ，(　⑤　)の社会的な意義や役割を理解させるとともに，(　⑤　)を取り巻く諸課題を主体的，合理的に，かつ倫理観をもって解決し，(　⑥　)の質の向上と社会の発展を図る創造的な能力と実践的な態度を育てる。

(☆☆☆◎◎◎)

【２】 子どもの成長や発達について次の問いに答えなさい。

(1)　乳児期の生後4～5か月ごろから現れる「バーバー」，「ブーブー」といった，意味のない言葉，発声のことを何というか答えなさい。

(2)　授乳による栄養摂取には2種類ある。一つは，調整粉乳によるものであるが，もう一つは何か答えなさい。

(3)　分娩後，数日間分泌される乳のことを何というか答えなさい。

(4)　乳児が乳首を吸う刺激により，脳下垂体から出されるホルモンを何というか答えなさい。また，このホルモンが母体にどのような作用をもたらすか答えなさい。

(5)　幼児期に間食が必要な理由を説明しなさい。

(6)　2歳ころから自我が発達し，自己主張が増し反抗的になる。これは親から自立する過渡期にみられることである。この時期を何というか答えなさい。

(7) 次の①～④の文の波線の部分が正しいものを一つ選び番号で答えなさい。

① 生後1週間ころから皮膚が黄色くなり，約2週間で元に戻る。

② 生後2～3日は，無臭・黒っぽい便が出る。

③ 乳歯は，28本。生後6か月ころから生え始め，3歳ころまでに生えそろう。

④ 出生時の脳の重さは，体重の約23％である。

(8) 子どもの遊びの形態は，心身の発達に伴って複雑になり，変化していく。次のア～エの遊びの形態を発達する順に並べ替え，記号で答えなさい。

ア 集団遊び　　イ 傍観遊び　　ウ 一人遊び　　エ 並行遊び

(9) しつけと称して体罰を加える，a保護の怠慢や拒否など，親による児童虐待が社会問題となっている。地域や近隣が子育て家庭に関心を持つことによる虐待の早期発見，通報による子どもの保護と精神的なケア，虐待をしてしまう親への支援や教育などによる虐待の再発予防などが早急に求められている。次の①，②の各問いに答えなさい。

① 次のグラフは平成24年度の児童虐待の種類と割合を示したものである。　ア　に当てはまる語句を答えなさい。

性的虐待 2.2%
心理的虐待 33.6%
ア 35.3%
28.9%
保護の怠慢・拒否

② 下線部aのことをカタカナ5文字で何というか答えなさい。

(10) 予防接種には法律に基づいて市区町村が実施する定期予防接種がある。次の①～⑤のうち，定期予防接種により予防する病気ではないものを一つ選び，番号で答えなさい。

① 日本脳炎　　② 流行性耳下腺炎　　③ ポリオ
④ 百日ぜき　　⑤ 風疹

(11) 社会全体で子育て支援に取り組むため，「次世代育成支援対策推進法」が制定された。この法律は働き方の見直しや仕事と家庭の両立について「次世代育成支援計画」を企業や地方自治体に策定するように求めている。その計画に定めた目標を達成し，一定の基準を満たすと「子育てサポート企業」として厚生労働大臣の認定を受け，「(　ア　)マーク」を自社の商品などにつけることができる。次の①，②の各問いに答えなさい。

① 「次世代育成支援対策推進法」が制定された年を答えなさい。

② 文中の(　ア　)に当てはまる語句を答えなさい。

(12) 運動機能について，次の文の(　①　)と(　②　)に当てはまる語句を答えなさい。

　　身体全体のバランスを要する大きい運動を(　①　)運動，手先の細かい運動のことを(　②　)運動という。

(13) (12)の②の運動が発達する順にア〜ウを並べ替えなさい。

ア　　　　　　　　　　　イ　　　　　　　　　　　ウ

(☆☆☆◎◎◎)

【3】衣生活について，次の各問いに答えなさい。

(1) 衣服の着心地について，あとの①，②の各問いに答えなさい。

> 　衣服の着心地には，身体的・(　ア　)な面からの心地よさと，社会的・(　イ　)な面からの心地よさがある。身体的・(　ア　)な心地よさには，自分の体の(　ウ　)や形に合っているかなど動きやすさにかかわる着心地，暑さ寒さにかかわる着心地，肌触りにかかわる着心地が関係している。

① 空欄(ア)～(ウ)に入る最も適切な語を，語群から選び
なさい。

【語群】寸法　　心理的　　生理的　　調子

② 皮膚と被服の間や，さらに重ねた被服との間に空気層ができて，
外気とは異なる温度・湿度を持つ局所的な気候を何というか。

(2) 次の和服の部分①，②の名称を答えなさい。

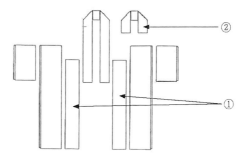

(3) 次の「環境の湿度と繊維の水分率」を示したグラフ中の①の示す
繊維名を，語群から選びなさい。

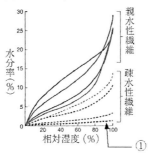

【語群】毛　　ポリエステル　　アセテート　　レーヨン

(4) 次のアイロンの温度表示に最も適している繊維を，①～③から選
び番号で答えなさい。

①　綿　　②　毛　　③　アクリル

(5)　流行を取り入れながら低価格の衣料品を大量生産し，短期間のサイクルで販売するブランドの衣料品のことを，何というか答えなさい。

(6)　次の図Aのように大腿部のふくらみに引かれ，つれじわができる状態の時の補正のしかたを以下の図に示しなさい。

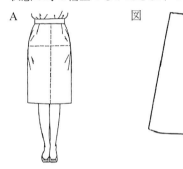

(7)　絹の特徴について，繊維の断面図の形の特徴，感触や紫外線を受けたときの反応などに触れながら説明しなさい。

(8)　羊毛が原材料であるセーターを水洗いする場合，使用洗剤，洗い方，干し方に触れながら説明しなさい。

(9)　次の用具の①名称を答え，②使い方を説明しなさい。

(☆☆☆◎◎◎)

【4】住生活について，次の文章を読み，各問いに答えなさい。

(1)　次の文章を読んで，（　①　），（　②　）に当てはまる語句を答えなさい。

　　武士の住まいの基本であった書院づくりは，座敷をもうけ，接客を重視する間取りとするなどの住様式で，その後の日本の住生活に

212

大きな影響を与えた。明治以降，欧米の影響を受け，畳や床などの上に直接座る(　①　)の生活に，椅子を使う(　②　)の生活が取り入れられた。

(2)　次の図は和室の写真である。①〜③の各部の名称を答えなさい。

(3)　家具についての地震対策の例を2つ挙げなさい。

(4)　建築に用いる建材で，環境負荷の少ない材料のことを何というか答えなさい。

(5)　次の①〜③の文章が説明している語句を語群から選び，記号で答えなさい。

①　建物内部や上部に設置した制振ダンパーや振り子などが揺れのエネルギーを吸収する。

②　耐力壁で建物の強度を高め，建物全体で揺れのエネルギーに耐える。高層階ほど大きく揺れる。

③　建物と地面の間にある積層ゴムや滑り支承，ダンパーなどが揺れのエネルギーを吸収する。

【語群】ア　耐震構造　　イ　免震構造　　ウ　制振構造

(6)　次のア〜ウの平面表示記号，家具設備表示記号の名称をそれぞれ答えなさい。

　ア　　　　　　　　イ　　　　　　　　　ウ

(☆☆☆○○○)

【5】福祉についての文章を読み，下の各問いに答えなさい。

　公的年金制度には日本に住所を持つ20歳以上60歳未満の者が全員加入する(①)と，一定の条件を満たすサラリーマン等が加入する(②)がある。(①)は20歳から保険料を支払い，加入期間が(③)年以上になると原則(④)歳以上死ぬまで老齢年金を受け取れる。また，(④)歳未満でも一定の条件下で障害年金や遺族年金が受給できる。

(1)　(①)～(④)に入る最も適切な語句や数字を答えなさい。

(2)　2005年の介護保険制度の改正によって，新たに創設されたセンターの名称を答えなさい。

(3)　次の文中の下線部a，bをそれぞれ説明しなさい。

> 　核家族化の進行や高齢化の加速により，家庭内で介護や家事の支援が十分でなく，a老老介護，またはb認認介護という現象を生み出している。

(4)　認知症について説明した文中の，空欄(①)～(③)に入る最も適切な語句を答えなさい。

　認知症とは，いったん正常に発達した知的機能が持続的に低下し，日常生活に支障をきたす状態をいう。認知症には，脳卒中の発作によって脳の神経細胞が障がいを受けて起こる(①)や，アルツハイマー型認知症などがある。アルツハイマー型認知症は進行性で，初期には(②)(最近の新しい記憶)の低下，中期には古い記憶についても障がいが現れる。また，(③)(時間や場所，人物を認識する機能に障がいが起きること)がみられ，判断力も低下する。

(5)　次の文を読み，空欄(①)～(⑦)に入る最も適切な語句を

語群から選び答えなさい。

　日常の生活で問題が起こった場合，家庭を中心とした自分の努力や家族の協力(これを(　①　)という。)で解決できる問題もあれば，保健・福祉・医療などの社会保障制度(これを(　②　)という。)を利用すると解決することもあるが，これからは，地域を中心とした住民相互による(　③　)が重要になってくる。

　一人ひとりにとって生活しやすい社会とは，身近な家庭や地域において，個人の人格と人権を尊重し，ともに支えあいながら，自分らしく生きていける社会である。その基本的な理念が(　④　)であり，その実現を目指す社会が(　⑤　)である。(　⑤　)の実現を目指すためには，高齢者や障がいのある人にとっての障壁を取り除く(　⑥　)や全ての人が利用しやすいことを最初から意図して設計する(　⑦　)の視点が必要である。

【語群】
共生社会　　ノーマライゼーション　　公助　　自助
共助　　　　バリアフリー　　　　　　ユニバーサルデザイン

---

(6)　車いすの介助について，次の①〜⑤から間違っているものを一つ選び，番号で答えなさい。

①　段差を越えるときはティッピングバーを踏んで前輪を上げて進み，次に後輪を上げる。

②　麻痺のある人を車いすに移乗するときは，麻痺側の足を軸にゆっくり回りながら座席へと誘導し，腰掛けてもらう。

③　急な下り坂は，介助者が後ろ向きになり，一歩一歩おりてゆく。

④　車いすを動かすときは，声をかけてから車いすを動かす。

⑤　車いすの利用者を乗せたり，車いすを停車させたりするときはブレーキをかける。

(☆☆☆◎◎◎)

【6】家族・家庭について，次の各問いに答えなさい。

(1) 次の文章は，家族について説明したものである。①，②の各問い
に答えなさい。

　家族は必ずしも範囲が明確ではない。そのため，国や地域におけ
る家族の実態や動向を説明するときや，ア住民登録によって作成さ
れる，氏名，生年月日，性別，住所などが記載された住民票を編成
したものなどには，（　イ　）という単位が用いられる。（　イ　）と
は，住居と生計を共にしている人々の集まり，または一戸を構えて
住んでいる単身者などいう。（　イ　）と家族の範囲は同じ場合もあ
るし異なる場合もある。家族によって様々な形態がある。そのため
こうした（　イ　）の実態把握のため5年に一度（　ウ　）が行われる。

① 下線部アの説明しているものを何というか，答えなさい。

② （　イ　），（　ウ　）に入る最も適切な語句を答えなさい。

(2) 次の①〜⑤の文の中から，間違っているものを選び，番号で答え
なさい。

① 直系血族及び兄弟姉妹は，互いに扶養する義務がある。

② 親権を行う者は，子の利益のために子の監護及び教育をする権
利を有し，義務を負う。

③ 成年に達しない子は，父母の親権に服する。

④ 子が養子であるときは，養親の親権に服さない。

⑤ 親権は，父母の婚姻中は，父母が共同して行う。

(3) 仕事と育児・介護の両立支援制度が整い，労働者が多様で柔軟な
働き方を選択できるよう，さまざまな取り組みを行っている企業を
何というか答えなさい。

(4) 次の①〜⑤の文のうち，正しいものには○を，間違っているもの
には×を答えなさい。

① 未成年者が婚姻をしたときは，これによって成年に達したもの
とみなす。

② 相続について，非嫡出子の法定相続分は嫡出子と同等である。

③ 親族とは，民法で3親等内の血族，配偶者，6親等内の姻族と規

216

定されている。
④　家事労働は無償労働である。
⑤　総務省「2011年社会生活基本調査」によると，30～34歳における週全体の年齢階級別家事関連時間について，男女の差は1時間以内である。

(☆☆☆◎◎◎)

【7】食生活について次の各問いに答えなさい。

(1)　次の文章中の(　①　)～(　⑤　)に入る最も適切な語句を語群より選び，記号で答えなさい。

> 　乳児，高齢者，病者など特別な状態にある人の利用を目的とした(　①　)と，広く健康の保持や増進に役立つ機能性を表示できる(　②　)がある。(　②　)には，国が定めた安全性や有効性に関する基準などを満たして特定の保健効果が期待できる(　③　)，栄養成分の補給・補完のために利用する(　④　)，事業者の責任において科学的根拠に基づいた機能性を表示する(　⑤　)がある。

> 【語群】
> ア　栄養機能食品　　イ　特定保健用食品
> ウ　保健機能食品　　エ　機能性表示食品
> オ　特別用途食品

(2)　次の①～⑤のそれぞれの文について，文中のa，bの正しい方を選び記号で答えなさい。

①　(a．脂質　　b．糖質)には，体の組織をつくる働きもある。
②　オリーブ油に多く含まれるのは(a．オレイン酸　　b．パルミチン酸)である。
③　大豆を煎って粉砕したものを(a．きな粉　　b．ゆば)という。
④　欠乏すると味覚障害を引き起こす無機質は(a．鉄　　b．亜鉛)

である。

⑤　可食部100g中ビタミンCをより多く含んでいるのは(a. じゃが
いも　　b. サツマイモ)である。

(3)　次図のA，B，Cはそれぞれ上新粉，薄力粉，強力粉それぞれ100g
に，重量の半量の水を加えてこねた後，ゆっくりと左右に伸ばす実
験をしたものである。

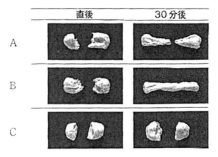

①　強力粉を使用しているものをA～Cの中から選び，記号で答え
なさい。

②　①の解答理由を「グルテン」という語を使用し答えなさい。

(4)　ア. 飯，イ. 汁，ウ. 煮物，エ. 焼き物，オ. 香の物を正しく配
膳した場合，次の図のA，C，Eに適する献立を記号で答えなさい。

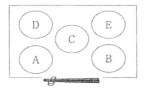

(5)　日本農林規格に基づいて農産物や農産物加工食品につけられる次
のマークの①名称と，②どのように栽培された農産物や農産物加工
品につけられるのかを答えなさい。

(6)　次の炭水化物の代謝についての文章を読み，空欄(　①　)～

(⑤)に入る最も適切な語句を答えなさい。

> 摂取された炭水化物は，だ液，すい液，小腸の粘膜などに含まれる消化酵素の作用を受けて，ぶどう糖などの(①)類にまで分解され，小腸粘膜から血液中に入る。吸収されたぶどう糖は，そのまま血液中を運ばれて，各組織でエネルギー源として利用される。また肝臓や筋肉では(②)として貯蔵される。ぶどう糖が体内でエネルギー源として利用される場合には，解糖系と呼ばれる経路に入り，(③)に分解される。(③)は通常(④)となり，TCAサイクルと呼ばれる代謝経路に入り，すべて(⑤)と水になり体外に排出される。(③)は，急激な激しい運動による酸素不足の時は乳酸になる。

(7) スパゲティの適切なゆで方について，ゆでる湯の量，ゆでる時に使用する調味料，ゆであがりの状態に触れながら説明しなさい。

(8) かきたま汁を調理する際，汁が濁らないようにするための注意点を答えなさい。

(9) 次に示す切り方の①名称を答え，②最も適する調理を下のア～ウより選び記号で答えなさい。

ア　柳川鍋のごぼう　　イ　けんちん汁のにんじん
ウ　みそ汁のネギ

(10) 調理について，次の①，②の各問いに答えなさい。

① 食塩小さじ1と同じ食塩相当量にするために必要なしょうゆの量は，大さじで何杯となるか答えなさい。

② 新米でない米を，普通のかたさに炊飯する場合，精白米1合に適する水量を答えなさい。

(☆☆☆◎◎◎)

【8】消費生活と環境について，次の各問いに答えなさい。

(1) 2001年に施行された，契約による消費者被害の予防・救済を目的とした法律を答えなさい。

(2) 次の文章中の(A)に入る最も適切な語句を答えなさい。

> 　上記(1)の法律上，未成年者は社会的経験が乏しく，ひとりで完全に法律行為を行う行為能力がないとされ契約行為には制限がある。このため，保護者などの(A)代理人の同意のない契約は，契約しても本人または(A)代理人の申し出により取り消しができる。

(3) クーリング・オフ制度の適用期間が，20日間である取引の種類を語群よりすべて選び，記号で答えなさい。

ア　訪問販売　　　　　　イ　連鎖販売取引
ウ　特定継続的役務提供　エ　業務提供誘引販売取引
オ　割賦販売

(4) 製品安全協会の基準に適合した製品につけられる次のマークの名称を答えなさい。

(5) 次の①〜⑤の文中の下線部について，正しいものには○を，間違っているものには正しい語句を答えなさい。

① 消費者基本計画は10年ごとに改定される。

② 消費生活センターは都道府県・市区町村により設置される。

③ 特殊な機械でカードの磁気情報を読み取って盗み，カードを偽造する詐欺をフィッシングという。

④ 商品を購入したときの支払い方法の一つである分割払いとは，毎月定額(定率)で支払う方法である。

⑤ 注文されていない商品を一方的に送りつけ，受け取った以上支払う義務があると消費者が誤解して代金を支払うことをねらった問題商法をモニター商法という。

(6)　循環型社会に向けた取り組みの一つである「5R」のうち，日常生活において，修理して長く使用し最終処分量を減らすことを何というか，カタカナで答えなさい。

(7)　環境や社会への影響に配慮している消費生活を，何というか答えなさい。

(8)　次の消費者の行動についての文章中の空欄①に入る最も適切な語句を答えなさい。また，下線部②を何というか答えなさい。

　消費者が(　①　)にもとづく商品を購入することで，特に発展途上国の労働者が貧困から抜け出し，環境を害さない社会の実現を間接的に促すと考えられている。ISO14001のシステムには，②商品などの製造や流通，使用，リサイクルや廃棄処理に至るまでに消費する資源やエネルギー，水及び排出するCO_2や窒素酸化物などすべてを計算し，環境影響を評価する手法や環境監査システムがある。

(☆☆☆○○○)

解答・解説

【中学校】

【1】(1)　①　公の性質　　②　イ　　(2)　①　オ　　②　ウ

〈解説〉(1)　教育基本法は，教育を受ける権利を国民に保障した日本国憲法に基づき，日本の公教育の在り方を全般的に規定する法律。法制定の由来と目的を明らかにし，法の基調をなしている主義と理想とを宣言する前文と18の条文から構成され，出題の第6条は学校教育について定めている。文部科学省は「公の性質を有する」の意味について，「広く解すれば，おおよそ学校の事業の性質が公のものであり，それが国家公共の福利のためにつくすことを目的とすべきものであって，

私のために仕えてはならないという意味とする。狭く解すれば，法律に定める学校の事業の主体がもともと公のものであり，国家が学校教育の主体であるという意味とする。」としている。　(2)　キャリア教育リーフレットは文部科学省のシンクタンクである国立教育政策研究所がキャリア教育のさらなる充実に資するため，実践に役立つパンフレットを作成し，全国の学校や教育委員会等へ配布しているもの。アの総合労働相談コーナー(都道府県労働局総務部)は，勤めた会社で何か問題が起きたときに，専門の相談員がいろいろな相談に乗り，問題解決のための支援をする機関。イの公共職業安定所(ハローワーク)は，職業の紹介や失業したときの失業給付金の支給などを行うほか，公共職業訓練のあっせんや，会社を辞めたくなったようなときの相談にも応じる機関。エの職業能力開発促進センターは，求職者などに，就職に向けて必要な知識・技能を身につけるための職業訓練を実施する機関。

【２】(1)　① エ　② ス　③ キ　④ コ　⑤ シ　⑥ ウ　⑦ イ　(2)　① ア　② ケ　③ ウ　④ ク　⑤ オ

〈解説〉(1)　設問文の冒頭，「生活の営みに係る見方・考え方を働かせ…」に示される視点は，小中高の家庭科のすべての内容に共通する視点である。教科の目標は，特にしっかり確認しておきたい。⑥について，新学習指導要領で「協働」という語句が初めて使われた。改訂前の学習指導要領より明確に地域の人々との関わりを推し進める語句である。⑦の「継承」は，新学習指導要領で，新たに加わった「生活文化の継承・創造」の視点である。　(2)　設問文の箇所に続いて，「これまで以上に生徒や学校，地域の実態等を考慮し，創意工夫を生かしつつ，全体として調和のとれた具体的な指導計画を作成することが重要である」と明記されている。

【3】(1) ① A 生命　B リズム　C 食文化　D 五大栄養素
② ⑦ たんぱく質　④ ビタミンA　⑦ ビタミンC　④ 炭
水化物　③ ⑦ E　⑦ C　⑦ D　⑦ B　④ 約9kcal
⑤ (c)　⑥ ア 鉄　イ ナトリウム　(2) ① A 一汁三菜
B 魚介　C うま味　② ⑦ 持ち味　④ 盛りつけ
⑦ 行事食　③ ・焼く　・煮る　・蒸す　・揚げる　・炒め
る　④ 主なエネルギー源であるタンパク質，脂質，炭水化物が，
それぞれ食事全体のエネルギーに占めるパーセントを示したもの。
(3) ① 食品群…2群　栄養素…無機質　② 実験方法…1) 透
明なコップに食品と水を入れる。　2) ヨウ素溶液を1滴ずつスポイ
ドで加えかき混ぜ，色が消えるかどうかを見る。　理由…ビタミンC
は酸化されやすく，ヨウ素を還元して無色にする。　食品名…キウイ
フルーツ　③ (A) 旬・栄養バランス　(B) 1) 昆布を30分間
水につける。鍋に火をかけ，沸とう直前に昆布を取り出す。　2) 沸
とうしたらかつお節を入れ，再び沸とうしたら火を止める。　3) か
つお節が沈んだら，うわずみをこし器でこす。　(C) イ
(4) ① いちょう切り　② ささがき
〈解説〉(1) ① Dについて，生命を維持するには，五大栄養素の他に，
　栄養素ではないが水が不可欠。　②・③　中学校では，6つの食品群
　を学ぶ。1群は魚・肉・卵・豆・豆製品，2群は牛乳・乳製品・海藻・
　小魚類，3群は緑黄色野菜，4群は淡色野菜・果物，5群は穀類・イモ
　類・砂糖，6群は油脂である。　④　たんぱく質の1グラムあたりの発
　生エネルギーは，約4kcal，炭水化物も約4kcalである。　⑤ (a)は亜
　鉛不足による。(b)はヨウ素の過剰摂取による。(d)はビタミンC不足に
　よるもの。　⑥　栄養素に関しては，効能と欠乏・過剰摂取による障
　害をまとめておくとよいだろう。アについて，鉄分を多く含む食品と
　しては，レバーのほかに肉や魚介類がある。イのナトリウムは，食塩
　として摂取されている。ナトリウムの過剰摂取は，生活習慣病を引き
　起こす。　(2) ①　Aの「一汁三菜」は，栄養バランスに優れた食生
　活パターンである。Cのうま味は，主に昆布のグルタミン酸や，鰹節

のイノシン酸などによる。　②　設問の和食の特徴については，農林水産省が作成した国民向けパンフレット『和食：日本人の伝統的な食文化』に掲載されている。　③　中学校での調理法は，「煮る，焼く，蒸す等」と定められている。　④　日本人の適正な比率は，P：F：C＝13〜20：20〜30：50〜65とされている。このバランスで食事をすると，代謝が起こりやすく，からだ自体の老化を遅らせ，疲れにくいからだになるといわれる。　(3)　①　牛乳・乳製品小魚・海藻類が不足している。　②　この実験はビタミンCの還元作用によって，茶色いヨウ素が透明なヨウ化物イオンになることを利用している。りんご・バナナ・キウイフルーツの中で一番ビタミンC含有量が少ないのは，りんごである。　③　(A)　解答以外では，3食のうち，夕食に占める食事内容が重すぎる。夕食は軽めの内容のほうが健康上よい。(B)　昆布の下処理について，昆布の表面はぬれ布巾で拭くが，表面に白い粉みたいなものが付着しているのは，うま味成分なので拭き取らない。短時間でうま味が出るように，あらかじめ昆布に数本の切れ目を入れておくとよい。　(C)　2群のうち，「小魚・海藻類」の補給はできているので，不足しているのは牛乳・乳製品。牛乳・乳製品がメニューにあるのは「イ」である。　(4)　切り方については，中学校学習指導要領(平成29年告示)解説技術・家庭編では，「安全な包丁の使い方を知り，食べられない部分を切除し，食べやすさ，加熱しやすさ，調味料のしみ込みやすさ，見た目の美しさなどを考えて適切に切ることができるようにする」とある。

【4】(1)　①　オ　②　イ　③　キ　④　コ　⑤　サ
　　⑥　ク　(2)　①　ウ　②　イ　③　オ　④　ク
　　(3)　①　イ　②　エ　③　ウ
〈解説〉(1)　②　2005年施行の個人情報保護法は，個人情報保護委員会作成の『個人情報保護法ハンドブック』によれば，「消費者が安心できるように，企業や団体に個人情報をきちんと大切に扱ってもらった上で，有効に活用できるよう共通のルールを定めた法律」である。

③　フィッシングは，金融機関などを装ってメールを送り，個人情報を盗む詐欺である。メールから偽サイトに誘導，そこで個人情報を入力させるのが一般的な手口である。　⑥　製造物責任法はPL法ともいう。製造物の欠陥によって生命・身体または財産に損害を受けた場合，被害者が製造者に損害賠償を求めることができる。　(2)　②　1987年に「環境と開発に関する世界委員会」で公表された報告書「我ら共有の未来」の中心概念として「持続可能な開発(サステイナブルデベロップメント)(sustainable development)」が提案された。　③　ハンガーマップは，全人口の35％以上が栄養不足である国を赤く色づけしているが，該当国はアフリカの国々が多い。　(3)　①は省エネ性マーク，②はエコマーク，③はJASマーク。

【5】(1)　①　乳児　　②　幼児　　③　児童　　(2)　①　イ→ウ→オ→エ→ア　　②　エ→オ→ウ→ア→イ　　(3)　①　保育所　　②　認定こども園　　③　児童館　　④　子育て支援センター
(4)　①　児童憲章　　ア　人　　イ　社会の一員　　ウ　よい環境
②　子どもの権利条約　　(5)　①　機能遊び　　②　想像遊び
③　受容遊び　　④　構成遊び　　(6)　①　・年齢ごとの幼児の特徴
・幼児と関わる上での注意点　　②　・正しい言葉遣いをする
・つめを切っておく
〈解説〉(1)　設問の「乳児期→幼児期→児童期→青年期→壮年期→高齢期」は，人の一生を成長・発達の節目ごとに区分したもので，それぞれの段階のことをライフステージという。　(2)　①　「からだ・運動の発達」は「粗大な運動」の発達順序を考えるとわかりやすい。仰向けに寝ている赤ちゃんが寝返りを打つようになり，お座りができ，ハイハイができ，一人で立つようになり，最後には一人で歩行できるようになる。エの「階段を登る」，アの「けんけんをする」は，歩行ができた後の発達である。「けんけん」は片足の動作なので一番後の発達である。　②　社会性は，人に対して示すさまざまな反応やはたらきかけである。乳児期の「エ　顔を見つめる」，「オ　笑いかける」な

225

どのアタッチメントから自我が芽生える。思いやりを持ったり，友達に合わせて行動することができるようになり，「ウ　バイバイをする」，「ア　大人のまねをする」などができるようになる。小学校入学までに「イ　一人で歯磨きをする」などの基本的生活習慣も身につく。(3)　④の子育て支援センターは，地域子育て支援拠点事業の一つとして位置づけられており1993年度に創設された。　(4)　①　児童憲章は児童福祉に対する国民の意識を啓発するために制定され，5月5日は，「こどもの日」として祝日扱いである。　②　日本における児童福祉の流れは，1947年の児童福祉法，1951年の児童憲章，1994年の子どもの権利条約批准である。　(5)　表は心身の発達を促す「心の発達」からみた遊びの分類で，ビューラーが提唱した。表の他にブランコや滑り台などをして遊ぶ「運動遊び」がある。　(6)　幼児とのふれ合いは，自分自身の成長を振り返るきっかけになり，子どもの発達について直接学ぶことができるよい機会である。②については他にも，動きやすい服装などに気をつける，健康管理に気をつけるなどもある。

【6】(1)　①　保健衛生上のはたらき　　②　生活活動上のはたらき　③　社会生活上のはたらき　　(2)　①　上糸の状態…上糸の調子が強い　　調節方法…上糸調節装置を左に回し調子を弱くする。　②　上糸の状態…上糸の調子が弱い　　調節方法…上糸調節装置を右に回し調子を強くする。　　(3)　A　イ　　B　オ　　C　ア　　D　ウ　(4)　A　ウ　　B　イ　　C　ア　　(5)　①　A　サイズ表示　B　組成表示　　C　取扱い表示　　②　ウ，カ　　(6)　①　カ　②　エ　　③　ア　　④　オ

〈解説〉(1)　中学校学習指導要領(平成29年告示)解説技術・家庭編では，衣服の機能(はたらき)について，「健康・快適・安全，生活文化の継承などの視点から考えることが大切である」，「社会生活を営む上での機能を中心に扱い，日本の伝統的な衣服である和服について触れること」としている。　(2)　正常な縫い目は，上糸と下糸の縫い目が布の厚みの中央部分で交わる。　(3)　A　原料に「あま」，性質に「冷感」の語

句があることから，該当するのは麻である。　B　原料写真が繭であることがわかれば絹である。　C　再生繊維であることからキュプラ，レーヨンが考えられ，性質が「ぬれると極端に弱くなり…しわになりやすい」とあるのでレーヨンが適当である。　D　合成繊維は選択肢の中でポリエステルしかない。　(4)　汚れが落ちるのは，界面活性剤の親油基が布の表面の汚れに浸透し(A「浸透作用」)→汚れを乳化作用によって分散し(B「乳化・分散作用」)→汚れが再付着しないように防止する(C「再付着防止作用」)からである。　(5)　①　サイズ表示，組成表示，取扱い表示は頻出である。表示の意味を理解しておきたい。②　ウの底面温度は200℃ではなく，正しくは150℃である。カは，特別の性能についての記載で「はっ水(水をはじきやすい)」が正しい。(6)　④のタンブル乾燥の排気温度を中央の「・」で表わす。丸1つは，排気温度上限60℃である。

【7】(1)　①　イ　　②　エ　　③　ウ　　④　ア　　⑤　オ
(2)　和室…・部屋を時や場合に応じて，さまざまな目的に使える。洋室…・部屋の利用目的に合わせて家具が必要である。　(3)　・バリアフリーは，体の不自由な人々や高齢者が生活を営む上で支障がないように製品や環境を設計すること。　　・ユニバーサルデザインは，体の不自由な人々や高齢者だけを対象とするのではなく，みんなにとって可能な限り最大限に使いやすい製品や環境を設計すること。
(4)　・照明を明るくする。　　・手すりをつける。　(5)　音　(6)　間取り図A…用途ごとに分かれたどの部屋もドアで閉ざされるので，他の人の動きや様子に関わらず過ごすことができる。　　間取り図B…吹き抜けと階段が居間・食堂の中にあって，1階と2階の生活をつないでおり，他の人の動きや様子がよくわかる。
〈解説〉(1)　住居は，家族の日常生活の拠点であり，生活行為に応じた住空間がつくられている。住空間を考える際には，家族のつながりと個人のプライバシーに配慮することが大切である。　(2)　洋室にはない特徴として，和室には，畳の調湿・断熱効果，防音効果や空気清浄

効果がある。　(3)　2006年に「バリアフリー新法(高齢者，障害者等の移動等の円滑化の促進に関する法律)」が制定された。ユニバーサルデザインは，特定の障壁を解消するというバリアフリーから一歩進んだ発想で，さまざまな商品やサービス，建物，交通機関など，あらゆる分野に用いられている。　(4)　解答の他に，「転倒・転落」を防止するには，玄関マットやカーペットなどの敷物の端がめくれないようにする，階段などに滑り止めの処置をする，各部屋の段差をなくす，浴室の床は滑らないような加工をするなどがある。「誤えん」については，口の中を水分で潤して食べ物を口に入れること，ゼリー状のものやとろみをつけた調理法の活用などが考えられる。　(5)　温度，湿度，換気(風通し)などの空気に関することのほか，光(明るさ)や音がある。光については太陽を活用した採光，日照調節がある。快適な住環境を整えるために「建築基準法」や「都市計画法」が定められている。(6)　子どもを持つ親にとっては間取り図Bは子どもの様子がわかり，コミュニケーションが取りやすい。

【高等学校】

【１】(1)　①　公の性質　　②　イ　　(2)　①　オ　　②　ウ
(3)　①　総合　　②　協力　　③　主体　　④　産業　　⑤　生活産業　　⑥　生活

〈解説〉(1)　教育基本法は，教育を受ける権利を国民に保障した日本国憲法に基づき，日本の公教育の在り方を全般的に規定する法律。法制定の由来と目的を明らかにし，法の基調をなしている主義と理想とを宣言する前文と18の条文から構成され，出題の第6条は学校教育について定めている。文部科学省は「公の性質を有する」の意味について，「広く解すれば，おおよそ学校の事業の性質が公のものであり，それが国家公共の福利のためにつくすことを目的とすべきものであって，私のために仕えてはならないという意味とする。狭く解すれば，法律に定める学校の事業の主体がもともと公のものであり，国家が学校教育の主体であるという意味とする。」としている。　(2)　キャリア教

育リーフレットは文部科学省のシンクタンクである国立教育政策研究
所がキャリア教育のさらなる充実に資するため，実践に役立つパンフ
レットを作成し，全国の学校や教育委員会等へ配布しているもの。ア
の総合労働相談コーナー(都道府県労働局総務部)は，勤めた会社で何
か問題が起きたときに，専門の相談員がいろいろな相談に乗り，問題
解決のための支援をする機関。イの公共職業安定所(ハローワーク)は，
職業の紹介や失業したときの失業給付金の支給などを行うほか，公共
職業訓練のあっせんや，会社を辞めたくなったようなときの相談にも
応じる機関。エの職業能力開発促進センターは，求職者などに，就職
に向けて必要な知識・技能を身につけるための職業訓練を実施する機
関。　(3)　②③について，問題文の「…男女が協力して主体的に家庭
や地域の生活を創造する…」は，男女共同参画社会の推進を踏まえた
文言である。⑤の「生活産業」とは，食生活，衣生活，住生活，保育，
家庭看護や介護にかかわる産業のこと。

【2】(1)　喃語　　(2)　母乳　　(3)　初乳　　(4)　ホルモン名…オキシ
　　トシン　　作用…母乳の分泌を促し，子宮筋を収縮させる　　(5)　消
　　化器が未発達で胃の容量が小さいため，3回の食事だけでは必要なエ
　　ネルギーや水分をとることができないため　　(6)　第一反抗期
　　(7)　②　　(8)　ウ→イ→エ→ア　　(9)　①　身体的虐待　　②　ネ
　　グレクト　　(10)　②　　(11)　①　2003年(平成15年)　　②　くるみ
　　ん　　(12)　①　粗大　　②　微細　　(13)　ウ→ア→イ
〈解説〉(1)　言葉は，まず喃語にはじまり，その後指さし，一語文，二
　　語文，多語文と発達していく。　(2)　母乳は免疫物質を含み，消化し
　　やすいなど，優れた栄養源である。　(3)　初乳は栄養価の高いたんぱ
　　く質や感染の抵抗力となる免疫物質を豊富に含む。無機質にも富み，
　　その働きにより腸の動きが活発になり胎便が出てくる。　(4)　オキシ
　　トシンは，子宮収縮を促進するので，子宮を早く回復させる助けにな
　　る。　(5)　間食の配分は，総エネルギーに対して10〜20%が目安とさ
　　れる。　(6)　精神発達の過程で，著しく反抗的態度を示す時期を反抗

期という。設問の第一反抗期と，青年前期の第二反抗期がある。

(7)　①は，「生後2〜3日ころ」が正しい。③は，「乳歯は，20本」が正しい。④について，出生時の脳の重さは大体400g程度。体重は約3000gとして，「体重の約13％」が正しい。　(8)　パーテンが示した乳幼児の遊びの分類である。問題では「並行遊び→集団遊び」であるが，更に細かく分けると「並行遊び→連合遊び→協同遊び」となる。

(9)　②のネグレクトは，育児放棄・育児怠慢・監護放棄のことをいう。

(10)　②の流行性耳下腺炎は任意接種。ポリオと百日ぜきはジフテリア・破傷風とともに四種混合として接種する。　(11)　本法律は，2014年度末までの時限立法だったが，有効期限が2025年まで延長になった。

(12)　粗大運動の具体例は，仰向けに寝ていた赤ちゃんが，自立歩行ができるまでの運動発達があげられる。粗大運動から微細運動へと発達していく。　(13)　最初は，ウに該当する「熊の手把握(熊手でかき寄せる様にしてつかむ)」→「手のひら把握」→アに該当する「猿の手把握(親指が余り利かず主に4本の指でつかむ)」→イに該当する「親指と相対する2本指(3本指)でつまむ」という順序で発達する。

【3】(1)　①　ア　生理的　　イ　心理的　　ウ　寸法　　②　被服気候　　(2)　①　おくみ　　②　かけえり　　(3)　ポリエステル
(4)　③　　(5)　ファストファッション
(6)

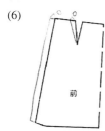

(7)　繊維の断面は三角形で，なめらかな感触をしており，紫外線にあたると黄変する。　(8)　洗剤は中性洗剤を使用し，つかみ洗いや押し洗いなどやさしく洗い，日陰で平干しにする。　(9)　①　目打ち②　指が届かないところを押えたり，角を引き出して整えたりすると

きなどに使用する

〈解説〉(1) ① 「身体的・(ア)な面」は着心地の良さをいっているので，「生理的」の語句が適当である。「社会的・(イ)な面」は，職業や社会的地位，儀式での服をイメージすると，「心理的」がふさわしい。 ② 被服気候は，温度32±1℃，湿度50±10％RHに保たれているときが快適であるとされている。 (2) 和服のそれぞれの名称は頻出なので頭に入れておくこと。 (3) グラフからほとんど吸水性がないことがわかる。語群の中では，毛は吸水性が高いので該当外，アセテートやレーヨンは半合成繊維や再生繊維で原料は，木材・パルプであることから吸水性はある程度ある。 (4) アイロンの温度表示は低温110℃。①の綿は高温，③のアクリルは中温。 (5) ファストファッションの「ファスト」は「早くて安い」を表現していて，「ファストフード」が語源となっている。 (6) 太もも周りのサイズが不足しているので，不足分を脇で並行に出す。ウエストサイズの過不足はないのにウエストサイズが増えるので，増えた分を解消するため，ダーツ分量を多くとる。 (7) 繊維断面が丸みのある三角形なのは，絹だけである。 (8) ウール製品を普通の弱アルカリ性洗剤で洗うと縮む。 (9) 解答以外では，縫い目をほどく時に使う。

【4】(1) ① 床座 ② 椅子座 (2) ① 鴨居 ② 欄間 ③ ふすま (3) ・出入り口をふさがないように配置する。 ・家具の上にものを積み重ねない。 ・家具の転倒防止をする。 ・家具や物の量を減らす。 から2つ。 (4) エコマテリアル (5) ① ウ ② ア ③ イ (6) ア 引き込み戸 イ 片開き窓 ウ 浴槽

〈解説〉(1) 床座の食事様式から，椅子座スタイルに移行し，食寝分離となった。 (2) 高等学校新学習指導要領では，「生活文化の継承」が重視されているため，伝統的な住まいである日本間の建具の各名称を覚えておくとよい。 (3) 解答のほかにも，倒れる家具は寝室には置かない，家具をつくりつけにするなどが考えられる。 (4) エコマ

テリアルの例として，リサイクルできる材料や有害物質を含まない材料のほか，少ないエネルギーやクリーンな条件で製造できる材料，汚れた水や空気をきれいにする材料などがある。　(5)　①　「制振ダンパー」から，制震構造だとわかる。　②　建物の構造自体が，地震に耐えられるような強度で作られている構造のことを耐震構造という。　③　免震構造は，問題文にあるように，建物と地盤の間に「積層ゴムや滑り支承，ダンパーなど」特殊な装置をつけ，揺れを建物に直接伝えないようにした構造のこと。　(6)　ア　引き込み戸は，開けたとき，戸が壁などに隠れる。　イ　片開き窓は，窓枠の左右どちらかを軸として開閉するタイプの窓。

【5】(1)　①　国民年金　②　厚生年金　③　25　④　65
(2)　地域包括支援センター　(3)　a　高齢者同士で介護をすること。
b　認知症同士で介護をすること。　(4)　①　脳血管性認知症
②　記銘力　③　見当識障害　(5)　①　自助　②　公助
③　共助　④　ノーマライゼーション　⑤　共生社会　⑥　バリアフリー　⑦　ユニバーサルデザイン　(6)　②
〈解説〉(1)　④について，支給年齢は65歳であるが，希望すれば受給時期の繰り下げや繰り上げが可能。　(2)　地域包括支援センターは，介護保険法に規定された施設で，地域住民の保健・福祉・医療の向上などを総合的に行う機関。各市町村に設置されている。　(3)　平均寿命が延びるにつれ，介護される人だけでなく，介護する人も高齢になってきており，老老介護，認認介護は社会問題となっている。　(4)　脳血管性認知症は，認知症全体の約20％を占め，アルツハイマー型認知症は，認知症の半数以上を占める。　(5)　共生社会の基盤になるのが，ノーマライゼーションの考え方である。ノーマライゼーションを具体的に推進するものがユニバーサルデザインである。従来からあるバリアフリーとの区別をつけておくこと。　(6)　②は「麻痺のないほうの足を軸に」が正しい。

【6】(1) ① 住民基本台帳 ② イ 世帯 ウ 国勢調査
(2) ④ (3) ファミリー・フレンドリー企業 (4) ① ○
② ○ ③ × ④ ○ ⑤ ×

〈解説〉(1) 住民基本台帳は，自治体が持つ住民の情報。以前は原則公開だったが，2005年の個人情報保護法施行後は，弁護士による職務上の請求や，世論調査，学術研究など公共・公益目的の閲覧に限定された。 (2) ④は「養親の親権に服さない」が間違いで，親権者は養親になる。 (3) ファミリー・フレンドリー企業は，厚生労働省が認定・推奨している。 (4) ③について，親族とは「6親等内の血族，配偶者，3親等内の姻族」である。⑤について，平成23年の30〜34歳における週全体の家事関連時間は，男性44分，女性4時間19分である。諸外国と比較しても日本の男性の家事関連時間は，先進国中最低の水準である。

【7】(1) ① オ ② ウ ③ イ ④ ア ⑤ エ
(2) ① a ② a ③ a ④ b ⑤ a (3) ① B
② 一番多くたんぱく質を含んでいる強力粉は水を加えてこねるとグルテンを多く形成するため，よく伸びる生地となるから。
(4) A ア C オ E エ (5) ① 有機JASマーク
② 農薬や化学肥料を使用せずに栽培された有機農産物や有機農産物加工食品などにつけられる。 (6) ① 単糖 ② グリコーゲン
③ ピルビン酸 ④ アセチルCoA ⑤ 二酸化炭素 (7) スパゲッティの10倍程度の湯に1.5%程度の塩を加えゆでる。しばらくゆでたのち，1本とり指で切ってみて，少し芯が残る状態(アルデンテ)でざるにあげる。 (8) 水溶きかたくり粉を加えて沸騰させ，でんぷんを完全に糊化させた後，卵を加える。卵を加えた後，沸騰前にかき混ぜない。 (9) ① いちょう切り ② イ (10) ① 2
② 216ml

〈解説〉(1) ① 特別用途食品として食品を販売するには，消費者庁の許可が必要。 ② 薬効を期待させる健康食品が氾濫しており，消費

者側のニーズも高いことから保健表示ができる食品を保健機能食品とした。　⑤　機能性表示食品は2015年に食品表示法に基づいて新しく制度化された。国が安全性と機能性の審査を行っているものではない。
(2)　⑤について，じゃがいもやサツマイモに含まれるビタミンCは，でんぷんに包まれているため加熱しても壊れにくいという特徴がある。可食部100g当たり，さつまいものビタミンCの量は29mg，じゃがいも35mg。　(3)　小麦粉のたんぱく質の主なものは，グルアジンとグルテニンで水を加えて練るとこれらのたんぱく質が絡み合い，グルテンが形成され，粘りと弾力が出る。この性質を利用して種々の調理や加工が行われている。なお，上新粉は米粉のこと。　(4)「E」は，主菜の位置。問題の料理の組み合わせでは焼き物が主菜であるが，「飯・汁・刺身・煮物・酢の物」の場合は，刺身が主菜となる。配膳の仕方は頻出なので頭に入れておくこと。　(5)　JASマークは，国が認めたマーク。このマークがついている食品は基準以上の品質がある。他にも，特定JASマーク，生産情報公表JASマークがある。　(6)　③のピルビン酸がアセチルCoAになる過程で，ビタミンB_1が必要である。
(7)　ゆで方には水からゆでる方法と，沸騰してから材料を入れてゆでる方法があるが，スパゲッティは沸騰してからゆでる。　(8)　片栗粉(でんぷん)に，完全に火が通ったら汁は透明になる。汁が沸騰しているのを確認してから卵液を入れる理由は，卵の凝固温度(黄身65～70℃，白身約80℃)より高い温度まで汁を加熱すると卵液はすぐに凝固し表面に浮くため。　(9)　アの「柳川鍋のごぼう」はささがき，ウの「みそ汁のネギ」は小口切り。　(10)　①　塩小さじ1＝6g。しょう油に換算すると6×5＝30。したがって大さじ2。　②　1合＝180cc。水の量はお米の容量の1.2倍なので，180×1.2＝216ml。新米の場合は，米に含まれる水分量が多いので幾分少なめにする。

【8】(1)　消費者契約法　　(2)　法定　　(3)　イ，エ　　(4)　SGマーク
(5)　①　5年　　②　○　　③　スキミング　　④　リボルビング払い　⑤　ネガティブオプション　　(6)　リペア　　(7)　エシカル消

費　(8)　①　フェアトレード　②　LCA(ライフサイクル・アセスメント)

〈解説〉(1)　消費者契約法とは，悪質な事業者から消費者を保護する法律で，不当な勧誘によって消費者が事実を誤認したり，困惑した状況で結ばれた契約を取り消せる。適用対象は，消費者と事業者との間で締結されたすべての契約である。　(2)　法定代理人とは，法律に基づき任命される代理人のことで，親権者・後見人などがこれに当たる。(3)　イの連鎖販売取引はマルチ商法のこと。エの業務提供誘因販売取引は，仕事のあっせんを口実に，仕事に必要であると偽り，商品などを買わせるやり方である。　(4)　SGマークの製品の欠陥による事故には，損害賠償を請求できる。　(5)　①の消費者基本計画は，消費者基本法に基づき，政府が消費者政策の計画的な推進を図るために定めた基本的な計画のこと。③の「フィッシング」は，金融機関などを装ってメールを送り，個人情報を詐取すること。メールのリンクから偽サイトに誘導，そこで個人情報などを入力させる。④の「分割払い」は，分割回数が多くなるほど手数料(金利)高くなる。⑤の文はネガティブ・オプションについてのもので，送りつけ商法とも言われる。支払ってしまうと返金交渉は困難。　(6)　5Rは，「リフューズ＝断る(ごみになるものを断る)」，「リデュース＝発生抑制(ごみを発生させない)」，「リユース＝再使用(ものを繰り返し使う)，「リペア＝修理(ものを修理して使う)」，「リサイクル＝再生利用(資源として再生利用する)」である。　(7)　エシカル消費(倫理的消費)は，消費者庁によると，2015年に国連で採択された持続可能な開発目標(SDGs)のゴール12に関連する取り組みである。　(8)　①　フェアトレードは，発展途上国で作られた作物や製品を適正な価格で継続的に取引することによって，生産者の持続的な生活向上を支える仕組みのこと。　②　ISO 14001を取得すると，環境保全に貢献している企業とみなされる。

2019年度　実施問題

【中学校】

【１】次の各問いに答えなさい。

(1)　次の①～⑤の文章は，教育に関係する法令に記載された条文の一部である。①～⑤が記載された法令として最も適切なものを，下のア～コからそれぞれ1つずつ選び，記号で答えなさい。

①第11条　校長及び教員は，教育上必要があると認めるときは，文部科学大臣の定めるところにより，児童，生徒及び学生に懲戒を加えることができる。ただし，体罰を加えることはできない。

②第30条　地方公共団体は，法律で定めるところにより，学校，図書館，博物館，公民館その他の教育機関を設置するほか，条例で，教育に関する専門的，技術的事項の研究又は教育関係職員の研修，保健若しくは福利厚生に関する施設その他の必要な教育機関を設置することができる。

③第94条　地方公共団体は，その財産を管理し，事務を処理し，及び行政を執行する権能を有し，法律の範囲内で条例を制定することができる。

④第4条　すべて国民は，ひとしく，その能力に応じた教育を受ける機会を与えられなければならず，人種，信条，性別，社会的身分，経済的地位又は門地によって，教育上差別されない。

⑤第52条　小学校の教育課程については，この節に定めるもののほか，教育課程の基準として文部科学大臣が別に公示する小学校学習指導要領によるものとする。

ア　日本国憲法　　　　　イ　教育基本法
ウ　学校教育法　　　　　エ　学校教育法施行令

　　オ　学校教育法施行規則　　カ　学校図書館法
　　キ　地方教育行政の組織及び運営に関する法律
　　ク　社会教育法　　　　　　ケ　地方公務員法
　　コ　教育公務員特例法

(2)　次の文章は，中学校学習指導要領(平成29年3月告示)第1章総則で
　　示された，各教科等の指導に当たり配慮する事項の一部である。
　　(①)～(⑤)にあてはまる最も適切な語句を答えなさい。

　　　第1の3の(1)から(3)までに示すことが偏りなく実現されるよう，
　　単元や題材など内容や時間のまとまりを見通しながら，生徒の主体
　　的・(①)で深い学びの実現に向けた授業改善を行うこと。

　　　特に，各教科等において身に付けた(②)及び技能を(③)
　　したり，思考力，(④)，表現力等や学びに向かう力，人間性等
　　を発揮させたりして，学習の対象となる物事を捉え思考することに
　　より，各教科等の特質に応じた物事を捉える視点や考え方(以下
　　「見方・考え方」という。)が鍛えられていくことに留意し，生徒が
　　各教科等の特質に応じた見方・考え方を働かせながら，(②)を
　　相互に関連付けてより深く理解したり，(⑤)を精査して考えを
　　形成したり，問題を見いだして解決策を考えたり，思いや考えを基
　　に創造したりすることに向かう過程を重視した学習の充実を図るこ
　　と。

　　　　　　　　　　　　　　　　　　　　　　　(☆☆☆◎◎◎)

【2】中学校学習指導要領技術・家庭編(平成20年9月)に関する，次の各
　　問いに答えなさい。

(1)　次の文章は「技術・家庭科の目標及び内容」における，家庭分野
　　の目標とその内容の一部である。(①)～(⑧)に入る最も適切
　　なものをあとのア～ツからそれぞれ1つずつ選び，記号で答えなさい。

1　目標

　　衣食住などに関する実践的・(　①　)な学習活動を通して，生活の(　②　)に必要な(　③　)・基本的な知識及び技術を習得するとともに，家庭の(　④　)について理解を深め，これからの生活を展望して，課題をもって生活をよりよくしようとする(　⑤　)と態度を育てる。

2　内容

　B　食生活と自立

　(1)　中学生の食生活と栄養について，次の事項を指導する。

　　　ア　自分の食生活に関心をもち，生活の中で食事が果たす役割を理解し，健康によい(　⑥　)について考えること。

　　　イ　栄養素の種類と働きを知り，中学生に必要な栄養の特徴について考えること。

　(2)　日常食の献立と食品の選び方について，次の事項を指導する。

　　　ア　食品の栄養的特質や中学生の1日に必要な食品の種類と概量について知ること。

　　　イ　中学生の1日分の献立を考えること。

　　　ウ　食品の品質を見分け，用途に応じて(　⑦　)できること。

　(3)　日常食の調理と(　⑧　)の食文化について次の事項を指導する。

　　　ア　基礎的な日常食の調理ができること。

　　　イ　(　⑧　)の食材を生かすなどの調理を通して，(　⑧　)の食文化について理解すること。

　　　ウ　食生活に関心をもち，課題をもって日常食又は

> （　⑧　）の食材を生かした調理などの活動について
> 工夫し，計画を立てて実践できること。

ア	学習	イ	選択	ウ	能力	エ	体験的
オ	知識	カ	目標	キ	自立	ク	食習慣
ケ	工夫	コ	基礎的	サ	技能	シ	機能
ス	持続	セ	地域	ソ	健康	タ	総合的
チ	日本	ツ	調理				

(2) 次の文は，「指導計画の作成と内容の取扱い」における，指導計画の作成に当たっての配慮事項の一部である。（　①　）～（　⑤　）に入る最も適切なものを下のア～コからそれぞれ1つずつ選び，記号で答えなさい。

・各項目及び各項目に示す事項については，相互に（　①　）な関連を図り，総合的に展開されるよう適切な題材を設定して計画を作成すること。その際，小学校における学習を踏まえ，他教科等との関連を明確にして，（　②　）・発展的に指導ができるよう配慮すること。

・生徒が学習した知識及び技術を生活に（　③　）できるよう，問題解決的な学習を充実するとともに，家庭や地域社会との連携を図るようにすること。

・家庭分野の内容の「A家族・家庭と子どもの成長」から「D身近な消費生活と環境」の各項目に配当する（　④　）及び履修学年については，（　⑤　），学校及び生徒の実態等に応じて，各学校において適切に定めること。

ア	知識及び技能	イ	学習	ウ	有機的	エ	題材
オ	地域	カ	思考	キ	系統的	ク	授業時数
ケ	活用	コ	題材数				

(☆☆☆◎◎◎)

【３】食生活に関する次の各問いに答えなさい。
(1)　次の①，②は，炭水化物について書かれたものである。(　Ａ　)
　　～(　Ｄ　)に当てはまる語句や数字をそれぞれ書きなさい。また，
　　(　Ｅ　)に当てはまる語句を下のア～エから選び，記号で答えなさい。
　①　炭水化物は，(　Ａ　)と食物繊維に分けられる。(　Ａ　)は，消
　　　化管で分解されて，体内でエネルギー源となり1g当たり約
　　　(　Ｂ　)kcalのエネルギーを発生する。食物繊維は，便秘の予防や
　　　血中(　Ｃ　)値の抑制に役立つ。食物繊維には，野菜に含まれる
　　　セルロースや，こんぶ，わかめなどの海藻に多く含まれる
　　　(　Ｄ　)などがある。
　②　食物繊維の分類として，水溶性のものは(　Ｅ　)である。
　　　ア　リグニン　　　イ　グアガム　　　ウ　イヌリン　　　エ　キチン
(2)　たんぱく質について次の①，②の各問いに答えなさい。
　①　たんぱく質を構成する必須アミノ酸として適切でないものを，
　　　次のア～オから1つ選び，記号で答えなさい。
　　　ア　イソロイシン　　　　　　　イ　グルタミン酸
　　　ウ　トレオニン(スレオニン)　　エ　フェニルアラニン
　　　オ　トリプトファン
　②　次のア～オの食品のうち，アミノ酸価が最も低いものを1つ選
　　　び，記号で答えなさい。
　　　ア　牛乳　　　イ　鶏胸肉　　　ウ　あじ　　　エ　精白米
　　　オ　大豆
(3)　次の①，②は卵の性質について書かれたものである。
　①　卵の性質について説明した次の文の(　ア　)～(　ウ　)に入る
　　　適切な語句を答えなさい。
　　　　卵はビタミン(　ア　)は全く含まないが，他の栄養素を豊富に
　　　含む，栄養価の高い食品である。
　　　　卵は調理性の一つに，「起泡性」があるが，これは(　イ　)をか
　　　くはんすると泡立つという性質で，調理例としてメレンゲなどが
　　　ある。(　ウ　)を加えると泡立ちが安定する。

② 温泉卵は，卵のどのような特性を活かして作られるのか。「卵白」という語句を用いて説明しなさい。

(4) 日本人の食事摂取基準について下の①～④の各問いに答えなさい。

> 食事摂取基準とは，(A)な個人または，集団を対象として，国民の(A)の保持・増進，(B)の予防を目的とし，エネルギー及び栄養素の摂取量の基準を示したものである。なお，食事摂取基準は，習慣的な摂取量の基準を示すものであり，「(C)当たり」を単位としている。
>
> 推定エネルギー必要量は身体活動レベル別に示されている。
>
> 栄養素については，(A)の保持・増進と欠乏症予防のために「推定平均必要量」と「推奨量」などの値が設定され，この2指標を設定することができない栄養素については，(D)が設定されている。
>
> また，過剰摂取による(E)を未然に防ぐことを目的として「耐容上限量」が設定され，さらに，(B)の一次予防を目的として食事摂取基準を設定する必要のある栄養素については「目標量」が設定されている。

① 空欄の(A)～(E)に入る最も適切な語句を答えなさい。

② 「日本人の食事摂取基準(2015年版)」の使用期間は何年間か答えなさい。

③ 12～14歳男子のカルシウム推奨量に最も近い量を次のア～オから1つ選び，記号で答えなさい。

　ア　60mg　　イ　100mg　　ウ　1000mg　　エ　60g

　オ　1000g

④ カルシウムの体内での働きとして，適切なものを次のア～ウからすべて選び，記号で答えなさい。

　ア　エネルギーになる　　イ　体の組織を構成する

　ウ　体の調子を整える

(5)　次の図は，食事バランスガイドを示したものである。図中の①に
　　あてはまる料理の組み合わせとして適切なものを下のア～エから1
　　つ選び，記号で答えなさい。

（厚生労働省・農林水産省決定）

　ア　目玉焼き，ハンバーグステーキ，うどん
　イ　焼き魚，豚肉のしょうが焼き，冷奴
　ウ　鶏肉のから揚げ，チーズ，納豆
　エ　野菜サラダ，きのこのソテー，ひじきの煮物

(6)　砂丘太郎さん(16歳)は，4人家族(父親47歳　母親42歳　妹13歳)で
　　ある。太郎さんは，夕食を準備したいと考えた。4人とも，身体活
　　動レベルはⅡ(ふつう)であるとし，次の各問いに答えなさい。

①　次の表は1日の食品群別摂取量のめやす(香川芳子案)である。表
　　をもとに，1日の魚介・肉，豆・豆製品，油脂の家族の平均摂取
　　量のめやすを計算しなさい。

食品群		第1群				第2群				第3群						第4群					
		乳・乳製品		卵		魚介・肉		豆・豆製品		野菜		いも		くだもの		穀類		油脂		砂糖	
	年齢	男	女	男	女	男	女	男	女	男	女	男	女	男	女	男	女	男	女	男	女
身体活動レベルⅠ（低い）	6~7歳	300	250	30	30	80	80	60	60	270	270	60	60	150	150	170	150	10	10	5	5
	8~9	330	330	50	50	100	80	60	60	300	300	60	60	150	150	210	180	10	10	10	10
	10~11	350	350	50	50	100	100	80	80	300	300	100	100	200	200	260	230	15	15	10	10
	12~14	400	350	50	50	140	120	80	80	350	350	100	100	200	200	310	280	20	20	10	10
	15~17	400	330	50	50	140	120	80	80	350	350	100	100	200	200	360	270	25	20	10	10
	18~29	300	250	50	50	140	100	80	80	350	350	100	100	200	200	330	200	20	15	10	10
	30~49	250	250	50	50	140	100	80	80	350	350	100	100	200	200	330	220	20	15	10	10
	50~69	250	250	50	50	140	100	80	80	350	350	100	100	200	200	290	200	20	15	10	5
	70以上	250	250	50	50	120	80	80	80	350	350	100	100	200	200	240	180	15	15	10	5
	妊婦初期		250		50		100		60		350		100		200		220		15		10
	妊婦中期		250		50		120		80		350		100		200		270		15		10
	妊婦後期		250		50		150		150		350		100		200		290		15		10
	授乳婦		250		50		150		150		350		100		200		260		15		10
身体活動レベルⅡ（ふつう）	1~2歳	250	250	30	30	60	60	40	35	180	180	50	50	100	100	110	100	5	5	3	3
	3~5	250	250	30	30	60	60	60	60	240	240	60	60	150	150	170	150	10	10	5	5
	6~7	300	250	50	50	80	80	60	60	270	270	60	60	150	150	200	180	10	10	10	10
	8~9	330	330	50	50	120	80	80	80	300	300	80	80	200	200	240	220	15	15	10	10
	10~11	350	350	50	50	140	100	80	80	350	350	100	100	200	200	290	260	20	20	10	10
	12~14	400	350	50	50	160	120	100	80	350	350	100	100	200	200	360	340	25	25	10	10
	15~17	400	330	50	50	160	120	100	100	350	350	100	100	200	200	420	320	30	25	10	10
	18~29	300	250	50	50	140	100	80	80	350	350	100	100	200	200	400	260	30	20	10	10
	30~49	250	250	50	50	140	100	80	80	350	350	100	100	200	200	400	270	30	20	10	10
	50~69	250	250	50	50	140	100	80	80	350	350	100	100	200	200	370	260	25	15	10	10
	70以上	250	250	50	50	120	80	80	80	350	350	100	100	200	200	320	220	20	15	10	10
	妊婦初期		250		50		100		60		350		100		200		280		20		10
	妊婦中期		250		50		150		80		350		100		200		310		20		10
	妊婦後期		250		50		150		150		350		100		200		350		20		10
	授乳婦		250		50		150		150		350		100		200		320		20		10
身体活動レベルⅢ（高い）	6~7歳	300	300	50	50	110	110	60	60	270	270	60	60	150	150	240	220	10	10	10	10
	8~9	330	330	50	50	140	110	80	80	300	300	60	60	200	200	280	260	15	15	10	10
	10~11	350	350	50	50	160	120	100	100	350	350	100	100	200	200	350	340	20	20	10	10
	12~14	400	350	50	50	180	140	100	100	350	350	100	100	200	200	430	400	25	25	10	10
	15~17	400	330	50	50	180	140	100	100	350	350	100	100	200	200	470	370	35	25	10	10
	18~29	300	250	50	50	170	100	100	100	350	350	100	100	200	200	460	310	35	25	20	10
	30~49	300	250	50	50	170	100	100	100	350	350	100	100	200	200	460	330	35	25	20	10
	50~69	300	250	50	50	140	100	100	100	350	350	100	100	200	200	420	320	30	20	10	10
	70以上	250	250	50	50	120	100	100	100	350	350	100	100	200	200	380	320	25	20	10	10
	授乳婦		250		50		150		150		350		100		200		380		25		10

② この日の朝食，昼食，間食は以下の内容であった。1日の食品群別摂取量のめやすを考えた場合，夕食の献立として最もふさわしいものをあとのア～エから選び，記号で答えなさい。また，その根拠を述べなさい。なお，献立名の後の(　)内は，食品群別に分類すべき材料のみの表記である。

＜朝食＞

　　トースト(食パン100g　バター10g)

　　ハムエッグ(ハム10g　卵50g　油2g)

　　野菜サラダ(トマト25g　きゅうり25g　レタス25g

　　　　　　　　　カリフラワー20g　サラダ油2g)

　　いちご(いちご100g)

　　ホットミルク(牛乳180g)

　　＜昼食＞
　　　おにぎり(白米100g)
　　　鶏肉のからあげ(鶏肉50g　揚げ油5g)
　　　付け合わせ野菜(ミニトマト15g　ブロッコリー10g)
　　　粉ふきいも(じゃがいも30g)
　　　五目豆(大豆20g　にんじん5g　ごぼう15g　れんこん15g
　　　　　　　こんにゃく20g　砂糖5g)
　　＜間食＞
　　　ミルクティー(牛乳150g　砂糖3g)
　　　ふかしいも(さつまいも50g)

　ア　ご飯(白米100g)
　　　豆腐と三つ葉のすまし汁(豆腐40g　三つ葉4g)
　　　白身魚のホイル焼き(かれい80g　しめじ15g　玉ねぎ25g)
　　　キャベツときゅうりの即席漬け(キャベツ30g　きゅうり
　　　　　　　　　　　20g)
　　　野菜の炊き合わせ(にんじん5g　ごぼう25g　しいたけ20g
　　　　　　　　　　　たけのこ40g　砂糖6g)
　　　オレンジ(100g)
　イ　パン(パン100g　バター5g)
　　　若鶏のソテー(鶏肉120g　バター3g)
　　　粉ふきいも(じゃがいも90g)
　　　トマトスープ(トマト50g　玉ねぎ20g　ベーコン5g
　　　　　　　　　　オリーブ油2g)
　　　ツナとミックスビーンズのサラダ(ツナ10g　レタス5g
　　　　　　　　　　　　　　　　ミックスビーンズ30g
　　　　　　　　　　　　　　　　サラダ油5g)
　　　プリン(卵30g　牛乳50g　砂糖10g)
　ウ　親子丼(米100g　鶏肉50g　玉ねぎ50g　三つ葉5g
　　　　　　卵50g)

　　　　なめこと豆腐の赤だし(豆腐40g　なめこ10g　ねぎ3g
　　　　　　　　　　　みそ10g)
　エ　ご飯(白米100g)
　　　　豆腐と三つ葉のすまし汁(豆腐40g　三つ葉4g)
　　　　ぶりの照り焼き(ぶり80g　大根30g　砂糖3g)
　　　　ほうれん草のおひたし(ほうれんそう80g)
　　　　野菜の甘酢漬け(かぶ15g　キャベツ25g　にんじん5g
　　　　　　　　　　セロリ5g　きゅうり20g　砂糖3g)
　　　りんご(100g)

(7)　①～③に示す切り方の名称を答えなさい。

(☆☆☆◎◎◎)

【4】消費生活と環境に関する次の各問いに答えなさい。

(1)　次の文は，消費生活・消費者を救済する制度や法律について説明
したものである。(　①　)～(　⑥　)にあてはまる最も適切なもの
をあとのア～サからそれぞれ1つずつ選び，記号で答えなさい。

・商品を売買するとき，現金を直接やり取りしないで支出したり，
収入を得たりする(　①　)の傾向が進んでいる。

・消費者の返済能力を信用して，お金を貸し出す金融サービスを
(　②　)というが，クレジットカードもその一つで，買い物や金
銭の借り入れが簡単にできるために，使い過ぎによる(　③　)に
陥る場合もあり，返済金額を正確に把握し，自分が返済できる額
と照合することが不可欠である。

・消費者の誤認や誤操作により問題が生じた場合，事業者がそれら
を防止するために，確認を求める措置をとっていないと消費者か

らの申し込み自体が無効になることなどを定めた(　④　)が2001年に制定された。

・消費者側から契約の解除や申し込みの撤回ができる(　⑤　)，訪問販売，通信販売，連鎖販売取引，訪問購入などのおもに無店舗販売での取引を規定した(　⑥　)などの消費者を救済する制度や法律がある。

　　　ア　クーリング・オフ制度　　　イ　電子消費者契約法
　　　ウ　消費のサービス化　　　　　エ　特定商取引法
　　　オ　多重債務　　　　　　　　　カ　電子商取引
　　　キ　消費者信用　　　　　　　　ク　製造物責任法
　　　ケ　キャッシュレス化　　　　　コ　消費者庁
　　　サ　消費者主権

(2)　次の文は，消費生活と環境について説明したものである。①～④が説明するものとして最も適切なものを下のア～クからそれぞれ1つずつ選び，記号で答えなさい。

①　発展途上国の労働者が労働に見合った賃金を得られるように，適正な価格で取引し，生産者の経済的な自立を支えるしくみ

②　環境に配慮した消費生活を実行する消費者

③　商品の製造，輸送，販売，使用，廃棄・再利用にいたるまで環境への影響を分析し，総合評価する手法

④　1993年に国，地方公共団体，事業者の責務とともに，日常生活にともなう環境への負荷の低減に努めることが国民の責務として示され，環境政策の総合的な枠組みが定められた

　　　ア　環境マネジメントシステム　　イ　循環型社会
　　　ウ　フードマイレージ　　　　　　エ　環境基本法
　　　オ　ライフサイクルアセスメント　カ　グリーンコンシューマー
　　　キ　循環型社会形成推進基本法　　ク　フェアトレード

(3)　次の暮らしの中のマークの名称を答えなさい。

(☆☆☆◎◎◎)

【5】家族・家庭と子どもの成長に関する次の各問いに答えなさい。

(1) 家庭と社会の関係に関する次の各問いに答えなさい。

① 男女が互いの人権を尊重し，責任を分かち合い，個性と能力を十分に発揮できる社会の実現に向け，制定された法律の内容を説明しているものを次のア～ウから1つ選び，記号で答えなさい。

> ア　男女が，社会の対等な構成員として，自らの意思によって社会のあらゆる分野における活動に参画する機会が確保される
>
> イ　募集・採用から定年・退職・解雇までの雇用の各分野において，男女平等とする
>
> ウ　育児・介護する労働者に関して休業制度・勤務時間短縮等の措置をとる

② 国民一人ひとりがやりがいや充実感を感じながら働き，仕事上の責任を果たすとともに，家庭や地域生活などにおいても，子育て期，中高年期といった人生の各段階に応じて多様な生き方が選択・実現できる社会を目指して，2007年に策定された憲章を答えなさい。

(2) 乳幼児期の子どもの発達に関する次の各問いに答えなさい。

① 生まれたときから，日々愛情深く，世話や感情のやりとりを重ねていくと，子どもと特定の人(親や保育者など)との間に強い心理的な一体感(情緒的絆)が生まれ，子どもの心に自分は愛され守られているという安心感が築かれることを何というか。

② 次の文は，乳幼児期における①の形成過程に関するものである。

次のア～エを①の形成過程の順に並べなさい。

> ア　自分をかわいがり，世話をしてくれる人に対してよく反
> 応するが，見知らぬ人に対しては人見知りをする。
> イ　恐い時や不安な時など以外は，いつも世話をしてくれる
> 人がいなくても泣かずに安心して過ごせる。
> ウ　人に関心を示し，人の顔を見たり，人の声を聞いたり，
> 人に抱かれたりすることを好み，誰に対しても同じような
> 反応を示す。
> エ　いつも世話をしてくれる人がいなくなると泣き出したり，
> 後を追ったりする。その人に抱き上げてもらうと泣き止む。

③　次の文は，子どもの生活習慣について説明したものである。
（　A　），（　B　）にあてはまる最も適切な語句を答えなさい。

　子どもの成長・発達には，日中に行動する安定した昼型の生活
リズムが必要です。その中で，生活習慣を学びます。生活習慣に
は，食べる，着る，排泄するなどの（　A　）生活習慣とあいさつ
をする，順番を守る，道路に飛び出さないなどの（　B　）生活習
慣があります。生活習慣の獲得には，粘り強い働きかけが必要で
す。

④　中学生と幼児とのふれ合い体験について，次の各問いに答えな
さい。

ア　「幼児とのふれ合い体験」の当日に，幼児の発達の特徴から，
安全面について，生徒自身に気を付けさせることは何か，２つ
答えなさい。

イ　幼児とよりよくコミュニケーションを図るためにどのような
工夫が必要か，２つ答えなさい。

（☆☆◎◎◎）

【6】衣生活に関する次の各問いに答えなさい。

(1) 和服について，次の各問いに答えなさい。

① 男性用のゆかたの着方について，次のア～エを適切な順に並べ，記号で答えなさい。

ア　上前を重ね，腰骨の高さで腰ひもを締める。
イ　帯を締める。
ウ　えり先をそろえて，背中心を決める。
エ　下前のえり先を左腰骨の位置に合わせる。

② 次の図は，女性用のゆかたを着装したものである。図中の A に該当する名称を下のア～オから一つ選び，記号で答えなさい。

ア　えり先　　　イ　くりこし　　　ウ　おはしょり
エ　身八つ口　　オ　けん先

(2) 衣服素材について，次の各問いに答えなさい。

① 次の図表は，ある繊維の顕微鏡写真とその特徴を示したものである。この繊維の名称として適切なものをあとのア～オから一つ選び記号で答えなさい。

繊維の形態	特徴
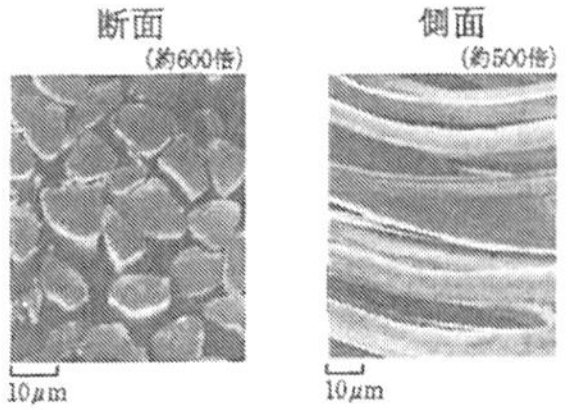 断面 （約600倍）　　側面 （約500倍） 10μm　　　　10μm	・断面が三角形で側面は平滑である。 ・細くて光沢があり，しなやかである。 ・吸湿性が高い。 ・虫害を受けやすい。 ・紫外線で黄変しやすい。

　　ア　綿　　イ　麻　　ウ　羊毛　　エ　絹　　オ　ポリエステル

②　次の図表は，織物の三原組織のうち斜文織について示したもの
　である。斜文織物の組み合わせとして適切なものを下のア～オか
　ら一つ選び記号で答えなさい。

拡大写真	組織図	主な用途
	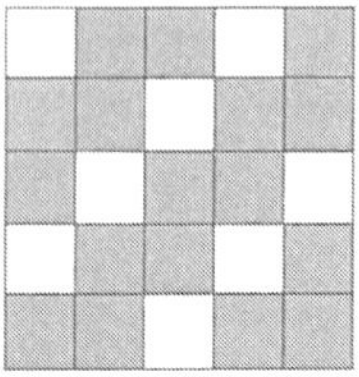	ジーンズ 学生服

　　ア　デニム，サージ，ギャバジン
　　イ　サテン，ギャバジン，ドスキン
　　ウ　デニム，ギャバジン，ブロード
　　エ　デニム，サージ，ギンガム
　　オ　サージ，サテン，ドスキン

(3)　次の図は，既製服のシャツについている表示ラベルを示したもの
　である。あとの①，②の各問いに答えなさい。

250

図1

身長　　160

胸囲　　80

160A

図2

タイは、はずして洗って下さい。
タンブラー(乾燥機)は使用しないで下さい。
全日本婦人子供服工業組合連合会

03-3866-1299
J-GF 0279
1166322-1349

日本製

① 図1の表示の名称を答えなさい。

② 図2の表示から，このシャツの取り扱いとして適切でないもの
を，次のア～オから一つ選び記号で答えなさい。

ア　液温は40℃を限度として，洗濯機の弱水流または弱い手
洗いがよい。

イ　塩素系漂白剤による漂白はできない。

ウ　アイロンは，中程度の温度でかける。

エ　干し方は，日陰でつり干しがよい。

オ　ドライクリーニングができる。

---

(4) 洗濯について，次の文章を読み，各問いに答えなさい。

洗濯の方法には，水を使う(A)式洗濯と有機溶剤を使う
(B)式洗濯の2種類がある。

衣服についている家庭用品品質表示法によって定められた
品質表示の(C)表示や(D)表示を確認し，表示にしたが
って家庭で洗濯を行うか，商業洗濯を利用する。(A)式洗
濯用洗剤の主成分は，水と油を結びつける働きをする⑦界面活
性剤である。洗濯用洗剤には，界面活性剤のほかに，アルカ
リ剤や⑦酵素などが含まれているものがある。

---

① 空欄の(A)～(D)に入る最も適切な語句をそれぞれ答えなさい。

② 下線部⑦が汚れを落とす過程について，次の@～@を適切な順に並べ，記号で答えなさい。

> @ 汚れが再び洗濯物に付着するのを防ぐ。
> ⓑ 界面活性剤が汚れと洗濯物との間に入る。
> ⓒ 界面活性剤の親油基が汚れの表面に吸着する。
> ⓓ 汚れは少しずつ水中に取り出され，細分化される。

③ 下線部④が配合されている理由を述べなさい。

④ 生成り色や淡色の衣服を洗濯する。色相変化が起こりにくいのは，@，ⓑどちらの洗剤か，記号で答えなさい。

ⓐ

品名	洗濯用合成洗剤
液性	弱アルカリ性
成分	界面活性剤，工程剤，アルカリ剤，柔軟剤，再付着防止剤，水軟化剤，酵素

ⓑ

品名	洗濯用合成洗剤
液性	弱アルカリ性
成分	界面活性剤，アルカリ剤，水軟化剤，工程剤，分散剤，蛍光増白剤，酵素

(5) 次の①～③の図の縫い代の始末の名称を答えなさい。

①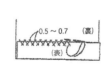

②

③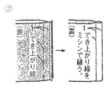

(☆☆☆◎◎◎)

【7】住生活に関する次の各問いに答えなさい。

(1) 大きな災害に備えるために，自分たちの地域をどのような災害が襲う可能性があるかについて，できるだけ正確に理解する必要がある。自然災害による被害が予想される区域や避難場所を示した地図を何というか答えなさい。

(2) 住まいの中を人やものが移動するときの軌跡を何というか答えなさい。

(3) すべての人が利用しやすいように，製品や環境などを設計することを何というか答えなさい。

(4) 良質な住宅の供給，良好な居住環境の形成，居住の安定の確保などを目的として，2006年6月8日に制定された法律を何というか答えなさい。

(5) 次の図は，住居の平面図を示したものである。2DKの間取りを次のA～Dから一つ選び，記号で答えなさい。

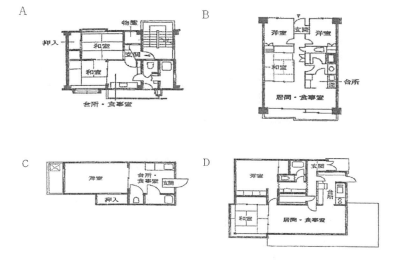

(6) 次のA～Dは我が国の住まいの特徴に関する記述である。正しいものをすべて選び，記号で答えなさい。

A 住まいの床を低くして床下の通風をよくして大地からの湿気を防ぐ造りになっている。

B 深い軒の出や開口部に庇がつけられており，夏に外壁への日射を防ぎ，また室内へ直射日光が入るのを防いでいる。

C 障子やふすまなどの引き違いの戸は，取り外して風を通すこと

ができる。

D　積雪の多い地域では，住居家構だけでなく，敷地周りに防風林や石垣の工夫，火よけ壁の工夫がなされている。

(7)　自然換気を行う際，新鮮な空気が部屋全体に最も流れやすい窓の配置を次のA～Cから選び，記号で答えなさい。

窓の配置	A	B	C
上から見た様子	窓／窓	窓	窓／窓
横から見た様子			

(☆☆◎◎◎)

【高等学校】

【1】次の各問いに答えなさい。

(1)　次の①～⑤の文章は，教育に関係する法令に記載された条文の一部である。①～⑤が記載された法令として最も適切なものを，あとのア～コからそれぞれ1つずつ選び，記号で答えなさい。

①　第11条　校長及び教員は，教育上必要があると認めるときは，文部科学大臣の定めるところにより，児童，生徒及び学生に懲戒を加えることができる。ただし，体罰を加えることはできない。

②　第30条　地方公共団体は，法律で定めるところにより，学校，図書館，博物館，公民館その他の教育機関を設置するほか，条例で，教育に関する専門的，技術的事項の研究又は教育関係職員の研修，保健若しくは福利厚生に関する施設その他の必要な教育機関を設置することができる。

③ 第94条　地方公共団体は，その財産を管理し，事務を処理し，及び行政を執行する権能を有し，法律の範囲内で条例を制定することができる。

④ 第4条　すべて国民は，ひとしく，その能力に応じた教育を受ける機会を与えられなければならず，人種，信条，性別，社会的身分，経済的地位又は門地によって，教育上差別されない。

⑤ 第52条　小学校の教育課程については，この節に定めるもののほか，教育課程の基準として文部科学大臣が別に公示する小学校学習指導要領によるものとする。

ア　日本国憲法　　　　　　イ　教育基本法
ウ　学校教育法　　　　　　エ　学校教育法施行令
オ　学校教育法施行規則　　カ　学校図書館法
キ　地方教育行政の組織及び運営に関する法律
ク　社会教育法　　　　　　ケ　地方公務員法
コ　教育公務員特例法

(2) 次の文章は，平成21年3月告示高等学校学習指導要領「家庭」における「家庭基礎」「家庭総合」「生活デザイン」の各科目の目標である。(　①　)～(　⑤　)に入る最も適切な語句を答えなさい。

【家庭基礎】
　人の一生と(　①　)及び福祉，衣食住，消費生活などに関する基礎的・(　②　)な知識と技術を習得させ，家庭や地域の(　③　)を主体的に解決するとともに，生活の充実向上を図る能力と実践的な態度を育てる。

【家庭総合】
　人の一生と(　①　)，子どもや(　④　)とのかかわりと福祉，消費生活，衣食住などに関する知識と技術を総合的に習得させ，家庭や地域の(　③　)を主体的に解決するとともに，生活の充実向上を図る能力と実践的な態度を育てる。

> 【生活デザイン】
> 　人の一生と（　①　）及び福祉，消費生活，衣食住などに関する知識と技術を（　⑤　）に習得させ，家庭や地域の（　③　）を主体的に解決するとともに，生活の充実向上を図る能力と実践的な態度を育てる。

(☆☆☆◎◎◎)

【２】次の子どもについて述べた文章を読み，各問いに答えなさい。

　子どもは次の時代を担う大切な人材であり，社会全体で子どもを育てていくことが大切である。そのため国は出産のための様々な法律を整備し，親が育児に取り組みながら安心して職業生活を継続できるよう支援している。多様化する保育ニーズに対応するため，aファミリー・サポート・センター事業(ファミリー・サポート制度)も普及しつつある。また現在では，都市部を中心に認可保育所に入所を申請しても，地域の保育所の不足や定員がいっぱいのため入所できないといった問題も抱えている。そのため2012年に子ども・子育て関連3法が成立し，2015年からb子ども・子育て支援新制度が本格実施されている。

(1)　出産支援のための法律のうち，次の①，②の支援内容を表す法律名を答えなさい。

①　妊産婦・乳幼児の健康診査や，母子健康手帳の交付を取り決めている1965年に公布された法律。

②　受動喫煙の防止を施設管理者に義務づけした2002年に公布された法律。

(2)　下線部aについて説明しなさい。

(3)　下線部bの制度の利用を希望する場合，各市区町村に保育の必要性認定を受ける必要があるが，その認定区分，利用施設について，（　①　）～（　⑤　)に入る最も適切な数字，語句を答えなさい。

```
【3つの認定区分】                          【利用する施設】
1号認定：満（ ① ）歳以上、教育希望 ─────────→（ ② ）

2号認定：満（ ① ）歳以上、保育希望 ─────────→（ ③ ）
                                              （ ④ ）
3号認定：満（ ① ）歳未満、保育希望 ─────────→（ ⑤ ）
```

(4) 次の乳幼児の特徴等に関する①～③の各問いにそれぞれ答えなさい。

① 「生理的微笑」を説明しなさい。

② 乳児は授乳後に吐乳することがよくみられるが，その理由を説明しなさい。

③ 新生児期の期間を答えなさい。

(5) 昔から年長児から年少児へ，大人から子どもへ受け継がれてきた，あやとりや竹馬，コマ回し等の遊びの総称を何というか，答えなさい。

(6) 遊びの環境について，最近の子どもの生活に乏しくなってきているといわれる，遊びを保証する3つの条件を答えなさい。

(7) 次のマークは2006年に制定された日本独自のマークである。名称を答えなさい。またマークの説明をしなさい。

(8) 人口統計上の指標で，その年次の15歳から49歳までの女性の年齢別出生率を合計したものを何というか，答えなさい。

(9) (8)に関する文章として，適切でないものを次の①～⑤から1つ選び，記号で答えなさい。

① 終戦直後の第1次ベビーブームの頃は4.3以上の高い値を示した。

② 1989年には1966年のひのえうまの数値1.58を下回る1.57であることが明らかになり，1.57ショックと呼ばれ，少子化問題が深刻

化した。

③　人口が長期的に増えも減りもせずに一定となる水準を人口不変水準と呼ぶ。

④　30代後半～40代前半の団塊ジュニア世代の出産などの理由により2006年以降はやや上昇方向へ転じた。

⑤　(8)の数値が上がらない要因として，晩婚化や非婚化が挙げられる。

(10)　少子化がもたらす問題点を1つ答えなさい。

(11)　次の説明文に該当する制度名を答えなさい。

平成24年4月民法改正により作られた制度。子どもの利益が害された時，今までの「親権喪失」の前に最長2年間の「親権停止」が可能になった。親権停止中に虐待した親や家庭環境を改善し，親子の再統合を図ることが目的。

(☆☆◎◎◎)

【3】衣生活について，次の各問いに答えなさい。

(1)　両面チャコペーパーを利用する場合の，しるしつけの方法を説明しなさい。(布の折り方，使用道具の名称等を含めること)

(2)　次に示す①～③の布に関係の深いミシン糸及びミシン針を【語群】a～cからそれぞれ1つずつ選び，記号で答えなさい。

①　ブロード　　②　デニム　　③　ローン(綿)

【語群】　a　綿ミシン糸80番，ミシン針9番

b　綿ミシン糸60番，ミシン針11番

c　綿ミシン糸40～50番，ミシン針14番

(3)　次に示すa～eの待ち針を，打つ順番に記号で答えなさい。

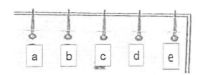

(4)　次の説明文①，②に該当する採寸部位名をそれぞれ答えなさい。

① 右肩先点から左肩先点までを背面に沿って測る。

② 頸椎点からウエストラインの後ろ中央までを, 背面に沿って測る。

(5) 洗濯について述べた次の文章中の(①)～(⑥)に入る最も適切な語句を下の【選択肢】ア～コからそれぞれ1つずつ選び, 記号で答えなさい。

　洗濯用洗剤は主成分の(①)の種類や配合割合により多くの種類に分けられる。その中でも合成洗剤には綿・麻・化学繊維用の(②)洗剤と, 毛・絹用の(③)洗剤とがある。(①)は繊維や汚れに働きかけて, 繊維から汚れを除去する。汚れを落とす仕組みは, 次のように行われる。まず, 繊維表面に吸着した(①)が水の表面張力を下げ, 繊維をぬらす。これを(④)作用という。次に, (⑤)作用という(①)が汚れと繊維の間に入り込み, 汚れを包み込んで水中に取り出す行程を行い, 最後に, 汚れが再び洗濯物に付着するのを防ぐ(⑥)作用という行程を行う。

【選択肢】

ア	酸性	イ	中性	ウ	弱アルカリ性
エ	界面活性剤	オ	助剤	カ	酵素
キ	分解	ク	乳化・分散	ケ	再付着防止
コ	浸透				

(6) 次の①～③の文章を読み, 正しいものを1つ選び, 記号で答えなさい。

① 防虫剤のうち, パラジクロロベンゼンは殺虫力が強く速効性もあり, 長持ちもする。

② ドライクリーニングから戻ってきた被服類は, 袋から出し, 風通しのよいところに干した方が良い。

③ たて糸とよこ糸が一本ずつたがい違いに組み合わされた平織は, デニムに使用されている織り方である。

(7) 次の①の繊維の原料及び特徴並びに②の裁縫道具の名称を答えなさい。

① ポリ乳酸繊維

②

(☆☆◎◎◎)

【4】住生活について，次の文章を読み，各問いに答えなさい。

　住まいの重要な機能は，自然条件や自然災害，外敵から私たちの命や財産を守り，個人や家族の生活の場となることである。ライフスタイルやライフステージによっても，住まいに求める機能は異なる。本来の重要な機能を果たしつつ，それぞれの家族に合った住生活を実現していくことが大切である。住居内には，①個人生活空間，生理衛生空間，家族(共同)生活空間，家事労働空間等があるが，それぞれの家族構成などにより空間の数や広さは異なる。住居内を人が移動するときの軌跡を(　②　)といい，なるべく短く効率よく動くことができるよう計画することが必要とされる。また，住まい方も様々なものがある。その例が，③シェアハウス，④コレクティブハウス，⑤コーポラティブハウス等である。いずれもプライバシーの確保とコミュニケーションのための空間のバランスをとりながら，自分のライフスタイルや住まい方を実現している例である。なお，日本では，住宅事情の変化により住宅政策も変化している。⑥政府は2006年に，良質な住宅の供給，良好な居住環境の形成，居住の安定の確保などを目的とした法律を制定した。

(1)　下線部①について，「3LDK」の表記とは，どのような間取りを表しているか説明しなさい。

(2)　(　②　)に入る最も適切な語句を答えなさい。

(3)　下線部③〜⑤の住まい方をそれぞれ説明しなさい。

(4)　下線部⑥の法律名を答えなさい。

(5) 次に示す賃貸物件情報を読み，各問いにそれぞれ答えなさい。

［賃貸物件情報］

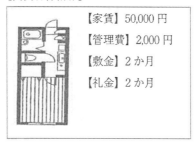

【家賃】50,000 円
【管理費】2,000 円
【敷金】2 か月
【礼金】2 か月

① この賃貸物件を借りる場合，契約時に必要な費用を答えなさい。ただし仲介手数料は家賃の1か月分とし，入居月の家賃は含まない。
② 敷金の説明をしなさい。
③ (ア)，(イ)の日本工業規格による平面表示記号の名称を答えなさい。

(ア)　　　　　　　　　　　　(イ)

(☆☆◎◎◎)

【5】高齢者の福祉について，次の各問いに答えなさい。

(1) 次の文章の(①)，(②)に入る最も適切な語句を答えなさい。

　高齢期の知的能力は，20代〜30代をピークとして，その後年齢にしたがって落ちていくといわれていた。しかし，研究によると，年齢によって，状況に素早く対応する能力((①)知能)は低下するが，知識や経験によって対応する能力((②)知能)については衰えないことがわかっている。

(2) 次の①〜③の説明文にあてはまる語句をそれぞれ答えなさい。

① 2000年に世界保健機関(WHO)が提唱した健康に関する指標で，

日常的に介護を必要とせず，自立した生活のできる生存期間を示
している。

② 病気やけがなどの治療が長期化すると，からだを動かすことが
減り，心身のほかの機能も低下すること。

③ 国民一人に1つの番号を付け，社会保障，税，災害対策の分野
で国民の利便性の向上，行政の効率化をめざす制度。

(3) 次の①～④の文章のうち，適切でないものを1つ選び，記号で答
えなさい。

① 認知症とは脳の細胞が破壊されることで，理解・判断力の低下
や記憶の障がい，時間や場所，距離などが分からなくなるなどの
症状を起こす病気である。

② 高齢者世帯の収入の中心は公的年金であり，収入は他の世代の
世帯に比べると低いが，1世帯当たりの貯蓄額は他の世代よりも
大きい。

③ 医療機関で治療を受けた際，75歳以上の人はかかった医療費の
1割を負担する必要があるが，現役並みの所得者は，年齢に関係
なく3割を負担する必要がある。

④ 障がいのある人もない人も同じように生活や権利が保障されて
いることが普通で当たり前という考え方をナチュラリゼーション
という。

(☆☆◎◎◎)

【６】青年期と家族・家庭について，次の各問いに答えなさい。

(1) 次の文章は自立について説明したものである。(①)～
(④)に入る最も適切な語句を答えなさい。

青年期の課題の1つに自立がある。自立には，自分で考えて行動
し，その行動に対する責任をもてるようになる(①)的自立や，
衣食住や身の回りのことについての知識や技術を身につけるという
(②)的自立，近所の人々や親戚，友人との関係を確立し，人間
関係を調整できるという(③)的自立，自分で仕事をして生活し

ていくためのお金をかせぐという(④)的自立がある。

(2) 次の①〜⑤の文章について，正しければ○を，誤っているとき
は×をそれぞれ答えなさい。

① 国勢調査において，アパートで一人暮らしの学生は単独世帯に
含まれる。

② 拡大家族とは，核家族に祖父母など他の親族が加わった家族で
ある。

③ 世帯構成は必ず核家族世帯と拡大家族世帯のどちらかに分類さ
れる。

④ 配偶者の両親は血族である。

⑤ 婚姻をするためには，民法に定める条件を満たした上で，役所
に婚姻届を提出しなければならない。

(3) 次の文章について，①，②の各問いに答えなさい。
社会が発展すると，家庭の機能の一部は家庭の外に移っていっ
た。これを家庭機能の(ア)または外部化という。

① (ア)に当てはまる語句を答えなさい。

② 波線部の例を1つ挙げなさい。ただし，具体的な家庭の機能の
名称を挙げ，それを外部化した例を答えなさい。

(4) 1994年エジプトのカイロで開かれた国際人口開発会議において提
唱された，「すべてのカップルや個人が望まない妊娠や性感染症か
ら守られるための情報や手段を得ることができる権利」を何という
か，答えなさい。

(5) 次の①〜⑤の文章のうち，適切でない文章を1つ選び，記号で答
えなさい。

① 遺言は，法律上の要件を満たせば満15歳以上で残すことができ
る。

② 遺言で財産のすべてについて決めることはできず，一定の割合
で配偶者，子，直系尊属に相続しなければならない。

③ 出生の届出は，14日(国外での出生は3ヶ月)以内にしなければな
らない。

④　従来，嫡出子と嫡出でない子の相続分が区別されていたが，2013年に民法が改正され，平等になった。

⑤　未成年者が婚姻するときは父母両方の同意が必要である。

(☆☆◎◎◎)

【7】食生活について次の各問いに答えなさい。

(1)　次の文章の(　①　)～(　⑦　)に入る最も適切な語句を答えなさい。

　　炭水化物はご飯やパン，麺類などの(　①　)や，いも類，砂糖類などに多く含まれる栄養素である。消化吸収されやすい(　②　)と消化されにくい(　③　)に分けられる。(　②　)には(　④　)，二糖類，(　④　)が多数結合した(　⑤　)がある。(　④　)にはぶどう糖，(　⑥　)，ガラクトースがある。二糖類には，(　⑦　)，麦芽糖，乳糖がある。

(2)　上記(1)の文章中の波線部について，次の①～⑤の食品に含まれる炭水化物の種類をそれぞれ答えなさい。

①　こんにゃく　　②　果物　　③　寒天　　④　野菜

⑤　海藻類

(3)　次の①～③の文章に当てはまる語句及び数字を答えなさい。また，④は説明をすること。

①　うるち米に含まれるアミロースとアミロペクチンの比率。

②　うどんや中華麺に使用する小麦粉の種類。

③　小麦粉に水を加えて練ることにより形成されるたんぱく質の種類。

④　じゃがいもやさつまいもに含まれるビタミンCの特徴。

(4)　植物油の脱臭などの過程で生まれ，ショートニングやマーガリンに多く含まれ，動脈硬化や心疾患のリスクが高まるとされている物質の名称を答えなさい。

(5)　次の①～⑤の説明文に最も適する大豆の加工食品名をそれぞれ答えなさい。

① 豆腐の余分な水分を取り，野菜などを混ぜ，油で揚げたもの

② 豆乳を加熱させてできた皮膜を乾燥させたもの

③ 豆腐を凍結し，乾燥させたもの

④ 煮大豆に麹と塩を加え発酵・熟成させたもの

⑤ 大豆をいり，粉末にしたもの

(6) 食肉は，と殺後，時間とともに筋肉がかたくなる。しかし，さらに時間がたつと，酵素の作用によりたんぱく質が次第にやわらかくなり，風味とうま味が増す。これを何というか，答えなさい。

(7) 次の①～⑤の加工品は何という魚の加工品か，それぞれ答えなさい。

① キャビア　　② かずのこ　　③ うるか　　④ からすみ

⑤ いくら

(8) 次の説明文①～③に最も適する無機質の種類をそれぞれ答えなさい。

① 欠乏すると味覚障がいを起こす可能性がある。肉，貝類，乳製品に多く含まれる。

② 過剰摂取するとカルシウム吸収障がいを起こす可能性がある。加工食品に多く含まれる。

③ 甲状腺ホルモンの成分となり，海藻に多く含まれる。

(9) 食品の表示について述べた次の文章中(①)～(⑥)に最も適する語句を答えなさい。

　すべての生鮮食品はその(①)・産地(輸入食品については原産国)の表示が義務付けられている。加工食品においても，(①)，原材料(原則として使用した添加物はすべて表示)，(②)，消費期限あるいは(③)期限，保存方法，製造者等を表示するようになった。(④)組み換え食品も表示が義務化されている。

　また，(⑤)物質を含む食品が原因による健康危害がみられることから，特定原材料7品目，卵・乳・(⑥)・そば・落花生・えび・かには必ず表示しなければならない。

(10) 次の①～④の説明に最も適する名称または語句をそれぞれ答え

なさい。

① 科学的に食に関するリスク評価を行うことやリスクコミュニケーションを行うことが役割。2003年食品安全基本法制定により設置。

② 食べ物や栄養が健康や病気に与える影響を過大に評価したり，信じ込んだりすること。

③ その食品がどこで生産され，どのように流通し，どこで保管されてきたのかなど，食品が消費者の手元に届くまでの履歴を明らかにできるシステム。

④ アジア，アフリカ，中南米で生産された産物を，適正な価格で購入し，先進国市場で販売するしくみ。

(11) 次の①，②の説明する調理用語をそれぞれ答えなさい。

① 大きい食材やかたい部分に早く火を通し，味をしみこませるために，食材の目立たないところに包丁で切り込みを入れておくこと。

② ざるの下にボウルを置き，油揚げなどの上から熱湯を回しかけること。

(12) 調理について，次の①，②の各問いに答えなさい。

① 5人分のみそ汁を作る場合の必要なみその量を答えなさい。ただし一人分は150mlとし，塩分濃度は0.8％とし，みその塩分含有量は約13％とする。小数点以下は切り上げて整数で答えなさい。

② ①の場合，みそは大さじで何杯か答えなさい。整数または整数と分数で答えなさい。

(☆☆◎◎◎)

【8】消費生活について，次の各問いに答えなさい。

(1) 消費者問題や消費者支援について述べた次の文章を読み，①，②の各問いに答えなさい。

　日本では様々な消費者問題の発生にともない，1968年に消費者保護基本法が制定されたのに続き，消費生活に関する基本的な情報の収集・提供，苦情相談，商品テストや調査研究など消費者に対する

啓蒙・教育などの中核機関として(ア)が設立され，その後各地で消費生活に関する相談窓口や情報提供を行う機関として(イ)が設立された。一方，(オ)<u>1982年に国際消費者機構が消費者の8つの権利と5つの責任</u>を提唱した。また，消費者の保護を中心としていた消費者保護基本法が，2004年に消費者の権利の尊重と消費者の自立支援を基本理念とした(ウ)に改正された。これに基づき，消費者基本計画が進められ，2012年には，国や地方公共団体が消費者教育を推進する責務が定められた(エ)が施行された。これからは社会を積極的につくる自立した消費者となることが求められている。

① (ア)～(エ)に入る最も適切な機関名又は法律名を答えなさい。

② 下線部(オ)の8つの権利と5つの責任について，次の(カ)～(ソ)に入る最も適切な語句を下の【選択肢】a～jからそれぞれ1つずつ選び，記号で答えなさい。

【8つの権利】	【5つの責任】
1 生活の(カ)が保証される権利	1 商品について(シ)を持つ責任
2 安全への権利	2 自ら(ス)し行動する責任
3 (キ)を与えられる権利	3 社会的(セ)への配慮責任
4 意見を聴かれる権利	4 (サ)への配慮責任
5 (ク)をする権利	5 消費者として団結し，(ソ)する責任
6 (ケ)を受ける権利	
7 消費者(コ)を受ける権利	
8 健全な(サ)の中で働き生活する権利	

【選択肢】

a 環境　　b 教育　　　c 情報　　d 主張　　　e 弱者

f 選択　　g ニーズ　　h 補償　　i 問題意識　　j 連帯

(2) 購入商品の支払い方法について述べた次の文章中の(①)～(④)に入る最も適切な語句又は数字を答えなさい。

キャッシュレス化が進んでいる現代では，現金による支払い方法だけでなく，様々な方法がある。図書カード等の前払い式のカードである(①)や，キャッシュカードなど購入時に即時払いをする(②)，また，商品購入代金を後払いする(③)等様々である。(③)の返済方法には一回で支払う一括払いや何度かに分けて支

払う分割払い，毎月一定額を支払い続けていく(　④　)払いなど様々な方法がある。いずれにしても便利ではあるが，お金の動きを把握しにくい等の問題点もある。お金の動きを一人ひとりが意識的に把握していくことが必要となる。

(3)　次の①，②の消費生活について述べた文章を読み，間違った箇所を示し，正しく訂正しなさい。

①　アンケートなどを装い街頭で通行人に近づき，喫茶店などに連れて行き商品を売りつける問題商法をマルチ商法という。

②　情報を主体的かつ批判的に判断し活用する能力をデジタル・ディバイドという。

(4)　消費生活と環境についての各問いに答えなさい。

①　環境に配慮した消費生活を実行している消費者を何というか答えなさい。

②　(ア)　次に示す環境関連ラベルは，どのようなことを示すマークであるか説明しなさい。

(イ)　このラベルに最も関係のある機関を，下の【選択肢】ア～ウから1つ選び，記号で答えなさい。

［環境関連ラベル］

【選択肢】　ア　環境省　　イ　経済産業省
　　　　　　ウ　日本環境協会

(☆☆◎◎◎)

解答・解説

【中学校】

【1】(1) ① ウ ② キ ③ ア ④ イ ⑤ オ

(2) ① 対話的 ② 知識 ③ 活用 ④ 判断力 ⑤ 情報

〈解説〉(1) ① 文部科学省は体罰が社会問題化したことを受け，平成25(2013)年3月に「体罰の禁止及び児童生徒理解に基づく指導の徹底について」を通知した。その中で，諸条件を客観的に考慮して判断すべきであるとしたうえで，「その懲戒の内容が身体的性質のもの，すなわち，身体に対する侵害を内容とするもの(殴る，蹴る等)，児童生徒に肉体的苦痛を与えるようなもの(正座・直立等特定の姿勢を長時間にわたって保持させる等)に当たると判断された場合は，体罰に該当する。」としている。 ② 「地方教育行政の組織及び運営に関する法律」(地教行法)は昭和31(1956)年に制定された。平成27(2015)年4月1日には大きな制度改正を行うためその一部を改正する法律が施行され，教育委員長と教育長を一本化した新「教育長」の設置を含めた，教育に関する「大綱」の策定が行われた。 ③ 第94条は，地方公共団体の権能を定めたものである。 ④ 教育の機会均等については憲法第14条を併せて確認しておくこと。教育基本法は昭和22(1947)年に制定されたが，価値観の多様化，科学技術の進歩，国際化などの教育を取り巻く環境の大幅な変化等を踏まえ，平成18(2006)年に改正された。 ⑤ 学校教育法第33条は「小学校の教育課程に関する事項は、第29条及び第30条の規定に従い、文部科学大臣が定める。」(中学校については第48条，高等学校については第52条で同様に規定としている。)としている。それを受けて，学校教育法施行規則第52条では「小学校の教育課程については、この節に定めるもののほか、教育課程の基準として文部科学大臣が別に公示する小学校学習指導要領によるものとする。」としている。これらの規定により，教育課程については国が学

習指導要領などで学校が編成する教育課程の大綱的な基準を公示し，学校の設置者たる教育委員会が教育課程など学校の管理運営の基本的事項について規則を制定し，学校(校長)が学校や地域，児童生徒の実態等を踏まえ，創意工夫した教育課程を編成・実施することになっている。　(2)　今回の改訂より，各教科の目標及び内容は，「知識及び技能」「思考力，判断力表現力等」，「学びに向かう力，人間性等」の3つの観点より整理された。「主体的・対話的で深い学び」については，中央教育審議会の「幼稚園，小学校，中学校，高等学校及び特別支援学校の学習指導要領等の改善及び必要な方策等について(答申)」(平成28年12月)において示された「三つの視点に立った授業改善」(中学校学習指導要領解説総則編第3章第3節1(1)においても引用されている)を併せて読み，理解を深めておきたい。

【2】(1)　①　エ　　②　キ　　③　コ　　④　シ　　⑤　ウ
　　　⑥　ク　　⑦　イ　　⑧　セ　　(2)　①　ウ　　②　キ　　③　ケ
　　　④　ク　　⑤　オ

〈解説〉(1)　中学校学習指導要領(平成20年9月)では，自立に必要な基礎的・基本的な知識及び技術を体験的な学習活動を通して習得することを目標としている。また，小学校と中学校の学習内容は，関連性を持たせることとしている。中学校の内容「B食生活と自立」は小学校の内容「B日常の食事と調理の基礎」と関連しているため，比較して学習する必要がある。　(2)　指導計画を作成するに当たっては，小学校の学習内容を踏まえ，他教科との関連を明確にすることや，家庭や地域社会との連携を図る必要がある。また，学習内容によっては，地域や学校の実態等に応じて適切な時期に必要な時間をかけて学習できるように配慮がされている。

【3】(1)　①　A　糖質　　B　4　　C　コレステロール　　D　アルギン酸　　②　イ　　(2)　①　イ　　②　エ　　(3)　①　ア　C　イ　卵白　　ウ　砂糖　　②　卵白と卵黄の凝固温度が違うという特性

(4)　①　A　健康　　B　生活習慣病　　C　1日　　D　目安量
E　健康障害　②　5年間　　③　ウ　　④　イ・ウ　　(5)　イ
(6)　①　魚介・肉…130g　　豆・豆製品…85g　　油脂…26.25g
②　記号…エ　　根拠…緑黄色野菜の摂取基準量を満たしている。
(7)　①　さいの目切り　②　乱切り　③　半月切り

〈解説〉(1)　①　エネルギー源は糖質，たんぱく質，脂質の3つであり，糖質とたんぱく質は1g当たり約4kcal，脂質は1g当たり約9kcalのエネルギーを発生する。食物繊維については，以前は栄養素と考えられていなかったが，大腸の運動を促進したり，血中コレステロール値や血糖値を正常に保ったりする働きが認められるようになった。　②　グアガムは水に溶けて非常に高粘度になる成分であるため，増粘多糖類としてアイスクリームなどに使用されている。　(2)　①　必須アミノ酸は，イソロイシン，ロイシン，バリン，ヒスチジン，リジン(リシン)，メチオニン，トリプトファン，フェニルアラニン，トレオニン(スレオニン)である。　②　アミノ酸価はそれぞれ，牛乳100，鶏胸肉100，あじ100，精白米65，大豆86である。　(3)　①　卵の調理性には，起泡性の他に熱凝固性と乳化性がある。砂糖の分子は水を引きつける力が強いため，できた気泡の安定性を高めることができる。　②　卵白は，60℃前後から固まり始め80℃以上で完全に凝固する。卵黄は，65℃前後から固まり始め，75℃以上で完全に凝固する。　(4)　①　日本人の食事摂取基準は，健康増進法に基づき厚生労働大臣が定めるものとされ，国民の健康の保持・増進を図る上で摂取することが望ましいエネルギー及び栄養素の量の基準を示すものである。2015年版では，策定目的として，生活習慣病の予防とともに重症化予防が加えられている。②　社会状況の変化や新しい検証結果を反映させるために，5年ごとに改定されている。　③　12〜14歳男子のカルシウム推奨量は991mg(2015年版)であり，他の年齢区分に比べて最も多い。
④　カルシウムは五大栄養素のうちのミネラルに分類され，ミネラルの働きには，イとウが該当する。　(5)　食事バランスガイドで①にあてはまるのは，主菜(肉，魚，卵，大豆料理)である。すべて主菜の解

答はイである。　(6)　①　家族それぞれの摂取量のめやすを合計して4で割ることで算出できる。魚介・肉では，(140＋100＋160＋120)÷4＝130〔g〕，豆・豆製品では，(80＋80＋100＋80)÷4＝85〔g〕，油脂では，(30＋20＋30＋25)÷4＝26.25〔g〕となる。　②　野菜は1日350g摂取し，そのうち $\frac{1}{3}$ 量を緑黄色野菜で摂取することが推奨されている。よって1日に約117gの緑黄色野菜を摂取する必要があるが，この日の朝食，昼食，間食では，55gしか摂取できていないため，それを満たすことのできる(62g以上摂取できる)献立はエである。

(7)　①　さいころのように立方体に切る切り方。　②　不規則な形に切る切り方。表面積が大きくなるため，火の通りが早く，味が染み込みやすい。　③　丸い状態のものを切り口が半月型になるように切る切り方。

【４】(1)　①　ケ　②　キ　③　オ　④　イ　⑤　ア　⑥　エ　(2)　①　ク　②　カ　③　オ　④　エ

(3)　①　カーボンフットプリントマーク　②　エコマーク　③　ウールマーク　④　省エネラベル　⑤　JADMAマーク

〈解説〉(1)　①　クレジットカードや電子マネーが広く普及し，現金を使用しないことをキャッシュレスという。　②③　消費者信用では，消費者は後払いで代金を支払うことになるため，気がつかないうちに多重債務に陥る恐れがある。　④　電子消費者契約法(電子消費者契約及び電子承諾通知に関する民法の特例に関する法律)は，パソコン等の操作ミスやワンクリック詐欺などから消費者を守るための法律である。　⑤⑥　特定商取引法において，クーリング・オフ制度などの消費者を守る制度を定めている。　(2)　①　フェアトレードとは，開発途上国の原料や製品を適正な価格で継続的に購入することにより，立場の弱い開発途上国の生産者や労働者の生活改善と自立を目指す「貿易のしくみ」をいう。　②　グリーンコンシューマーは直訳すると，緑の消費者という意味であるが，この緑は環境にやさしいということをイメージしており，環境を大切にする消費者を意味している。

③ ライフサイクルアセスメントの手法を用いて環境負荷の少ない製品と認められたものには，エコリーフ環境ラベルなどが表示されている。 ④ 環境基本法は，日本の環境保全に向けた枠組みを示した基本法である。 (3) ① カーボンフットプリントマークは、製品がその一生のうちに排出する温室効果ガスをCO_2に換算した数値で表示することや事業者の自主的な取組みの象徴として表示することを目的としたマークである。 ② エコマークは，環境保全に役立つと認定された商品につけられるマークである。 ③ ウールマークは，ウール製品が高い品質基準をクリアしたことを示す品質保証マークである。 ④ 省エネ性マークはエアコン，テレビ，冷蔵庫などの製品が対象となっており，省エネ基準を達成している製品には緑色のマーク，達成していない製品には橙色のマークで表示されている。 ⑤ JADMAマークは，日本通信販売協会の入会審査を通り，正会員になった事業者が使うことのできるマークである。

【5】(1) ① ア ② 仕事と生活の調査憲章 (2) ① アタッチメント(愛着) ② ウ→ア→エ→イ ③ A 基本的 B 社会的 ④ ア ・動きやすい服装をする。 ・まねをされたら困るような乱暴な行動，身なりをしない。 ・健康面に注意し，ふれ合う前に健康チェックをしておく。 ・髪やつめなど清潔面に注意する。 ・大きな声を出したり，乱暴な動きをしたりしない。 から2つ イ ・ゆっくりと幼児にわかることばで話す。 ・幼児が何を伝えたいのか，じっくり耳を傾ける。 ・しゃがんで目線を合わせて活動する。 ・幼児のペースで遊ぶ。 から2つ

〈解説〉(1) ① 男女共同参画社会基本法について述べられている。 ② 仕事と生活の調和憲章はワーク・ライフ・バランス憲章とも呼ばれる。 (2) ① 愛着理論は，イギリスの児童精神医学者ジョン・ボウルビーが提唱した理論である。子どもは乳幼児期に親や保育者などから無条件に受け入れられ，愛される経験を通してアタッチメントを形成していく。そして，このアタッチメントが子どもの人格形成の基

盤となる。　②　アタッチメントの形成過程には4段階ある。第1段階では，人物は区別できず，周りの他者なら誰でもほほえみかける。第2段階では，主な保育者に対してのはたらきかけが多くなってくる。第3段階では，後追いなどの接近行動が増え，知らない人に対して警戒心を示す人見知りもみられる。第4段階では，保育者が近くにいなくても，帰ってくるということが理解できるため，安定してくる。③　生きていくうえで必要な，毎日繰り返し行われている行動を基本的生活習慣，社会的な約束事やマナーなどに関する行動を社会的生活習慣という。　④　ア　幼児の発達の特徴として，活発に動き回ることや，他者の模倣をするということが考えられる。また，安全面では，子どもの顔の高さに大人の手の位置がくることなども考慮する必要がある。　イ　幼児はコミュニケーション能力が未熟であるため，伝わりやすいように話すことや，幼児が伝えようとしていることを受け取る姿勢が求められる。

【6】(1)　①　ウ→エ→ア→イ　　②　ウ　　(2)　①　エ　　②　ア
(3)　①　サイズ表示　　②　ウ　　(4)　①　Ａ　湿　　Ｂ　乾
Ｃ　組成　　Ｄ　取り扱い(取扱い)　　②　ⓒ→ⓑ→ⓓ→ⓐ
③　酵素は油脂を分解したり，たんぱく質を細分化させて落ちやすくする。　　④　a　　(5)　①　千鳥がけ　　②　(折り)伏せぬい
③　袋ぬい

〈解説〉(1)　①　男性も女性もゆかたの着方に大きな違いはないが，右前に着るように気を付ける。また，女性は胸の下あたりの高い位置でひもを締めるのに対して，男性は腰骨の高さで締めるという違いがある。　②　着丈より長く仕立てた長着を着る際に，腰のあたりでたくしあげた部分をおはしょりという。おはしょりをすることによって，胴のしわを隠し，腰部分の形を整えることができる。　(2)　①　綿や麻の断面は中空であり，羊毛やポリエステルは円形である。断面の三角形は，絹のフィブロインというたんぱく質である。　②　三原組織は，平織・斜文織・朱子織である。ブロード，ギンガムは平織，サテ

ン，ドスキンは朱子織である。　(3)　①　サイズ表示は，成人男子用，成人女子用，少年用，少女用などの用途ごとにJISで規定されており，自分の体型にあった衣類を選ぶ目安となる。　②　取り扱い絵表示では，アイロンの際にあて布が必要となっているため，ウは適切ではない。　(4)　①　洗濯の方法には，湿式洗濯と乾式洗濯があり，組成表示で繊維の種類を確認し，取り扱い表示で表示の指示にしたがって洗濯する必要がある。　②　界面活性剤は，親油基と親水基からなっており，まず，油になじむ親油基が油汚れに吸着し，親水基が水となじむことで，繊維の中に水が浸透していく。次に油汚れと水を乳化させて，水中に油汚れを分散させていく。水中に分散した油汚れは界面活性剤に取り囲まれることによって再び繊維に付着することはなくなる。　③　酵素は，界面活性剤の作用を助けて，洗浄力を高める働きをする。たんぱく質分解酵素のプロテアーゼや脂肪分解酵素のリパーゼなどがある。　④　色相変化が起こりにくいのは，蛍光増白剤が使用されていないaである。　(5)　①　千鳥の足どりのように糸を交差させる縫い方。布をしっかりと押さえることができるため，裾上げなどに用いる。　②　幅の狭いほうの縫い代を広い方で包み，表まで通して押さえ縫いすること。薄手でほつれやすい布の縫い代の始末に用いる。　③　出来上がり線を縫った部分を袋状に隠して縫い代の処理を行う方法。薄手でほつれやすい布の縫い代の始末に用いる。

【7】(1)　ハザードマップ　　(2)　動線　　(3)　ユニバーサルデザイン
(4)　住生活基本法　　(5)　A　　(6)　B・C　　(7)　A
〈解説〉(1)　ハザードマップとは，自然災害による被害の軽減や防災対策に使用する目的で，被害想定区域や避難場所・避難経路などの防災関係施設の位置などを表示した地図である。　(2)　建物を設計する際には，動線を考慮し，移動が効率よくできるように平面計画を練る。(3)　ユニバーサルデザインは，年齢や障害の有無，体格，性別，国籍などに関わらず，すべての人が利用しやすいように設計することである。　(4)　住生活基本法の基本理念は，「住生活の基盤である良質な

住宅の供給」，「良好な居住環境の形成」，「居住のために住宅を購入するもの等の利益の擁護増進」，「居住の安定の確保」の4つである。　(5)　Bは3LDK，Cは1DK，Dは2LDKである。　(6)　A　正しくは，「住まいの床を高くして」である。Dは「積雪の多い地域」ではなく，「台風の多い地域」である。　(7)　自然換気を効率良く行うには，窓は2か所以上配置し，窓の位置や高さをずらす。それによって，空気が部屋全体に流れる。

【高等学校】

【１】(1)　※①〜⑤は全員正解とする(解答非公表)。　(2)　①　家族・家庭　②　基本的　③　生活課題　④　高齢者　⑤　体験的
〈解説〉問1　(1)　鳥取県は本問の全て(①〜⑤)を全員正解とし，解答を非公表としている。詳細は各自で自治体に問い合わせられたい。①がウ(学校教育法)，②がキ(地方教育行政の組織及び運営に関する法律)，③がア(日本国憲法)，④がイ(教育基本法)，⑤がオ(学校教育法施行規則)によるものと考えられる。　(2)　どの科目も「家庭や地域の生活課題を主体的に解決するとともに，生活の充実向上を図る能力と実践的な態度を育てる」という点では共通している。家庭基礎については標準単位数2単位の科目であるため，基本的な知識と技術の習得を目標としている。家庭総合と生活デザインはそれぞれ標準単位数4単位の科目であるが，生活デザインは，体験的に習得させることに重点を置いているという特徴がある。

【２】(1)　①　母子保健法　②　健康増進法　(2)　子育て中の人と援助が可能な地域住民が会員となり，相互に支援し合う制度。
(3)　①　3　②　幼稚園　③　認定こども園　④　保育所
⑤　地域型保育　(4)　①　睡眠時に笑っているように見えるなど，外界の刺激と関係なく生じる微笑。　②　乳児の胃の入り口(噴門)がしっかりと閉まらないため，胃に入ったものを吐きやすい。
③　出生から4週間　(5)　伝承遊び　(6)　場所，仲間，時間

(7)　名称…マタニティマーク　　マークの説明…妊産婦が交通機関利用時などにつけていると周囲の人が配慮しやすくなるもの。

(8)　合計特殊出生率　　(9)　③　　(10)　生産年齢人口が減り，日本全体の生産力が低下する。　・子ども同士の交流や競争が減る。・伝統行事を受け継ぐ子どもがいないため，伝統を守ることが難しくなっている。　・親が過保護や過干渉になりやすい。　から1つ

(11)　親権制限制度

〈解説〉(1)　①　母子保健法は，母性並びに乳児及び幼児に対する保健指導，健康診査，医療その他の措置を講じ，国民保健の向上に寄与することを目的としている。　②　健康増進法は，国民の栄養の改善その他の健康の増進を図るための措置を講じ，国民保健の向上を図ることを目的としている。　(2)　子育て援助活動支援事業ともいわれる。具体的には，保育施設等への送迎や，保護者の病気や冠婚葬祭の際に子どもを預かるなどがある。　(3)　幼稚園は文部科学省の管轄の教育施設，保育所は厚生労働省管轄の福祉施設，認定こども園は幼保一体型施設である。また，地域型保育事業には，小規模保育事業，家庭的保育事業，事業所内保育事業，居宅訪問型保育事業がある。

(4)　①　生理的微笑は生後4週間頃まで現れ，その後，社会的微笑が現れる。　②　吐乳の理由としては，乳児は噴門部がゆるいことに加え，胃の形が立てた状態のトックリの形になっていることも関係している。　③　生後4週間を新生児期，生後1年間を乳児期という。

(5)　大人から子どもへと伝えられてきたことから，伝承遊びという。

(6)　場所(空間)，仲間，時間の3つが不足していることから，「三間の喪失」などといわれることもある。　(7)　厚生労働省は，マタニティマークを付けている妊婦には，電車やバスで席を譲ることや近くで喫煙しないことなどを呼び掛けている。　(8)　2017年の合計特殊出生率は，1.43である。　(9)　③は，人口不変水準ではなく，人口置換水準である。　(10)　少子化がもたらす問題点は他にも，社会保障制度と財政の維持が困難になることなどが挙げられる。　(11)　虐待をする親の親権を制限し，親から子どもを一時的に引き離すことで，子ども

の心身の安全を守ることも可能となった。

【３】(1)　布を外表に2つ折りに折り，その間にチャコペーパーをはさみ，ルレットでできあがり線をなぞる。　　(2)　①　b　　②　c　③　a　　(3)　e→a→c→d→b　　(4)　①　背肩幅　　②　背丈　(5)　①　エ　　②　ウ　　③　イ　　④　コ　　⑤　ク　　⑥　ケ　(6)　②　　(7)　①　とうもろこしなどを原料とする。微生物の働きで分解されるという優れた特徴を持つ。　　②　仕上げ馬

〈解説〉(1)　両面チャコペーパーを使用する場合は，2枚同時にしるしつけができるのがメリットであるため，しるしをつける裏面を内側に外表に折り，チャコペーパーをはさむことでそれが可能である。ルレットは柄の先に小さい歯車のついた道具で，点線状のしるしをつけることができる。　　(2)　糸の番号は大きくなるほど細い糸で薄地用，針の番号は大きくなるほど厚地用である。ブロードは普通地，デニムは厚地，ローンは薄地に該当する。　　(3)　待ち針は，両端→中央→端と中央の間の順で打っていくのが基本である。　　(4)　①　背肩幅を測る際には，頸椎点も通るようにする。　　②　背丈は身長のことを表すことも多いため，注意したい。　　(5)　界面活性剤は，親油基と親水基からなっており，まず，油になじむ親油基が油汚れに吸着し，親水基が水となじむことで，繊維の中に水が浸透していく。次に油汚れと水を乳化させて，水中に油汚れを分散させていく。水中に分散した油汚れは界面活性剤に取り囲まれることによって再び繊維に付着することはなくなる。　　(6)　①　パラジクロロベンゼンは長持ちしない。　　③　平織は，デニムではなくブロードやギンガムに使用されている織り方である。　　(7)　①　とうもろこし繊維とも呼ばれ，石油等の化学原料由来の素材ではないため，使用後廃棄しても土中や水中の微生物の栄養源として利用され，最終的には水と炭酸ガスに分解される繊維である。②　シャツやジャケットの袖などの細かい部分のアイロン仕上げをするのに便利な道具である。

【4】(1) リビング(居間)，ダイニング(食事室)，キッチン(台所)の他，3つの個室を表している。 (2) 動線 (3) ③ 血縁関係のない人同士が同居する方式 ④ 自分たち専用の独立した住空間のほかに，団らん室，食事室など一部を共同化した空間をもつ集合住宅 ⑤ 住まいを取得したい人たちが集まり話し合いを重ねながら共に住宅を作り上げ管理していく方式 (4) 住生活基本法 (5) ① 25万円 ② 家賃未払いや設備破損等に対する保証金。退去時に使用金額を差し引いて返金される。 ③ (ア) 片開き扉 (イ) 引き違い窓

〈解説〉(1) 数字は個室の数を表し，アルファベットはそれぞれ，Lはリビング，Dはダイニング，Kはキッチンを表す。 (2) 建物を設計する際には，動線を考慮し，移動距離が長くなりすぎないように平面計画を練る。 (3) ③ シェアハウスには，家賃などの費用が安く抑えられるというメリットもあるが，共有空間が多くあるため，プライバシーの確保は課題となる。 ④ コレクティブハウスにはそれぞれの独立した住空間があるため，プライバシーが確保しやすい。また，共有空間もあるため，良好なコミュニティが形成しやすい。ただし，共有部分の役割分担や地域との結びつきに課題もあるようだ。 ⑤ コーポラティブハウスは，設計段階から関わることができるため，自分の理想に沿った住宅に住むことができる。ただし，考え方の一致をどうとるかや，コストが高くなりがちという面もある。 (4) 住生活基本法の基本理念は，「住生活の基盤である良質な住宅の供給」，「良好な居住環境の形成」，「居住のために住宅を購入するもの等の利益の擁護及び増進」，「居住の安定の確保」の4つである。 (5) ① 契約時に必要な費用は，敷金(家賃2か月分)＋礼金(家賃2か月分)＋仲介手数料(家賃1か月分)であるため，50,000×2＋50,000×2＋50,000＝250,000〔円〕である。 ② 敷金は，実際には全額戻ってくることはほとんどないのが現状であり，国土交通省が「原状回復をめぐるトラブルとガイドライン」を公表している。 ③ (ア) 平面表示記号の曲線は扉が開く様子を表しているため，片開き扉である。 (イ) 平面表示記号の

　中の平行の2本の線は窓が引き違う様子を表しているため，引き違い
窓である。

【5】(1)　①　流動性　　②　結晶性　　(2)　①　健康寿命　　②　廃
用症候群　　③　マイナンバー制度　　(3)　④
〈解説〉(1)　流動性知能は，新しい環境に適応するために，新しい情報
を獲得し，それを処理し，操作していく知能であり，処理のスピード，
直感力，法則を発見する能力などを含んでいる。結晶性知能は，個人
が長年にわたる経験，教育や学習などから獲得していく知能であり，
言語能力，理解力，洞察力などを含む。　　(2)　①　平成26年度版厚生
労働白書によると，男性の健康寿命70.42歳で，平均寿命より9.13年短
く，女性の健康寿命は73.62歳で，平均寿命より12.68年短い。
②　廃用症候群になると，骨がもろくなったり，転びやすくなったり
して，要支援状態になる危険性が高まる。　　③　マイナンバーは，社
会保障，税，災害対策の3分野で，複数の機関に存在する個人の情報
が同一人の情報であることを確認するために活用される12桁の番号で
ある。　　(3)　④はナチュラリゼーションではなく，ノーマライゼーシ
ョンである。

【6】(1)　①　精神　　②　生活　　③　社会　　④　経済
(2)　①　○　　②　○　　③　×　　④　×　　⑤　○
(3)　①　社会化　　②　機能名…料理をととのえる　など　　外部化
例…レストラン，惣菜店　など　　(4)　リプロダクティブ・ライツ
(5)　⑤
〈解説〉(1)　4つのなかでも，精神的自立が重要となる。自分自身の意志
で生きることができるかというテーマである。　　(2)　③は世帯には単
身世帯も含まれる。④は血族ではなく，姻族である。　　(3)　家庭機能
の社会化には，冠婚葬祭や保育，介護，クリーニングなどもある。
(4)　リプロダクティブ・ライツは，リプロダクティブ・ヘルスを享受
する権利である。リプロダクティブ・ヘルスは，人々が安全で満ち足

りた性生活を営むことができ，生殖能力を持ち，子どもを持つか持た
ないか，いつ持つか，何人持つかを決める自由をもつことを意味する。
(5)　⑤は父母両方ではなく，父母の一方である。

【7】(1)　①　穀類　　②　糖質　　③　食物繊維　　④　単糖類
⑤　多糖類　　⑥　果糖　　⑦　しょ糖　　(2)　①　グルコマンナン
②　ペクチン　　③　ガラクタン　　④　セルロース　　⑤　アルギ
ン酸　　(3)　①　アミロース：アミロペクチン＝約1：4　　②　中力
粉　　③　グルテン　　④　加熱に強い。野菜に比べ調理や貯蔵によ
る損失が少ない。など　　(4)　トランス脂肪酸　　(5)　①　がんもど
き　　②　ゆば　　③　凍り豆腐(高野豆腐)　　④　みそ　　⑤　き
な粉　　(6)　肉の熟成　　(7)　①　チョウザメ　　②　にしん
③　あゆ　　④　ぼら　　⑤　さけ　　(8)　①　亜鉛　　②　りん
③　ヨウ素　　(9)　①　名称　　②　内容量　　③　賞味　　④　遺
伝子　　⑤　アレルギー　　⑥　小麦　　(10)　①　食品安全委員会
②　フードファディズム　　③　トレーサビリティ　　④　フェアト
レード　　(11)　①　かくし包丁　　②　油抜き　　(12)　①　48g
②　$2\frac{2}{3}$ 杯

〈解説〉(1)　二糖類にはぶどう糖と果糖が結合したしょ糖，ぶどう糖が2
つ結合した麦芽糖，ガラクトースとぶどう糖が結合した乳糖がある。
多糖類には，でんぷん，グリコーゲンなどがある。　　(2)　①　グルコ
マンナンはこんにゃくの主成分である水溶性食物繊維である。
②　熟した果物などに含まれるペクチンは水に溶け，糖と酸を加える
とゲル化するため，ジャム作りなどに役立てられる。　　③　ガラクタ
ンはガラクトースが多数つらなった食物繊維である。　　④　植物はす
べてセルロースを含んでいるため，地球上で最も多く存在する炭水化
物である。　　⑤　アルギン酸は乳化安定剤として食品加工に用いられ
ている。　　(3)　①　もち米の場合はアミロペクチンのみが含まれてい
る。　　②　小麦粉はたんぱく質の含有量によって，強力粉，中力粉，
薄力粉に分類されている。　　③　グルテンは粘着力と弾性を適度に備

えているため，麺類やパンを作るときに不可欠である。　④　じゃが
いもやさつまいものビタミンCはでんぷんに包まれているため，加熱
に強い。　(4)　日本人のトランス脂肪酸の摂取量は，平均値で，総エ
ネルギー摂取量の0.3％であることが分かっており，通常の食生活では
健康への影響は小さいと考えられている。　(5)　大豆の加工食品は，
この他にもしょうゆ，豆腐，納豆など多岐に渡り，日本の食生活には
欠かせないものとなっている。　(6)　肉の熟成期間は，2～4℃で保存
した場合，牛肉8～10日，豚肉3～5日，鶏肉6～12日といわれる。　(7)
①　キャビアは世界三大珍味の一つである。　②　かずのこはおせち
料理の一つであり，子孫繁栄を願って食される。　③　うるかはあゆ
の内臓を塩漬けにしたものである。　④　からすみはぼらの卵巣を塩
漬けにしたものである。　⑤　いくらと似たものにすじこがあるが，
膜に覆われていないものがいくら，覆われているものがすじこである。
(8)　①　味覚を感じるのは舌の表面にある味蕾であり，味蕾の細胞は
生まれ変わるのに亜鉛を必要とする。　②　りんとカルシウムは骨の
構成成分として重要であるが，カルシウムが不足しているのに対して，
りんを過剰に摂取していることから，カルシウム吸収障がいを起こす。
③　日本人は海藻を好んで食べるため，ヨウ素を世界一摂取している。
(9)　食品の表示については，食品表示法によって定められている。
(10)　①　食品安全委員会は，国民の健康の保護が最も重要であると
いう基本的認識の下，食品を摂取することによる健康への悪影響につ
いて，科学的知見に基づき客観的かつ中立公正に評価を行う機関であ
る。　②　フードファディズムとは，食品や食品に含まれている栄養
素が，体に与える影響を，過大に良く評価すること，あるいは逆に過
大に悪く評価することを指す。　③　平成13(2001)年に日本で初めて
確認された牛海綿状脳症(BSE)の蔓延を防止することを契機に，食品
トレーサビリティの運用が行われている。　④　フェアトレードとは，
開発途上国の原料や製品を適正な価格で継続的に購入することによ
り，立場の弱い開発途上国の生産者や労働者の生活改善と自立を目指
す「貿易のしくみ」をいう。　(11)　①　おでんやふろふき大根用の

大根には十字に，煮浸し用のなすには格子状にかくし包丁を入れるのが一般的である。　②　油で揚げた食品は，油抜きをすることによって，油っぽさや臭みが取れ，味が染みやすくなる。　(12)　①　みその塩分濃度は，約13％であるため，塩1に対してみそは約8倍必要となる。5人分の水150×5＝750〔ml〕，必要な塩分の量750×0.8÷100＝6〔g〕，必要なみその量は，6×8＝48〔g〕である。　②　みそは大さじ1杯18gなので，48÷18＝$2\frac{2}{3}$〔杯〕である。

【8】(1)　①　ア　国民生活センター　　イ　消費生活センター　ウ　消費者基本法　　エ　消費者教育推進法　　②　カ　g　キ　c　　ク　f　　ケ　h　　コ　b　　サ　a　　シ　i　　ス　d　セ　　e　　ソ　j　(2)　①　プリペイドカード　　②　デビットカード　　③　クレジットカード　　④　リボルビング

(3)　①　誤…マルチ商法　　正…キャッチセールス　　②　誤…デジタル・ディバイド　　正…情報リテラシー　　(4)　①　グリーンコンシューマー　　②　(ア)　自分の温室効果ガス排出量のうち，削減できる量を他で排出削減・吸収し埋め合わせる取り組みを行い，また認定基準を満たしていることを示すマーク。　　(イ)　ア

〈解説〉(1)　①　国民生活センターは現在，東京と神奈川の2か所のみであるが，消費生活センターは全都道府県に設置されている。消費者支援に関する法律については，消費者保護基本法から消費者基本法，消費者教育推進法(消費者教育の推進に関する法律)へと，消費者は保護されるべき存在から，自立すべき存在へとその在り方も変遷している。②　アメリカのケネディ大統領が，1962年に消費者の4つの権利をうたったことが，世界各国の消費者行政の基本理念になったといわれている。　(2)　支払い方法の多様化はさらに進んでおり，この他にも携帯端末やカードを使用した電子マネーでの決済なども主流となりつつある。　(3)　①　マルチ商法は，会員が新規会員を誘い，その新規会員が更に別の会員を勧誘する連鎖により，組織を形成・拡大する販売形態である。　②　デジタル・ディバイドとは，パソコン，インター

ネットなどの情報技術を使いこなせる者とそうでない者の間に生じる情報格差のことである。　(4)　①　グリーンコンシューマーは直訳すると，緑の消費者という意味であるが，この緑は環境にやさしいということをイメージしており，環境を大切にする消費者を意味している。②　カーボンオフセットとは，できるだけ排出量が減るよう削減努力を行い，どうしても排出される温室効果ガスについて，排出量に見合った温室効果ガスの削減活動に投資すること等により，排出される温室効果ガスを埋め合わせるという考え方である。

2018年度　実施問題

【高等学校】

【1】次の各問いに答えなさい。

(1) 次の①～③の遊びについて述べた文章を読み，それぞれの説明内容に該当する最も適切な語句を答えなさい。

① 絵本やテレビなど。感性，想像力，言語能力が育つ。

② 人形遊びやごっこ遊びなど。想像力，生活を理解する力が育つ。

③ ブロックや砂遊びなど。感性，想像力，表現力が育つ。

(2) 玩具や絵本，音楽など，子どもの遊びを支え，生活を豊かにするものを総称して何というか答えなさい。

(3) 次の①～③の乳児期の特徴について述べた文を読み，それぞれの説明内容に該当する最も適切な語句を答えなさい。

① 大きな音がすると，腕を大きく開き，抱きつこうとする。

② 生後2～4日ごろから2週間ほど体が黄色みを帯びる。

③ 生後4～5か月ころから現れる「アーアー」など意味を持たない音声の繰り返し。

(4) 次の①～③の文を読み，文中の誤った語句又は数字を抜き出し，正しい語句又は数字を答えなさい。

① 出産後母体が妊娠前の状態に戻るまでの6～8週間の期間を回復期という。

② 乳歯は生後6か月ころから生え始め，3歳ころまでに24本の乳歯が生えそろう。

③ 親や保育者が子どもの気持ちを敏感に受け止め，愛撫したり抱いたりすることを介して，子どもと養育者との間に愛情や信頼感などの絆が形成されることをスキンシップという。

(5) 次の子どもの権利について述べた文章を読み，空欄（ ① ）～（ ⑩ ）にあてはまる最も適切な語句を答えなさい。

日本における子どもの権利の基本的な考え方は，日本国憲法に基

づいて，(　①　)(1947年公布)と(　②　)(1951年宣言)の中で明らか
にされている。現在，(　①　)において，児童福祉の対象は
(　③　)児童とし，(　②　)では(　③　)児童の幸福をはかるために
定めると明記されている。

　また，(　②　)の中では「児童は，(　④　)として尊ばれる」「児
童は，(　⑤　)として重んぜられる」「児童は，(　⑥　)で育てられ
る」とうたわれている。

　国際的には1989年に国連総会で児童の権利に関する条約が採択さ
れ，日本は1994年に(　⑦　)した。この条約では，第2条で(　⑧　)
を禁止すること，第3条で子どもの最善の(　⑨　)を考慮すること，
第19条で(　⑩　)による虐待・放任・搾取から子どもを保護するこ
となどを規定している。また，子どもは保護する対象というだけで
はなく，権利の主体としても明確に規定している。

(6)　次の児童虐待について述べた文章を読み，下の①〜③の各問いに
　答えなさい。

　　児童虐待防止法(児童虐待の防止等に関する法律)は西暦(　ア　)
　年に制定され，虐待の(　イ　)，虐待の予防及び(　ウ　)，虐待さ
　れた児童の保護など，児童虐待への対応の整備と強化が図られた。
　この法律の第6条では，(a)虐待を受けたと思われる児童を発見した
　者に対する義務を定めている。また，児童の(　エ　)確認などのた
　めの家庭に対する立ち入り調査や，虐待のおそれのある保護者に対
　する(　オ　)要求なども定められている。

①　空欄(　ア　)〜(　オ　)にあてはまる最も適切な語句又は数字
　を答えなさい。

②　下線部(a)について，どのような義務があるか説明しなさい。

③　児童虐待の種類は4つに大別される。虐待の種類を答え，その
　内容をそれぞれ説明しなさい。

(7)　日本における，子どもの貧困対策法(子どもの貧困対策の推進に
　関する法律)制定の目的について説明しなさい。

(☆☆☆◎◎◎)

【2】次の文章を読み，下の各問いに答えなさい。

　　(ア)日照には様々な作用があり，私たちの健康や生活になくてはならないものである。

　窓から効率よく可視光線を屋内に取り入れて明るくすることを（　①　）という。快適な明るさの環境づくりのためには，（　①　）とともに，照明による明るさの確保も必要である。また，日本は昔から高温多湿の気候に合わせて（　②　）の良い住まいがつくられてきた。現代では気密性に優れた住まいが多いが，換気が不足すると気付かないうちに空気が汚れ人体にも影響を与える。特に，寒い冬などは窓等に水滴が溜まる（　③　）を生じやすく，居住環境においてカビやダニの原因にもなっている。近年は，(イ)住まいに様々な化学物質が使用され，新築や改築後の住まいで体調不良が生じることも問題となっている。対策として(ウ)新築住宅の24時間機械換気の義務付けなど，法律に基づいた規制を行っているが，消費者の立場から建材などの安全性に目を向けることも大切なことである。

(1)　空欄（　①　）～（　③　）にあてはまる最も適切な語句を答えなさい。

(2)　下線部(ア)について，日照には，人に対して保健衛生上どのような良い効果があるか説明しなさい。

(3)　下線部(イ)について，このことを何というか答えなさい。

(4)　下線部(ウ)について，この法律の名称を答えなさい。

（☆☆◎◎◎）

【3】次の各問いに答えなさい。

(1)　次の高齢化の進み方について述べた文章を読み，空欄（　①　）～（　④　）にあてはまる最も適切な語句又は数字を答えなさい。

　　日本では，西暦（　①　）年に65歳以上の人口割合が7％となり，（　②　）社会となった。その後，西暦（　③　）年には65歳以上の人口割合が14％に達し，（　④　）社会となった。わが国において，65歳以上の人口割合が7％から14％に達する期間は，フランス，スウ

ェーデン，アメリカ合衆国と比較するとかなり短い。

(2)　次の高齢者の所得について述べた文章を読み，下の①・②の各問
いに答えなさい。

現在の高齢者世帯における収入は，平均するとおよそ7割が公的
年金及び(　ア　)である。

公的年金制度は高齢期の収入を保障する制度で，西暦(　イ　)年
に国民皆年金となった。この制度では，(　ウ　)歳から(　エ　)歳
未満のすべての国民が保険料を納めることが法律で定められてい
る。保険料は学生も納付しなければならないが，(　オ　)制度によ
って納付を猶予することもできる。

公的年金制度の被保険者は，(a)第1号被保険者，(b)第2号被保険者，
(c)第3号被保険者に分類される。また，給付される年金は(　カ　)
(基礎年金)と(　キ　)保険に分類され，それぞれにおいて(　ク　)年
金，(　ケ　)年金，(　コ　)年金がある。

①　空欄(　ア　)～(　コ　)にあてはまる最も適切な語句又は数字
を答えなさい。

②　下線部(a)～(c)の対象者はどのような人か，具体例をそれぞれ1
つずつ答えなさい。

(3)　次の高齢者の医療と介護について述べた文章を読み，空欄
(　①　)～(　⑭　)にあてはまる最も適切な語句又は数字を答えな
さい。

75歳以上の人は(　①　)制度に加入し，75歳未満の人は(　②　)
または被用者保険に加入する。これによって，医療機関で治療を受
けた際に，私たちはかかった医療費の一部の負担をして，残りは医
療保険でまかなわれることになる。

近年は，すべての国民が共に支え合い，健やかで心豊かに生活で
きる活力ある社会を目指して，(　③　)という基本方針が示されて
いる。(　③　)では，早期発見，早期(　④　)という二次予防では
なく，疾病の発生を防ぐ一次予防に重点を置いて，食生活・栄養，
身体活動・運動，休養・心の健康づくり，(　⑤　)，アルコール，

歯の健康，糖尿病，循環器病，(⑥)の9分野に具体的な数値目標を設定している。

　また，介護を必要とするようになった場合，その支援策として介護保険制度がある。この制度は(⑦)歳以上の人が保険料を納め被保険者となる。

　介護サービスを利用するには(⑧)などの窓口に申請をする。その後のサービス利用までの流れは表のようになる。

表

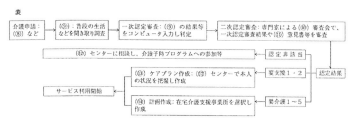

(4)　次の①・②の各問いに答えなさい。

①　2006年に施行された，介護者等からの高齢者に対する虐待を防止するための法律の名称を答えなさい。

②　①の法律が制定された背景を説明しなさい。

(5)　次の①・②の語句を説明しなさい。

①　ロコモティブシンドローム

②　ケアマネジャー(介護支援専門員)

(☆☆☆◎◎◎)

【4】次の各問いに答えなさい。

(1)　次の①〜⑤の文のうち，最も適切なものを1つ選び，番号で答えなさい。

①　糖質は摂取する総エネルギーの40％以下であることが望ましい。

②　海藻に多く含まれる食物繊維はペクチンである。

③　でんぷんは消化酵素で単糖類まで分解され，小腸から吸収される。

④　アミロースの含有量が多いでんぷんほど，α化したときに粘りがでやすい。

⑤　麦芽糖を主成分とする砂糖は，エネルギー源や甘味料として重要である。

(2)　次の①・②の文のそれぞれの説明内容に該当する鶏卵の調理性と，その調理性を利用した調理例を1つ答えなさい。

①　卵液は，水，牛乳，豆乳と混ざりやすい。

②　卵白のたんぱく質はかくはんすると泡立つ。

(3)　次の緑黄色野菜について述べた文章を読み，下の①・②の各問いに答えなさい。

　　　緑黄色野菜とは，原則として可食部100gあたり(　ア　)を600μg以上含む野菜であるが，(a)600μgに満たなくても(　イ　)量や使用頻度が高い色の濃い野菜も緑黄色野菜に分類されている。

①　空欄(　ア　)，(　イ　)にあてはまる最も適切な語句を答えなさい。

②　下線部(a)の例として最も適切なものを，次のア～オの中から1つ選び，記号で答えなさい。

　　ア　おくら　　　イ　トマト　　ウ　日本かぼちゃ
　　エ　にんじん　　オ　サニーレタス

(4)　たんぱく質の補足効果について，簡潔に説明しなさい。

(5)　牛乳は，体内へのカルシウムの消化吸収率が高い。この理由を簡潔に説明しなさい。

(6)　次の①～⑤の文のうち，適切でないものを1つ選び，番号で答えなさい。

①　特定保健用食品は，食品の摂取がもたらす効果に，科学的根拠が十分認められるものについてのみ厚生労働省から表示を許可される。

②　チルド食品とは，凍結直前の温度帯(－5℃～5℃)で流通する食品である。

③　アレルギーを発症する可能性のある食品として，法律により表

示が義務化されている食品は7品目である。

④　生鮮食品には，法律により名称と原産地を表示する義務がある。

⑤　食品添加物は，法律により品質表示に物質名か簡略名等で表示することが義務付けられている。

(7)　次の家庭でおこなうHACCPについて述べた文章を読み，空欄（　①　）～（　⑧　）にあてはまる最も適切な語句又は数字を答えなさい。

食品の購入時には，期限表示を確認し，生鮮食品は（　①　）なものを選ぶ。家庭での保存の際には，冷凍，冷蔵が必要な食品はすぐに，（　②　）や（　③　）に入れて保存する。下準備をするときは，まずはじめにしっかりと手を（　④　）。調理の際には十分な（　⑤　）を行う。（　⑤　）のめやすは中心部が（　⑥　）℃で（　⑦　）分間以上である。できあがった食品は室温に長く（　⑧　）しない。残った食品を温め直すときは十分に（　⑤　）をするようにする。

(8)　次の①・②の飾り切りの名称を答えなさい。

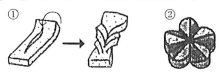

(9)　次の①・②の各問いに答えなさい。

①　かたくり粉大さじ2と小さじ1を合わせた重量は何gか答えなさい。

②　鍋よりも小さめのふたを材料に直接のせ，加熱調理する調理方法の名称とその効果を答えなさい。

（☆☆☆◎◎◎）

【5】次の各問いに答えなさい。

(1)　次の①・②の各問いに答えなさい。

①　次のア～クを，デザイン・素材選定後，道具・材料の用意を経て，仕上げ・着装・評価までの順に並べ，記号で答えなさい。

　　　　ア　裁断・しるしつけ　　イ　型紙の作成　　ウ　地直し

　　　　エ　本縫い　　　　　　　オ　試着　　　　　カ　採寸

　　　　キ　補正　　　　　　　　ク　仮縫い

　　②　綿の地直しの方法を説明しなさい。

(2)　次の①〜④の文のうち，最も適切なものを1つ選び，番号で答え

　　なさい。

　　①　アイスタッチ素材は，熱伝導率が低く，肌に触れた時に熱を素

　　　　早く奪い冷たく感じるように加工されている。

　　②　紫外線カット素材は，紫外線吸収剤や赤外線を散乱させる物質

　　　　を繊維に固着させている。

　　③　自己調節する繊維には，汗を吸うと生地の表面に凹凸が現れ，

　　　　べとつき感を解消するように加工されているものがある。

　　④　発熱素材は，天気と気温を察知して2〜3℃暖かくなるように加

　　　　工されている。

(3)　次の①〜③の加工について，その目的として最も適切なものを，

　　下の【選択肢】ア〜オの中からそれぞれ1つずつ選び，記号で答え

　　なさい。

　　①　SR加工　　　②　樹脂加工　　　③　ウォッシュアンドウェア加工

　　【選択肢】

　　　　ア　しわや収縮を防ぐ

　　　　イ　菌の増殖を抑え悪臭を防ぐ

　　　　ウ　洗濯によるしわを防ぐ

　　　　エ　付着した汚れを落ちやすくし汚れの再付着を防ぐ

　　　　オ　水蒸気を通すが水滴は通さない

(4)　次の繊維製品の表示について述べた文章を読み，空欄(　①　)〜

　　(　⑦　)にあてはまる最も適切な語句を，下の【選択肢】ア〜サの

　　中からそれぞれ1つずつ選び，記号で答えなさい。

　　　繊維製品の国際的な流通の増加に対応して，日本における繊維製

　　品の取扱い表示は，国際標準化機構の国際規格に整合した新たな日

　　本工業規格が示され，(　①　)法も改正された。この(　①　)法等

292

に基づいて, 繊維製品には組成表示や(②)表示, (③)表示などが表示されている。また, 不当景品類及び不当表示防止法に基づき(④)表示も表示されている。サイズ表示は(⑤)によって決められており, その寸法は着用する人の(⑥)寸法で表されている。そのほかにウールマークや(⑦)表示などの任意表示がある。

【選択肢】

ア 家庭用品品質表示 イ 国際消費者機構
ウ 製造物責任 エ 日本工業規格
オ 衣服 カ 表示者名および連絡先
キ 身体 ク 国際標準
ケ 原産国 コ 性能
サ デメリット

(5) 次の①の記号及び②の語句の意味を説明しなさい。

① ② 混用

(☆☆☆◎◎◎)

【6】次の各問いに答えなさい。

(1) 次の文章を読み, 下の①〜③の各問いに答えなさい。

高度経済成長期(1950年代後半〜)以降, 日本では(a)「男は外で働き, 女は家庭を守る」という性別によって役割を固定する考え方が広まった。しかし, 働く女性の割合は増え, (b)男女が互いの人権を尊重し, 責任を分かち合い個性と能力を十分に発揮できる社会の実現が急務となっている。また, 男女がともにつくる家庭・社会の実現は, 一人ひとりの家庭生活と職業生活の両立にかかわるものである。(c)国民一人ひとりがやりがいや充実感を感じながら働き, 仕事上の責任を果たすとともに, 家庭や地域生活などにおいても, 人生の各段階に応じて多様な生き方が選択・実現できる社会を目指し, 憲章も策定された。

　　① 　下線部(a)のような考え方を何というか答えなさい。

　　② 　下線部(b)のような社会を何というか答えなさい。

　　③ 　下線部(c)を目指し，2007年に策定された憲章の名称を答えなさい。

　(2)　次の①～⑤の文のうち，最も適切なものを1つ選び，番号で答えなさい。

　　① 　募集・採用から定年・退職・解雇までの雇用の各分野における男女平等に関することは女子差別撤廃条約に定められている。

　　② 　民法では女性は前婚の解消または取り消し後，150日を経過しないと再婚できない。

　　③ 　近年，女性の労働力率は上昇しているものの，出産・子育て時期に離職するM字型就労傾向は続いている。

　　④ 　2013年度の男性の育児休業取得率(厚生労働省雇用均等基本調査)は，5％をわずかに超えた程度である。

　　⑤ 　ニートとは，就学・就労・職業訓練のいずれも行っていない状態の15歳から25歳の若年無業者を指す用語である。

　　　　　　　　　　　　　　　　　　　　　　　　(☆☆☆☆◎◎◎)

【７】次の各問いに答えなさい。

　(1)　次の持続可能な社会を目指した取組について述べた文章を読み，下の①・②の各問いに答えなさい。

　　　日本では2000年に(ア)法が制定され，循環型社会を目指した取組が進められている。私たちができる身近な行動としては，ごみの発生を抑制する(イ)，できる限り再使用する(ウ)，再生利用する(エ)の3Rの行動があるが，3Rのうち(イ)，(ウ)の2Rはなかなか進みにくい現状がある。実践につなげるために，(オ)省ホームページに公開されている3R行動見える化ツールなどを活用してみることも考えられる。

　　　最近では，環境マネジメントシステムを導入する組織や，(a)CSRを果たす活動の一環として，(b)LCA(ライフサイクルアセスメント)

　　　　　　　　　　　　　　　　　　　294

の手法を用いて環境に配慮した製品づくりを行ったり，環境保全の
ために積極的に活動する企業も増えてきている。

　また，LCAの評価を活用して，商品のCO_2排出量をマークでわか
りやすく表示した(カ)の取組例もある。(カ)は，原材料調
達から廃棄・リサイクルに至るまでの全過程を通して排出される
CO_2排出量を商品に表示したもので，商品購入時の選択基準にする
こともできる。そのほか，商品につけられた環境ラベルは，環境に
配慮した商品を選択する際の参考になる。

① 空欄(ア)〜(カ)にあてはまる最も適切な語句を答えな
　さい。

② 下線部(a)・(b)の語句の意味を説明しなさい。

(2) 次のCO_2排出を削減する取組について述べた文章を読み，空欄
　(①)〜(⑤)にあてはまる最も適切な語句を答えなさい。

　　石油や石炭などの化石燃料には限りがあるが，(①)光や
　(①)熱，地熱，バイオマス，風力，(②)などは再生可能な
　エネルギーであり，CO_2をほとんど排出しないため導入・普及が進
　められている。

　　(③)は，もよりの駅まで自動車を利用して公共交通機関に乗
　り換える取組である。CO_2の排出抑制だけでなく都市部の(④)緩
　和にもつながっている。コミュニティサイクルは，いつでも誰でも
　利用できる(⑤)の共同利用システムであり，環境にやさしい取
　組のひとつである。

(3) 次の消費者問題の発生について述べた文章を読み，空欄(①)
　〜(④)にあてはまる最も適切な語句又は数字を答えなさい。

　　消費者問題は複雑で深刻になっており，インターネットによるト
　ラブルは急増している。インターネットの利用にあたっては，
　(①)の漏えいに気をつけながら，犯罪についての知識を持ち，
　被害にあわないように注意しなければならない。

　　インターネットによるショッピングを行う際には，信用できる取
　引かどうか，情報の真偽や評価などについてよく調べ，支払い方法

についても十分検討する。また，SSL(Secure Sockets Layer)が使われているか，(　②　)に関する記載はどのようになっているかを確認することなども重要である。SSLはインターネット上で(　①　)や金銭情報を安全にやりとりするしくみで，SSLが使われている場合は画面に錠前のアイコン表示があり，URLは(　③　)：//で始まる。

　(　②　)については，たとえ記載がなくても，商品が届いてから(　④　)日以内に消費者が送料を負担することで可能である。

(4)　次の債務整理の方法について述べた文章を読み，空欄(　①　)〜(　⑧　)にあてはまる最も適切な語句を，下の【選択肢】ア〜サの中からそれぞれ1つずつ選び，記号で答えなさい。

　債務整理の方法には，まず，債務者が直接もしくは弁護士をかいして債権者と(　①　)をして借金の減額を求め，返済金額・期間を決める(　②　)がある。

　個人再生手続きという方法は，継続的に安定した収入が見込まれる債務者が(　③　)を持ち続けながら再生できる手続きとして(　④　)に申し立てるものである。

　また，(　⑤　)自身が(　④　)に自己破産を申し立てて，(　⑥　)許可を得る自己破産もある。

　このほか，債務者が(　⑦　)に調停を申し立て，調停委員をかいして返済金額・期間を決める(　⑧　)という方法もある。

【選択肢】

ア	地方裁判所	イ	簡易裁判所	ウ	任意整理
エ	民事再生	オ	特定調停	カ	和解交渉
キ	免責	ク	債権者	ケ	債務者
コ	財産	サ	返済		

(☆☆☆◎◎◎)

解答・解説

【高等学校】

【1】(1) ① 受容(遊び) ② 模倣(遊び) ③ 構成(遊び)
(2) 児童文化財 (3) ① モロー反射 ② 生理的黄疸
③ 喃語 (4) ① (誤)回復→(正)産褥 ② (誤)24→(正)20
③ (誤)スキンシップ→(正)アタッチメント(愛着) (5) ① 児童福
祉法 ② 児童憲章 ③ すべての ④ 人 ⑤ 社会の一
員 ⑥ よい環境のなか ⑦ 批准 ⑧ 差別 ⑨ 利益
⑩ 親 (6) ① ア 2000 イ 禁止 ウ 早期発見
エ 安全 オ 出頭 ② 市町村，都道府県の設置する福祉事務
所もしくは児童相談所，または児童委員を介して，市町村，都道府県
の設置する福祉事務所もしくは児童相談所に通告しなければならな
い。 ③ 種類…身体的虐待 説明…児童に外傷が生じたり，生じ
るような暴行を加える。 種類…性的虐待 説明…児童にわいせつな
行為をする，させる。 種類…ネグレクト(育児放棄) 説明…児童に
食事を与えない，ひどく不潔にする等，保護者としての監護を著しく
怠る。 種類…心理的虐待 説明…言葉による脅し，無視等，児童の
心を著しく傷つける言動をする。 (7) 子どもの将来が生まれ育っ
た環境によって左右されることのないよう，貧困の状況にある子ども
がすこやかに育成される環境を整備し，教育の機会均等などを図るた
め。

〈解説〉(1) ① 受容遊びは受け身になる遊びで，1～2歳頃から始まる。
② 模倣遊びは何かのマネをして楽しむ遊びで，ピークは3～4歳。
③ 構成遊びはものを作ったり，組み立てたりすることによって楽し
みを感じる遊び。1歳から学童期にかけてみられる。発育期の子ども
にとって，遊びはとても重要である。特に，外で思い切り体を使う遊
びは，子どもの心と体の健全な発育が促されると言われている。
(2) 子どもは，成長過程で多くの児童文化財に出会う。子どもたちを

取り巻く環境が激変している状況下にあって，優れた児童文化財の役割は重要性を増している。　(3)　①　新生児期に無意識に出る反応を，原始反射(姿勢反射)という。原始反射の種類はとても多く，モロー反射は，新生児期の防衛反応と考えられている。ほかに，吸啜反射(口に触れたものに吸いつく反射)，把握反射(指などで圧迫すると強く握りしめる反射)，バビンスキー反射(足の裏の小指側をこすると親指をそらす反射)などがある。　②　新生児は生理的に多血であり，そのため「赤ちゃん」と呼ばれる。しかし，赤血球の寿命が短いことから，生後まもなく皮膚の黄色みが増す。　③　喃語は，言葉を話す前の段階で発せられる。これにより，声帯の使い方や発声の仕方を学ぶことができる。　(4)　①　出産後のダメージは個人差がある。産後，徐々に体が回復することを「産後の肥立ち」と呼ぶが，これは産褥期の過ごし方で変わってくる。　②　乳歯は前歯が上下6本ずつあり，奥歯が上下左右合わせて4本あるため，合計20本あるのが普通。乳歯は6歳頃から抜け始め，10〜12歳頃までに永久歯がほぼ生えそろう。　③　スキンシップは，お互いの体や肌を触れ合わせることで，一体感を共有する行為。アタッチメント(愛着)は，幼少期に親子の間で築かれる強い愛情の絆である。　(5)　児童福祉法は，児童の心身の健全な成長，生活の保障，愛護を理念としている。児童福祉法における児童とは，満18歳に満たない者をいう。また，「児童の権利に関する条約(子どもの権利条約)は，4つの権利(生存・成長・保護・参加)を規定している。これらの問題は出題されやすいので，よく覚えておこう。

(6)　①　児童虐待防止法は，その後の改正によって，児童相談所の権限が強化されている。　②　児童虐待の通告は，すべての国民に課せられた義務である。その後の法改正により，対象を「虐待を受けた児童」から，「児童虐待を受けたと思われる児童」に改められた。

③　身体的虐待は，児童虐待の中で最も相談件数が多い。虐待の行為としては，首を絞める・投げ落とす・熱湯をかけるなど，生命に関わる危険なものもある。性的虐待には，より広い行為が含まれる。例えば，子どもの裸の写真を撮って販売したりすることも，性的虐待に相

当する。ネグレクトは保護の怠慢であるが，非常に境界線を定めにく
い虐待といえる。心理的虐待は，子どもに著しい心理的外傷を与える
言動を行うこと。子どもが，DV(配偶者からの暴力)を日常的に目撃す
るような事案も，心理的虐待と判断されている。　(7)　子どもの貧困
対策法は，2014年に施行された。子ども食堂や学習支援などの実施に
より，支援体制の輪は少しずつ広がりを見せている。しかし，子ども
の貧困率は，2015年時点で13.9%とまだ高い。さらなる実態把握に努
めるとともに，社会保障全体を見通した制度や取り組みの整備が求め
られている。

【2】(1)　①　採光　　②　通風(風通し)　　③　結露　　(2)　体内での
ビタミンDの生成。新陳代謝の促進や殺菌作用。　(3)　シックハウス
症候群　　(4)　建築基準法
〈解説〉(1)　日当たりのことを「日照」，太陽の光(可視光線)を室内に取
り入れることを「採光」，人工的な光を「照明」という。　(2)　紫外
線の中のドルノ線(健康線とも呼ばれる)の働きにより，ビタミンDが生
成される。ビタミンDには腸の吸収を高め，骨の形成と発育障害を防
ぐ効用が認められている。また，紫外線の殺菌作用により，日光消毒
の効果が得られる。　(3)　シックハウス症候群は，建材や家具の接着
剤などに含まれる，揮発性有機化合物により引き起こされる。めまい
や吐き気，頭痛など様々な症状が報告されている。　(4)　この対策と
して2003年に建築基準法が改正され，化学物質の放散量が基準を超え
る製品は使用禁止となった。

【3】(1)　①　1970　　②　高齢化　　③　1994　　④　高齢
(2)　①　ア　恩給　　イ　1961　　ウ　20　　エ　60　　オ　学生納
付特例　　カ　国民年金　　キ　厚生年金　　ク　老齢　　ケ　障害
コ　遺族　　②　(a)　自営業者，学生　　(b)　サラリーマン，公務員
(c)　第2号被保険者の被扶養配偶者　　(3)　①　後期高齢者医療
②　国民健康保険　　③　健康日本21　　④　治療　　⑤　タバコ

⑥　がん　　⑦　40　　⑧　市町村(市区町村)　　⑨　認定調査
⑩　介護認定　　⑪　主治医　　⑫　地域包括支援　　⑬　介護予防
⑭　介護サービス　　(4)　①　高齢者虐待防止法(高齢者虐待の防止，高齢者の養護者に対する支援等に関する法律)　　②　介護の長期化や介護者が一人の人に任されること等による介護疲れやストレスにより，高齢者に対する虐待や介護の放棄・放任等が社会的な問題となったため。　　(5)　①　骨や関節などの運動器の障がいのために要介護となる危険性の高い状態のこと。　　②　居宅介護支援事業所に所属し，ケアプラン作成やサービスの調整などを行う者。

〈解説〉(1)　65歳以上の人口を高齢者人口，総人口に占める65歳以上の高齢者の割合を高齢化率という。高齢化率が7％を超えると高齢化社会，14％を超えると高齢社会，21％を超えると超高齢社会といわれる。(2)　2015年10月1日に「被用者年金一元化法」が施行された。これにより，これまで厚生年金と共済年金に分かれていた被用者の年金制度が，厚生年金に統一された。　(3)　高齢者の医療費の自己負担割合は，75歳以上の人が1割，70〜74歳までの人が2割である。ただし，いずれも現役並み所得者は3割負担となる。健康日本21(第2次)は，2013年度から10年間の計画で，国民の健康増進を図ることにしている。これをもとに，「健康寿命をのばそう！」をスローガンにしたスマート・ライフ・プロジェクトなどが推進されている。　(4)　①　高齢者虐待防止法は，2006年4月に施行。高齢者への虐待を「身体的虐待」「介護の放棄・放任」「心理的虐待」「性的虐待」「経済的虐待」に分類している。家庭内や高齢者施設で虐待が疑われる事例を発見した場合は，速やかに市区町村に通報する必要がある。通報を受けた市区町村は虐待防止や高齢者保護のための適切な措置をとると定めており，立ち入り調査などができると規定している。　②　「家庭内における高齢者虐待に関する調査」(財団法人医療経済研究機構)などで，高齢者虐待の問題が明らかとなった。その深刻な実態がマスコミでも報道され，社会的な問題として広く認識されたことが背景にある。なお，この法律の高齢者とは，65歳以上の者と定義されている。　(5)　①　2007年，日本

整形外科学会が,「超高齢化社会・日本」の未来を見据え,この概念(略称：ロコモ)を発表した。ロコモの予防には,「長生きを支える足腰づくり」などが提唱されている。　②　ケアマネジャーは介護保険のスペシャリストで,資格を得るためには「介護支援専門員実務研修受講試験」に合格する必要がある。ケアサービスを受ける高齢者の課題を把握する,「アセスメント(課題分析)能力」が求められる。

【4】(1)　③　　(2)　①　調理性…希釈　調理例…茶碗蒸し,卵豆腐,カスタードプリン　から1つ　②　調理性…起泡　調理例…スポンジケーキ,メレンゲ,マシュマロ　から1つ　(3)　①　ア　カロテン　イ　摂取　②　イ　(4)　アミノ酸価が低い食品も,アミノ酸価が高い食品と組み合わせることで,食事全体のアミノ酸価を高める効果のこと。　(5)　カルシウムとリンがカルシウムの吸収率を最も高める1：1の割合で含まれているため。　(6)　①　(7)　①　新鮮②　冷蔵庫　③　冷凍庫　④　洗う　⑤　加熱　⑥　75⑦　1　⑧　放置　(8)　①　たづな　②　ねじり梅(9)　①　21(g)　②　名称…落としぶた　効果…煮汁が全体にしみこみ,煮崩れを防ぐ。

〈解説〉(1)　①　糖質は「40％以下」ではなく,「50～60％」が望ましいとされている。　②　海藻には,「ペクチン」ではなく,「アルギン酸」が多く含まれている。　④　「アミロース」ではなく,「アミロペクチン」が正しい。米を炊飯したとき,アミロペクチンが多いほど粘りが出ておいしいと感じる。　⑤　砂糖の主成分は「麦芽糖」ではなく,「ショ糖」。　(2)　①　卵液はだし汁や牛乳などで,好みの濃度に薄めることができる。鶏卵の希釈性を利用した茶碗蒸しは,卵液とだし汁を溶き混ぜ,好みの具材を加え蒸して作る。　②　起(気)泡性は,卵白の性質による。かき立てると空気が混ざり,起泡ができる。メレンゲは,冷えた卵白を泡立ててから砂糖を加え,さらにツヤが出るまで泡立てて作る。鶏卵の調理性には,このほか熱凝固性・乳化性がある。熱凝固性は,熱を加えることで固まる性質。卵黄は約68℃,卵白は約

73℃で凝固する。乳化性は，卵黄のレシチンの働きによる。水や油等を中和することで，マヨネーズなどができる。　(3)　①　カロテンは，体内でビタミンAに変化するため，プロビタミンAとも呼ばれる。疲れ目や肌荒れを防ぐ効果があるとされる。　②　トマトのほか，ピーマンもカロテンは600μg未満だが，緑黄色野菜に含まれる。　(4)　例として，リシンが不足している小麦に，リシンを多く含む魚・肉・卵などを組み合わせると，小麦の栄養価を高めることができる。

(5)　リンはカルシウム代謝と関係が深いが，リンの割合が多すぎるとカルシウムの吸収が阻害される。消化吸収率の高い牛乳は，骨組織の形成期(青少年期)の重要な供給源である。　(6)　①の特定保健食品は，「厚生労働省」ではなく，「消費者庁」の許可を得て表示する。なお，機能性表示食品は，販売前に消費者庁に届け出れば機能性を表示できる。　(7)　HACCP(ハサップ)は，宇宙食から生まれた食品の衛生管理システムである。設問の文章は，家庭で行うHACCP(食中毒予防の6つのポイント)について述べたもの。企業では，衛生的な工程管理がなされていると，厚生労働大臣によって承認された商品に，下のマークが付けられる。対象食品には，牛乳・乳製品，食肉製品，レトルト食品，清涼飲料水などがある。

(8)　飾り切りは，料理に趣を添えるために，主に野菜類を季節の植物などの形に切ること。たづな(手綱)は，かまぼこの飾り切りが，おもてなし料理などに使われる。ねじり梅は，主にニンジンを用いて煮しめやお雑煮に使われる。　(9)　①　かたくり粉，小麦粉，上白糖は，大さじ1が9g，小さじ1が3gである。よって，9g×2＋3g×1＝21 gとなる。　②　沸騰した煮汁が，落としぶたに当たることによって，少ない煮汁でむらなく煮含めることができる。さらに煮崩れだけでなく，臭いがこもるのを防ぐ効果もある。

【5】(1) ① デザイン・素材選定→カ→イ→道具・材料の用意→ウ→ア→ク→オ→キ→エ→仕上げ・着装・評価 ② 1時間ほど水につけ，干した後にアイロンをかけながら布目を正す。 (2) ③
(3) ① エ ② ア ③ ウ (4) ① ア ② カ
③ コ ④ ケ ⑤ エ ⑥ キ ⑦ サ (5) ① 日かげのぬれつり干しがよい。 ② 繊維の短所を補い，長所を伸ばすために2種類以上の繊維を混ぜること。

〈解説〉(1) ② 地直しの目的は，布のゆがみやシワを取り，布目を正しく通すこと，洗濯による収縮を防ぐことにある。綿織物の場合は1時間水につけ，生乾きの状態で裏から布目を正しながら，180～200℃でアイロンをかける。防縮加工をした布は，水につけずに裏からアイロンをかける。 (2) ① アイスタッチ素材は，熱伝導率が「低く」ではなく，「高く」が正しい。 ② 紫外線カット素材は，繊維に「固着させている」のではなく，「練りこむ」か，後に「加工で固着させる」。 ④ 発熱素材は，「天気と気温を察知して」ではなく，「微量の汗に反応して発熱して」となる。 (3) SR加工は，再汚染を防ぐ防汚加工でワイシャツなどに施される。樹脂加工は，繊維に合成樹脂を染みこませる加工。ウォッシュアンドウエア加工の利点は，洗濯のあとの乾燥が早く，そのまますぐ着られる点にある。 (4) 繊維製品には家庭用品品質表示法，日本工業規格(JIS)などに基づいて，組成表示や取り扱い表示，衣料サイズ表示，原産国表示などが表示されている。任意表示には，品質を保証するウールマーク，防炎製品ラベル(衣類，寝具類など)，各企業などによる取扱い注意書きなどがある。

(5) ① 設問の記号は，新JISの洗濯表示記号「表4自然乾燥」の上から2番目に表示されている。選択表示記号については，まず下図のように基本となる5つを理解しておきたい。

さらに，付属する記号等として，以下のものがある。

注意して覚えておきたいのは，漂白では三角形に斜線(//)が2本入ると，「酸素系漂白剤の使用はできるが，塩素系漂白剤は使用禁止」。乾燥では，縦線は「縦に干す」。横線は「平干し」。1本は脱水してから，2本は濡れたまま。そして，そこに斜線が入ると「日陰」である。

②　糸加工には，2種類以上の短繊維を混合して紡績した混紡糸と，2種類以上の長繊維に撚りをかけた混繊糸がある。それぞれの長所を生かし，短所を補うように工夫されている。これら複数の繊維を使用して生地を作るとき，繊維が「混用」されているといい，それぞれの繊維の割合を「混用率」という。

【6】(1)　①　性別役割分業　　②　男女共同参画　　③　仕事と生活の調和(ワーク・ライフ・バランス)　　(2)　③

〈解説〉(1)　①　日本における性別役割分業は，武家社会の出現とともに確立したとされる。戦後，家制度が廃止され，高度経済成長期に核家族化が進展。家庭では専業主婦が多くなり，性別役割分業が広まった。　②　男女共同参画社会は，男性も女性も，意欲に応じて，あらゆる分野で活躍できる社会のこと。1999年，男女共同参画社会実現に向け，「男女共同参画社会基本法」が制定された。これは，男女の人権の尊重，社会における制度または慣行についての配慮，政策等の立案及び決定への共同参画，家庭生活における活動と他の活動の両立，国際的協調を5つの柱としている。　③　この憲章では，具体的に以下のような社会を目指すべきとしている。1「就労による経済的自立が可能な社会」，2「健康で豊かな生活のための時間が確保できる社会」，3「多様な働き方・生き方が選択できる社会」。　(2)　①　「女子差別撤廃条約」ではなく，「男女雇用機会均等法」。　②　民法が改正される前までは，「150日」ではなく180日(6カ月)だったが，2016年の改正後は「100日」に短縮された。　④　2013年度の取得率は「5％」ではなく，「2.03％」。因みに2016年度は，3.16％となっている。　⑤　ニートの年齢の定義は，15歳から「25歳」ではなく，「34歳」である。

【7】(1)　①　ア　循環型社会形成推進基本　　イ　リデュース
ウ　リユース　　エ　リサイクル　　オ　環境　　カ　カーボンフッ
トプリント　　②　(a)　企業の社会的責任のこと。　　(b)　商品などの
製造や流通，使用，リサイクルや廃棄処理に至るまで，資源やエネル
ギー，水を消費しCO_2や窒素酸化物などを排出する。これらをすべて
計算し環境影響を評価すること。　　(2)　①　太陽　　②　水力
③　パーク・アンド・ライド　　④　交通渋滞　　⑤　自転車
(3)　①　個人情報　　②　返品　　③　https　　④　8
(4)　①　カ　　②　ウ　　③　コ　　④　ア　　⑤　ケ　　⑥　キ
⑦　イ　　⑧　オ

〈解説〉(1)　①　循環型社会とは，有限資源を効率的に利用し，再生産
を行って循環させながら利用していく社会のこと。循環型社会に向け
て3Rの考え方は重要であるが，さらに，不要なものはもらわずに断る
(拒否)＝リフューズ(Refuse)，壊れたり傷んだものは修理して大切に使
う(修理)＝リペア(Repair)を加えた「5つのR」が大切となる。　②　Ｃ
ＳＲは，Corporate Social Responsibilityの略。企業が事業活動を通じて，
自主的に社会貢献をする責任のこと。LCAは，Life Cycle Assessment
の略。製品やサービスに対する，環境影響評価の手法である。
(2)　再生可能エネルギーは，基本的に枯渇する心配がないという利点
もある。原子力発電が東日本大震災以後，安全性の問題などから見直
されるようになり，再生可能エネルギーへの期待はより高まっている。
ただ，気候や時間帯などに影響される発電方法が多いこと，技術開発
に多額の費用が発生するといった課題も残されている。　(3)　返品に
ついては，クーリング・オフ(契約解除)ができる商品であるかどうか
を，購入前に確認しておくことが大事。通信販売にクーリング・オフ
制度はない。また，ホームページについては安全性の確認のほか，問
い合わせ先や注文明細，メールでの確認内容などは印刷して保管する。
さらに，会社や店の名前，責任者名，住所，連絡先(メールアドレス以
外に電話番号・FAX番号等)なども注文前に確認し，控えるようにする。
(4)　多重債務では，返済能力を超えた過剰与信，つまり，貸し付けが

問題となり，一定以上の貸し付けは改正貸金業法により制限されるようになった。なお，裁判所法では，請求額が140万円以下の民事事件については簡易裁判所が担当し，それ以外の民事事件については地方裁判所で扱うことになっている。

2016年度　実施問題

【中学校】

【1】中学校学習指導要領解説技術・家庭編(平成20年9月)に関する，次の各問いに答えなさい。

(1) 次の文章は，「技術・家庭科の目標及び内容」における，「家族・家庭と子どもの成長」についての一部である。(①)～(⑦)に入る最も適切な語句を下の【語群】から選び，記号で答えなさい。

> (3) 幼児の生活と家族について，次の事項を指導する。
> ウ　幼児と触れ合うなどの活動を通して，幼児への関心を深め，かかわり方を工夫できること。

・幼児と触れ合う活動については，生徒が自分なりの(①)をもって，幼児の(②)の状況に応じたかかわり方を工夫し(③)できるようにする。幼児へのかかわり方については，例えば，対象とする幼児の(②)やその時の幼児の状況に応じて，接し方や話し方，(④)などを工夫して(③)することが考えられる。また，幼児と触れ合うことのよさに気付くなど，幼児に対する(⑤)な関心が得られるようにする。

・指導に当たっては，体験したことを(⑥)，話し合ったりするなどの活動を工夫し，幼児への(⑦)が深まるよう配慮する。

【語群】

ア　発達	イ　意見	ウ　振り返ったり
エ　支援	オ　聞き方	カ　計画的
キ　言語	ク　積極的	ケ　遊び
コ　学習	サ　課題	シ　意図的
ス　伝え合ったり	セ　気付き	ソ　観察
タ　実践	チ　目標	ツ　理解

(2)　次の文章は，「指導計画の作成と内容の取扱い」における，指導計画の作成についての説明である。(　①　)～(　⑦　)に入る最も適切な語句を下の【語群】から選び，記号で答えなさい。

・家庭分野では，小学校家庭科での学習を踏まえ，(　①　)な内容の確実な定着を図るため，これまで必修項目と選択項目で示されていた「A生活の自立と衣食住」「B家族と家庭生活」の内容構成を改め，内容を「A家族・家庭と子どもの成長」，「B食生活と自立」，「C衣生活・住生活と自立」「D身近な消費生活と環境」の4つとし，すべての生徒に履修させることとした。ただし，学習した(　②　)と(　③　)などを(　④　)し，これからの生活を展望する能力と(　⑤　)をはぐくむことの必要性から，家庭分野の内容の「生活の課題と実践」に当たる3事項については，これらのうち1又は2事項を選択して履修させることとした。

・各分野の指導にあっては，前回の学習指導要領に引き続き，各学校が創意工夫して教育課程を編成できるようにする観点や，(　①　)な内容を確実に身に付けさせるとともに生徒の興味・関心等に応じて課題を設定できるようにする観点から，各分野の各項目に配当する(　⑥　)及び履修学年については，地域や学校及び生徒の(　⑦　)等に応じて各学校で適切に定めることとしている。

【語群】

ア　基礎的・基本的	イ　応用	ウ　実践的な態度
エ　総合的	オ　継続的	カ　題材
キ　資質	ク　知識	ケ　理解
コ　技術	サ　思考	シ　表現
ス　有機的	セ　具体的	ソ　実態
タ　系統的	チ　活用	ツ　活動
テ　題材数	ト　男女比	ナ　人数
ニ　授業時数		

(☆☆☆◎◎◎)

【2】食品・食生活に関する次の各問いに答えなさい。

(1)　炭水化物の代謝について，次の（　①　）〜（　③　）に入る最も適
切な語句を答えなさい。

・摂取された炭水化物は，だ液，すい液，小腸の粘膜などに含まれ
る（　①　）の作用を受けて，ぶどう糖などの単糖類にまで分解さ
れ，小腸粘膜から血液中に入る。

・食物を摂取したあとは，血液中のぶどう糖濃度が高くなり，
（　②　）の合成がさかんに行われる。一方，血液中のぶどう糖濃
度が低いときなどは，肝臓の（　②　）が必要に応じてぶどう糖に
変化し，（　③　）となり各組織に運ばれる。

(2)　食品の加工に関する問いに答えなさい。

①　じゃがいもの発芽部分に含まれる有害物質を答えなさい。

②　米の加工品について説明した次のア〜エについて，最も適切な
加工品を下の【語群】から選び，答えなさい。

ア　うるち米を水に漬け，石臼でひいたものを蒸し，細い穴から
押し出してめん状にしたもの

イ　もち米を水にさらしたのち，水を加えながら石臼でひいて粉
にしたもの

ウ　精白したもち米を蒸したのち，臼でついて延ばしたもの

エ　うるち米を粉砕して乾燥したもの

【語群】

うどん　　　　上新粉　　　強力粉　　　せんべい　　　もち

ビーフン　　　薄力粉　　　イースト　　白玉粉　　　　あられ

おこわ

(3)　次の①〜⑤の食材の切り方を表す最も適切な図を，あとから選び，
それぞれ記号で答えなさい。

①　くし形切り　　②　いちょう切り　　③　末広切り

④　せん切り　　　⑤　乱切り

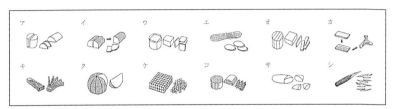

(4) 次の季節に合わせた献立に関する説明①〜⑤について，最も適した季節(春夏秋冬)をそれぞれ答えなさい。

① しょうが，みょうが，青じそなどの薬味や酢醤油を使うと食欲が出る。

② たら，白菜，大根など煮込み料理やなべ料理などによい食品が豊富に出回る。汁にとろみをつけると料理が冷めにくくなる。

③ 新米のおいしさを味わうとよい。りんご，ぶどうなどの果物が多いのも楽しみの一つである。

④ せり，菜の花，ふきなどを食べるとよい。さよりや白魚などを食卓にのせるのもよい。

(5) 脂質1gあたりの発生エネルギーを答えなさい。

(6) 次の食品につけるマーク①〜③の意味を説明したものとして，最も適切なものを下のア〜エから選び，記号で答えなさい。

ア　都道府県が定めた認証基準に適合する地域特産品につける。

イ　不当表示や誇大広告を規制する目的で，各業界がつけている。上のマークは飲用乳のマーク。

ウ　農林水産省の規格，品質表示の適正化の検査に合格したものにつける。

エ　主な原材料が遺伝子組換えである食品につける。

(☆☆☆◎◎◎)

310

【3】消費生活と環境に関する次の各問いに答えなさい。

(1) 次の①～③は消費者問題から消費者を救済する制度や法律などについての説明である。それぞれについて最も適切なものを下の【語群】から選び，記号で答えなさい。

① 消費者側から契約の解除や申し込みの撤回ができる。

② 消費者取引の包括的な法律で，勧誘時に事実でないことを言う，事実を隠して誤認させる，強引にその場から帰らない・帰さないで困惑させたまま契約をさせた場合などに，契約を取り消すことができることなどを定めた。

③ 2004年にそれまでの消費者「保護」から，権利に支えられた「自立」支援政策への転換をめざし，「消費者保護基本法」が改正され，改称された。

【語群】

ア クーリング・オフ制度　　イ 消費者基本法

ウ 消費者の8つの権利　　　エ 国際消費者機構

オ 消費者契約法　　　　　　カ 経済的投票行動

キ 製造物責任法

(2) 次の文は，日本のフードマイレージについて説明したものである。(①)～(⑤)にあてはまる最も適切な語句を下の【語群】から選び，記号で答えなさい。

・フードマイレージとは，食料の(①)に使用したエネルギーが環境に与える(②)を示す指標をいう。

・日本のフードマイレージは，諸外国に比べ非常に(③)。輸入された食料を仮に(④)で生産した場合，必要となる水を推定した量を(⑤)という。

【語群】

ア 生産　　　　イ 小さい　　　　ウ 輸送　　　エ 効果

オ 負荷　　　　カ エコライフ　　キ 大きい　　ク 自国

ケ 食品ロス　　コ バーチャルウォーター

(3)　環境に配慮した消費生活を実行する消費者を何というか。

(4)　次の①～③は，環境への配慮を示すマークの説明である。（　ア　）～（　ウ　）にあてはまる最も適切な語句を下の【語群】から選び，答えなさい。

① 　ニコマーク

環境負荷の低減など(　ア　)に役立つと認められた商品につけられる

② 　グリーンマーク

古紙を(　イ　)使用する紙製品につけられる

③ 　ペットボトル識別マーク

(　ウ　)として利用する目的で分別回収するための表示としてつけられる

【語群】

環境美化	農作物	商品	20％以上	40％以上
環境保全	再生資源	包装紙	省エネルギー	

(☆☆☆◎◎◎)

【4】家族・家庭と子どもの成長に関する次の各問いに答えなさい。

(1)　社会との関わりに関する次の各問いに答えなさい。

①「自分らしく」生きていくための障害となるような男女差別の解消に向け，「男女の社会における活動の選択に対して及ぼす影響をできる限り中立なものとするように配慮されなければならない」と掲げられたのは次のどの法律か，ア～エの中から1つ選び記号で答えなさい。

ア　DV防止法　　イ　民法　　ウ　社会福祉法

エ　男女共同参面社会基本法

②　社会的・文化的につくられた男女の役割・性差のことを何というか。

③　次のア～エの中から，ノーマライゼーションの考え方を説明しているものを1つ選び，記号で答えなさい。

ア　そこで暮らしている多くの人たちが参加し，得意分野を持ち
　　より地域で支え合う暮らしをつくろうとする考え方。

イ　障がいのある人もない人も，だれもがあたりまえに生活でき
　　る社会が正常な社会であるという考え方。

ウ　学校など日ごろ生活しているところから離れて，未知の世界
　　に飛び込もうとする考え方。

エ　地域の福祉や教育等に関して非営利で自発的な自己管理組織
　　をつくろうとする考え方。

④　次のア～エの中から，産前産後休暇について定めた法律を1つ
　　選び，記号で答えなさい。

　　ア　労働基準法　　　イ　母子保健法　　　ウ　男女雇用機会均等法
　　エ　育児・介護休業法

⑤　【図1】は日本の非労働力人口における就業希望者の働きたく
　　ても何らかの事情で働くことができない理由の内訳である。グラ
　　フ内のaは，女性で最も多い理由である。それはあとのどれか，1
　　つ選び記号で答えなさい。

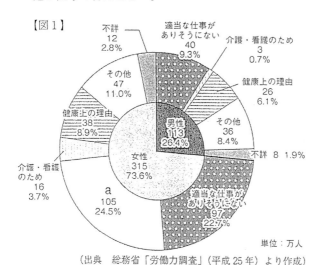

【図1】

不詳
12
2.8%

適当な仕事が
ありそうにない
40
9.3%

介護・看護のため
3
0.7%

その他
47
11.0%

健康上の理由
26
6.1%

健康上の理由
38
8.9%

男性
113
26.4%

その他
36
8.4%

介護・看護
のため
16
3.7%

女性
315
73.6%

不詳　8　1.9%

a
105
24.5%

適当な仕事が
ありそうにない
97
22.7%

単位：万人

（出典　総務省「労働力調査」（平成25年）より作成）

313

　　　ア　家事のため

　　　イ　出産・育児のため

　　　ウ　近くに働く場がないため

　　　エ　人間関係に不安があるため

　(2)　乳幼児期の子どもの発達に関する次の各問いに答えなさい。

　　①　スキンシップを介して子どもと養育者との間に愛情や信頼感などのきずなが形成されることを何というか，カタカナで答えなさい。

　　②　新生児期とは次のどの期間をいうか，最も適切なものを1つ選び記号で答えなさい。

　　　ア　出生後10日間　　イ　出生後2週間　　ウ　出生後4週間

　　　エ　出生後2ヶ月

　　③　生後3か月頃になると乳児は人の顔を見てほほえみ返すようになる。この発達を何というか，最も適切なものを1つ選び記号で答えなさい。

　　　ア　基本的情緒　　イ　社会的微笑　　ウ　自己中心性

　　　エ　模倣遊び

(☆☆☆◎◎◎)

【５】衣生活に関する次の各問いに答えなさい。

　(1)　衣服の構成について答えなさい。

　　①　次のア～ウは，立体構成，平面構成どちらか。立体構成の場合はA，平面構成の場合はBで答えなさい。

　　　ア　寛衣形の衣服　　イ　窄衣形の衣服　　ウ　懸衣形の衣服

　　②　和服は，①のア～ウのどれにあてはまるか，記号で答えなさい。

　　③　a～eの和服の各部分を【図2】の㋐～㋣から選び，それぞれ記号で答えなさい。

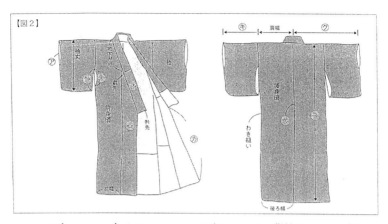

　a　ゆき　　b　身八つ口　　c　おくみ　　d　背縫い　　e　袖口

(2)　衣服素材について，次の各問いに答えなさい。

①　【図3】のグラフは，アセテート，アクリル，絹，毛，ナイロン，ポリエステル，綿，レーヨンの各繊維の吸湿性のめやすとなる公定水分率を表している。

　　毛，ポリエステルを示しているものを，(a)～(e)からそれぞれ1つ選び，記号で答えなさい。

【図3】

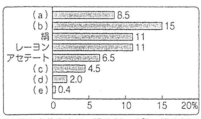

注）公定水分率とは、温度20±2℃、湿度65±2％の時の、繊維に含まれる水分の割合を基準として定めたもの。吸湿性のめやすとなる。

②　【図4】のグラフは，同じ綿繊維でも布の構造によって吸水性が異なることを表している。素材を正しく示している組合せをあとのa～eから選び，記号で答えなさい

【図４】

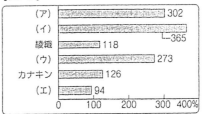

(ア)	302
(イ)	└─365
綾織	118
(ウ)	273
カナキン	126
(エ)	94

a　(ア)　メリヤス　　　　　(イ)　タオル
　　(ウ)　さらし(平織)　　　(エ)　ブロード(平織)

b　(ア)　タオル　　　　　　(イ)　さらし(平織)
　　(ウ)　ブロード(平織)　　(エ)　メリヤス

c　(ア)　さらし(平織)　　　(イ)　メリヤス
　　(ウ)　タオル　　　　　　(エ)　ブロード(平織)

d　(ア)　メリヤス　　　　　(イ)　さらし(平織)
　　(ウ)　ブロード(平織)　　(エ)　タオル

e　(ア)　さらし(平織)　　　(イ)　タオル
　　(ウ)　ブロード(平織)　　(エ)　メリヤス

③　次の説明は，性質の異なる2種類以上の繊維を混ぜ合わせた糸についてのものである。(a)〜(c)にあてはまる語句を，下のア〜クから選び，それぞれ記号で答えなさい。

　　2種類以上の短繊維を均一に混ぜて紡績したものを(a)といい，現在最も多く使われている。また，2種類以上の長繊維を均一に混合し，よりをかけて糸にしたものを(b)という。2種類以上の繊維を均一にしないで層状に混合したものを(c)という。

　　ア　複合糸　　　　　イ　混紡糸　　ウ　紡績糸
　　エ　フィラメント糸　オ　紡糸　　　カ　混繊糸
　　キ　エコテックス　　ク　双糸

(3)　次の①〜⑦は，布地を縫う際の針と糸の関係を示している。綿普通地を縫う際のミシン糸とミシン針の適切な組合わせとなっている

ものを2つ選び，番号で答えなさい。

① カタン糸30番・ミシン針9号

② カタン糸30番・ミシン針11号

③ カタン糸50番・ミシン針14号

④ カタン糸60番・ミシン針11号

⑤ カタン糸80番・ミシン針14号

⑥ ポリエステルスパン糸50番・ミシン針14号

⑦ ポリエステルスパン糸60番・ミシン針11号

(4) 衣服製作のとき，【図5】のようなしつけをする。この場合のしつけをする位置について，(a)，(b)に入る適切な数字を答えなさい。

【図5】

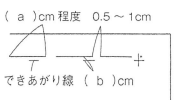

(5) 基本的な縫い方について，各問いに答えなさい。

① 次のa，bのミシンの縫い方を答えなさい。

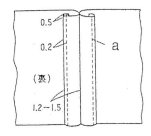

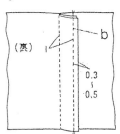

② 次のc〜gのミシンの縫い方のうち，作業着など大きな力のかかる衣服の縫い方として適する縫い方を2つ選び，記号で答えなさい。(矢印は，力のかかる方向を示す)

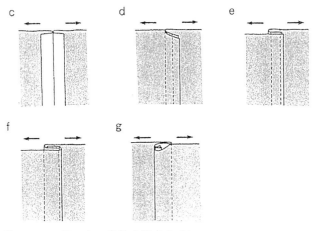

③　d，gの縫い方の名称を答えなさい。

④　次のh〜kの折りしろのしまつの方法を答えなさい。

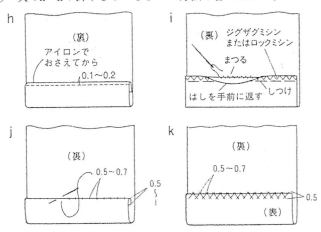

(6)　編物について，次の問いに答えなさい。

①　編物は，糸を編む方向によって，よこ編とたて編があるが，
【図6】の組織はどちらか。

【図6】

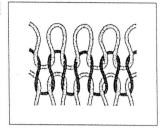

② 閉じ目で編むと，開き目で編むより伸びがおさえられ，形くず
れしにくく，ほつれにくいという特徴があるが，この特徴にあて
はまる編み方を次のア〜エから1つ選び，記号で答えなさい。
ア　メリヤス編　　イ　ゴム編　　ウ　ガーター編
エ　トリコット編

(☆☆☆◎◎◎)

【6】住生活に関する次の各問いに答えなさい。
(1)　衛生上の観点から，食事の場所と就寝の場所を分ける住まい方を
何というか。
(2)　次の①〜③の暖房器具の配置について，室内の温度がほぼ一様に
なる効果的な配置はどれか，番号で答えなさい。

①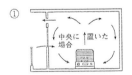　②　③

(3)　室内の騒音対策として防音効果のあるものを全て選び，記号で答
えなさい。(完答)
ア　窓を開ける　　　　　　　イ　厚いカーペットを敷く
ウ　ドアに鍵をかける　　　　エ　観葉植物を置く
オ　厚手のカーテンを掛ける　カ　湿度を調整する
キ　窓を二重窓にする

(4) 環境省が推進するライフスタイル「クールビズ」について, 誤って説明しているものを1つ選び, 記号で答えなさい。

① クールビズの取組は, 地球温暖化対策及び節電をねらいとしている。

② 冷房時の室内温度を26℃で快適に過ごすことのできるライフスタイルのことである。

③ 2005年の京都議定書を受けて始められたものである。

④ 今年度のクールビズ期間は, 5月1日から10月31日までである。

(5) 日本の伝統的家屋を構成している, 次の①～③の名称を答えなさい。

① 家の外側に添えた細長い板敷

② 家の中で, 床を張らず地面のまま, または, たたきになった所

③ 本屋から外側に差し出した片流れの小屋根。窓, 出入口などの上に設けて日や雨を防ぐもの

(6) プラグとコンセントの間にほこりがたまり, ほこりが湿気を吸うことにより電流が流れて発熱し, 発火する現象を何現象というか。

(7) 住宅用火災報知器の設置について正しく説明しているものを1つ選び, 記号で答えなさい。

ア 寝室として使用する全ての部屋に, 設置が義務付けられている。

イ 住宅用火災報知器の設置する箇所については, 全国一律に定められている。

ウ 階段には, 設置義務はない。

(☆☆☆◎◎◎)

【高等学校】

【1】栄養について, 次の各問いに答えなさい。

(1) 食事摂取基準について述べた次の文章中の空欄(①)～(⑦)に入る最も適切な語句を, 選択肢ア～クから選び, 記号で答えなさい。

　　エネルギーの摂取基準としては, 年齢別・性別・身体活動レベル

別に(①)が示されており，妊婦・授乳婦には(②)が示されている。各栄養素に関しては，ある母集団に属する50％の人が必要量を満たすと推定される1日の摂取量である(③)，ある母集団の97〜98％の人が1日の必要量を満たすと推定される(④)が設定されている。これらが設定できない場合には，特定の集団の人々が一定の栄養状態を維持するのに十分な量である(⑤)が示されている。また，過剰摂取による健康障がい回避のための(⑥)，生活習慣病の予防のための(⑦)が設定されている。

【選択肢】

ア　推定平均必要量　　　　イ　目安量
ウ　推定エネルギー必要量　エ　耐容上限量
オ　PFCバランス　　　　　カ　目標量
キ　推奨量　　　　　　　　ク　付加量

(2)　食事バランスガイドおよび図(コマのイラスト)について，下の①〜④の各問いに答えなさい。

図

① 2005年に食事バランスガイドを厚生労働省と合同で策定した省庁の名称を答えなさい。

② 図において，果物以外の4つの区分ア〜エを答えなさい。

③ 食事バランスガイドは，コマのイラストにより「何を」「どれだけ」食べたらよいかを，「SV」を用いて示している。「SV」とは何を意味するか，説明しなさい。

④　図において，オ(コマの軸)は何を表すか，答えなさい。

(3)　次の①〜⑤の文のうち，適切でないものを1つ選び，番号で答えなさい。

①　炭水化物は，体内で消化・吸収されエネルギー源となる糖質と，消化されにくい食物繊維に分けられる。

②　糖質は，体内に吸収されやすいエネルギー源で，1g当たり約4kcalのエネルギーを発生する。

③　吸収されたぶどう糖は，肝臓に運ばれ大部分がグリコーゲンに変化する。

④　各組織に運ばれたぶどう糖は，解糖系と尿素サイクルと呼ばれる過程でATPをつくり，炭酸ガスと水になる。

⑤　食物繊維には，セルロース，ガラクタン，ペクチン，マンナンなどがある。

(4)　ビタミンの名称と欠乏症について示した次の表の空欄(　①　)〜(　⑤　)に入る最も適切な語句を答えなさい。

名称	主な働き	欠乏症	多く含む食品
ビタミンA	発育促進，皮膚・粘膜の健康維持	(　④　)症	レバー，うなぎ
(　①　)	赤血球を作る	貧血，胎児では先天異常の危険性	海藻，野菜
ビタミンC	細胞間組織の強化	(　⑤　)病	野菜，果物
(　②　)	血液凝固作用	血が止まらなくなる	海藻，野菜
(　③　)	エネルギー発生，代謝に必要	かっけ	豚肉，玄米，豆

(5)　次の表は，アミノ酸評点パターンと食パンのアミノ酸組成を示したものである。表の数値を使って，食パンのアミノ酸スコアを答えなさい。ただし，計算式も答え，値は小数第1位を四捨五入すること。

表

(ｍｇ／たんぱく質１ｇ)

	ヒスチジン	イソロイシン	ロイシン	リシン	含硫アミノ酸	芳香族アミノ酸	トレオニン	トリプトファン	バリン
アミノ酸評点パターン	15	30	59	45	22	38	23	6.0	39
食パン	27	42	80	23	43	96	32	13	48

2007年「タンパク質・アミノ酸の必要量WHO／FAO／UNU合同専門協議会報告」アミノ酸評点パターン [成人] および，文部科学省「日本食品標準成分表準拠 アミノ酸成分表2010」による

(6)　次の①〜④の各問いに答えなさい。

①　アントシアニンや大豆イソフラボン，硫化アリルなど，特に植物性の機能性成分を何というか，答えなさい。

②　多価不飽和脂肪酸のうち，n−3系の脂肪酸とはどのような脂肪

　　　酸か，構造上の特徴を説明し，具体的な脂肪酸の名称を1つ答え
　　　なさい。
　③　細胞内液と細胞外液にそれぞれ存在し，体液の浸透圧を調整し
　　　ているミネラルの名称を1つずつ答えなさい。
　④　基礎代謝量とは何か，説明しなさい。
(7)　栄養素の消化について述べた次の文章中の空欄（　①　）～（　⑦　）
　　に入る最も適切な語句を，選択肢ア～キから選び，記号で答えなさ
　　い。
　　　でんぷんは，だ液中の消化酵素（　①　）によって一部は分解され，
　　（　②　）や二糖類になるが，多くはそのまま胃に送られて，十二指
　　腸ですい臓の（　①　）の作用を受けて二糖類や単糖類に分解される。
　　脂質は，十二指腸で（　①　）と混ざることで乳化され，すい臓の消
　　化酵素（　④　）が作用し，分解される。たんぱく質は，胃液中の
　　（　⑤　）により消化され始めるが，小腸上部ですい臓の消化酵素
　　（　⑥　）の作用を受けてペプチドになり，さらに，腸液の酵素によ
　　って（　⑦　）に分解される。
　　【選択肢】
　　　ア　アミノ酸　　　　イ　胆汁酸　　　　ウ　アミラーゼ
　　　エ　リパーゼ　　　　オ　トリプシン　　カ　ペプシン
　　　キ　デキストリン

（☆☆☆◎◎◎）

【2】食品について，次の各問いに答えなさい。
(1)　次の①～⑤の加工品に関する説明について，適切でないものを1
　　つ選び，番号で答えなさい。
　①　こんにゃくは，こんにゃくいものでんぷんを除いたこんにゃく
　　　粉に水酸化カルシウム溶液を加えてかきまぜ，型に入れて加熱・
　　　凝固させ，水につけてあくを取り除いたものである。
　②　かつお節は，かつおを三枚におろし，さらに二枚に身割りした
　　　ものを煮て小骨などをとり，焙乾を繰り返したものにかびをつけ

て，有害菌の侵入を防いだものである。

③　チーズは，牛乳にレンネットを加えてたんぱく質を凝固させ，低温で熟成させたものである。

④　豆腐は，豆乳に塩化マグネシウムなどのにがりを加え凝固させたものである。

⑤　上新粉は，もち米を粉砕し，乾燥させたものである。

(2)　次の①～④の説明は，それぞれ何について述べたものか答えなさい。

①　あひるの殻つき卵を紅茶の葉，石灰，炭酸ナトリウムなどの入った瓶で熟成させたもの。

②　超高温滅菌を行い，菌が入らないように容器に充填した，常温で長期間保存できる牛乳。

③　豆乳をなべで加熱し，表面に凝固するたんぱく質を集めたもの。

④　スギノリなどの紅藻類から抽出されたゲル化剤で，口当たりはゼラチンに似ている。

(3)　次の①～⑧の食材のうち，旬が夏のものをすべて選び，番号で答えなさい。

①　長ねぎ　　②　さわら　　③　もも　　④　さつまいも

⑤　あゆ　　　⑥　さば　　　⑦　いちご　　⑧　ほうれん草

(4)　次の①～③の食品のマークについて，下の(ア)・(イ)の各問いに答えなさい。

(ア)　それぞれのマークの名称を答えなさい。

(イ)　それぞれどのような食品につけられるか，説明しなさい。

(☆☆☆◎◎◎)

【3】調理について，次の各問いに答えなさい。

(1) 次の①〜④の計量に関する各問いに答えなさい。

① 上白糖30gは大さじ何杯か。

② しょうゆ4gは小さじ何杯か。

③ 水450mlは計量カップ何杯か。

④ 油20gは大さじ何杯か。

(2) ある食品の可食部300gを使用し調理をした。この食品の廃棄率が15％であった場合，購入する量は最低何g必要か，答えなさい。ただし，計算式も答え，値は小数第1位を切り上げること。

(3) 次の①〜④の中国料理に関する語句はそれぞれ何を表すか，簡潔に答えなさい。

① 煨 ② 拌 ③ 片 ④ 丁

(4) 次の①〜④の「会席料理の献立」と関係があるものを，選択肢ア〜クから選び，記号で答えなさい。

① 鉢肴 ② 向付 ③ 止め椀 ④ 椀盛

【選択肢】

ア 刺し身 イ お通し ウ すまし汁
エ 炊き合わせ オ 焼き物 カ 味噌汁
キ 酢の物・あえ物 ク 口取

(5) 次の①〜⑩をフランス料理の正餐(ディナー)の献立として供される順に並べ，番号で答えなさい。

① 肉料理(煮焼き料理) ② 蒸し焼き料理 ③ デザート
④ スープ ⑤ オードブル ⑥ サラダ
⑦ 氷酒 ⑧ 果物 ⑨ 魚料理
⑩ コーヒー

(6) 次の①・②の色素は，(ア)酸性 および(イ)アルカリ性になることにより，何色に変化するか答えなさい。

① フラボノイド ② アントシアン

(☆☆☆◎◎◎)

325

【4】科目「フードデザイン」の学習活動として，鶏卵の鮮度判別実験を行うものとする。比重法を用い，50分で実施する場合の本時の目標を設定し，学習指導過程を示しなさい。ただし，次の書式にそって記入すること。

学習活動項目	生徒の学習活動	指導上の留意点(教師の支援・意図)	評価規準・評価方法
本時の目標			

(☆☆☆◎◎◎)

【5】衣生活について，次の各問いに答えなさい。

(1) 被服をつくる手順について述べた次の文章を読み，あとの①・②の各問いに答えなさい。

　　体に合い，着やすく，型くずれのしない被服をつくるためには，（　ア　）を行い身体寸法を知ることが必要である。

布は，(a)裁断する前に霧吹きとアイロンを使って(イ)をする。(イ)をした布を(ウ)表にして型紙をおいてまち針をうち，縫いしろをとって(エ)線のしるしをつけ裁断する。裁断した布の間に両面(オ)をはさみルレットでしるしをつける。

裁断した布はしつけ糸を用い，手縫いの並縫いで(カ)縫いし，着用して全体のバランスやデザインなど，できあがりを確認する。しわが出ていたら，自分の体に合うように補正する。補正が終わったら，できあがり線にそってミシンで(キ)縫いをする。

① 文章中の空欄(ア)～(キ)に入る最も適切な語句を答えなさい。

② 下線部(a)について(イ)をする理由を説明しなさい。

(2) ハーフパンツの製作について，あとの①・②の各問いに答えなさい。

図

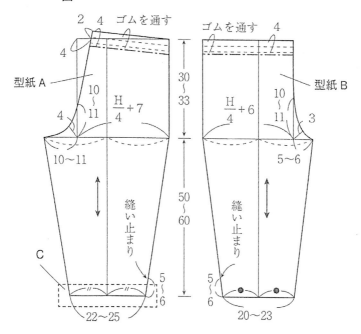

H＝ヒップ

単位cm

① 図はハーフパンツの型紙A，型紙Bである。型紙A，型紙Bのうち，後ろパンツはどちらかを記号で答え，その理由も説明しなさい。

② 図の中で┊┄┄┄┊で囲んだ部分Cの「縫いしろ」を描きなさい。描く縫いしろの幅は，縮尺により0.5cm程度とすること。

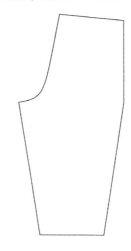

(☆☆☆○○○)

【6】住生活について，次の各問いに答えなさい。

(1) 日本の住まいの管理について述べた次の文章中の空欄(①)〜(⑥)に入る最も適切な語句を，選択肢ア〜クから選び，記号で答えなさい。

日本の住まいの寿命は諸外国と比べて短く，30年程度で建て替えられている。この理由は，(①)やライフステージの変化による(②)に対応するため，まだ利用可能であっても(③)することが多いためである。

日ごろから，住まいの状態を点検し，修理・修繕などの(④)をすることにより，低下した性能を回復させ耐用年数を延ばすことができる。

　住まいを取り壊さず長く使うためには，例えば，住宅の(⑤)は(①)やライフステージなどの変化に応じて容易に変えることができるようにして，(⑥)は耐久性のあるものにするなどの工夫をすればよい。

【選択肢】
　　ア　住要求　　　　　　　　イ　スクラップ・アンド・ビルド
　　ウ　構造体(スケルトン)　　エ　メンテナンス
　　オ　内装・設備　　　　　　カ　経営管理
　　キ　ライフスタイル　　　　ク　移住

(2)　住まいを長持ちさせることが，環境保全にもつながる理由を説明しなさい。

(☆☆☆◎◎◎)

【7】家庭・家族の生活について，次の各問いに答えなさい。

(1)　次の文章中の空欄(①)～(④)に入る最も適切な語句を答えなさい。

　　住民は居住する市町村に住民登録を行い，この登録をもとに世帯ごとの(①)台帳が作成される。また，5年に1回調査される(②)は，日本国内の全ての世帯が調査されるので日本の世帯の全体像が把握できる。2010年の(②)の結果によると，(③)世帯が56.3％と最も多いが，1970年以降(③)世帯の割合はしだいに減少しており，1970年は10.8％であった(④)世帯が32.4％まで増加している。

(2)　次の①～④の記述について，民法に定める内容と異なる誤った語句を抜き出し，正しい語句を答えなさい。

①　直系血族及び兄弟姉妹は互いに扶養義務があり，特別の場合には六親等以内の親族にも扶養義務がある。

②　婚姻の成立の日から200日を経過した後，または婚姻の解消もしくは取消しの日から6か月以内に生まれた子は婚姻中に懐胎したものと推定する。

③　相続は，遺言がある場合はそれを優先するが，財産の一定割合は自由にできない法定相続分がある。

④　父母は，未就労の子の共同親権者となるが，虐待など親権の濫用がある場合は親権を喪失することがある。

(3)　子どもの福祉について述べた次の文章中の空欄(①)・(②)に入る最も適切な語句を答えなさい。

児童虐待の早期発見，防止のため，2000年に(①)が施行されたが，親などによる児童虐待はあとを絶たない。虐待が疑われる場合は，すぐに児童福祉の専門機関である(②)や市町村の相談窓口に通告することが子どもの周囲の人々に義務づけられている。

(☆☆☆◎◎)

【8】高齢者世帯の収入源の特徴について，表からわかることを説明しなさい。

表　1世帯あたり平均所得

		金額（単位：万円）	構成割合（単位：%）
高齢者世帯	稼働所得	53.2	17.3
	公的年金・恩給	216.2	70.2
	財産所得	18.2	5.9
	年金以外の社会保障給付金	2.5	0.8
	仕送り・個人年金・その他の所得	17.7	5.7
	総所得	307.9	
全世帯	総所得	549.6	

平成22年　国民生活基礎調査

(☆☆☆◎◎)

【9】消費生活と環境について，次の各問いに答えなさい。

(1)　消費と環境の関わりについて述べた次の文章中の空欄(①)〜(⑤)に入る最も適切な語句を答えなさい。

わが国では，1987年に初めて繊維製品の輸入額が輸出額を上回って以降，衣服の縫製も次第に海外へ移り，衣類の国内需要量に対す

る輸入量の割合は2008年には約95％となった。現在，わが国が衣類を輸入している国は，（　①　）が9割以上を占めている。

　また，20世紀後半から化学繊維のなかでも，合成繊維の生産が急激に伸び，年々使用量が増えている。合成繊維の原料は（　②　）であり，廃棄物は廃プラスチック類に分類されるもので，廃棄されると自然には分解されず，環境に負荷を与えることとなる。

　私たちは，日常生活のさまざまな場面で環境に影響を与えており，一人ひとりが環境に配慮した行動をしていく必要がある。環境のことを考えて購買，消費を行う消費者である（　③　）となることも求められている。

　さらに，商品の製造過程で用いる資源やエネルギーを最小化したり，省電力やリサイクルのしやすさなどに配慮する製品が増えている。（　④　）は，森林保護などを支援することにより，個人や企業が活動することで排出される（　⑤　）の量を相殺しようとする活動であり，環境配慮活動を実践しやすくする新たなしくみが設けられてきている。

(2)　次の①・②の語句を説明しなさい。

①　カーボンフットプリント　　②　フェアトレード

(☆☆☆◎◎◎)

解答・解説

【中学校】

【1】(1)　①　サ　　②　ア　　③　タ　　④　ケ　　⑤　ク
　　⑥　ウ　　⑦　ツ　　(2)　①　ア　　②　ク　　③　コ　　④　チ
　　⑤　ウ　　⑥　ニ　　⑦　ソ

〈解説〉(1)　「家族・家庭と子どもの成長」の内容は「自分の成長と家族」「家庭と家族関係」「幼児の生活と家族」の3つで構成されており，本

問は「幼児の生活と家族」からの出題。受け身の学習ではなく，触れ合う幼児の心身の特徴を十分把握したうえで，接し方や話し方，遊びや絵本の読み聞かせなど，計画(課題)をもって触れ合い体験をするという前向きな実践を促している。　(2)　今回の改定では，小学校家庭科の内容との体系化を図っている。小学校では「A家庭生活と家族」「B日常の食事と調理の基礎」「C快適な衣服と住まい」「D身近な消費生活と環境」の4項目，中学でも「A家族・家庭と子どもの成長」「B食生活と自立」「C衣生活・住生活と自立」「D身近な消費生活と環境」の4項目となっており，内容項目がほぼ同じである。ただし，小学校では家族の一員としての自覚，中学では自己の生活の自立を図る視点が重視されている。また，履修学年については各学校の判断に任せられているとあるが，「A家族・家庭と子どもの成長」の「(1)自分の成長と家族」に小学校家庭科の学習を踏まえた家庭分野のガイダンス的な内容を設定し，第1学年の最初に履修させるようになっている。本問の②〜⑤の「知識と技術などを活用し，これからの生活を展望する能力と実践的な態度をはぐくむ」の部分は，目標の文言に通じる言葉なので覚えておこう。

【２】(1)　①　消化酵素　　②　グリコーゲン　　③　血糖
(2)　①　ソラニン　　②　ア　ビーフン　　イ　白玉粉　　ウ　もち
エ　上新粉　　(3)　①　ク　　②　イ　　③　キ　　④　コ
⑤　サ　　(4)　①　夏　　②　冬　　③　秋　　④　春
(5)　9kcal　　(6)　①　ア　　②　イ　　③　ウ

〈解説〉(1)　血液中のぶどう糖のことを「血糖」といい，体内の各組織にぶどう糖を補給する役割をしている。血糖値(血液中のぶどう糖濃度)は通常の血液100ml中に80〜100mgである。血糖値が常に高い場合は糖尿病が疑われる。　(2)　①　ソラニンはじゃがいもの芽以外に緑色をした部分にも含まれる。　②　選択肢の「せんべい」はうるち米，「あられ」はもち米が原料である。柿の種はせんべいの仲間，おかきはあられと同じもち米が原料である。　(6)　①は「Eマーク」という。

②の「公正マーク」は正しい表示がされている7種類の牛乳類についている。公正マークは他にも「食品のりの公正マーク」「ハム・ソーセージ類の公正マーク」「辛子めんたいこ食品の公正マーク」などがある。③の「JASマーク」は優れた品質の食品を提供するために定められたJAS法に基づくもので，他に「特定JASマーク」「有機JASマーク」「生産情報公表JASマーク」などがある。

【3】(1) ① ア ② オ ③ イ (2) ① ウ ② オ ③ キ ④ ク ⑤ コ (3) グリーンコンシューマー (4) ア 環境保全 イ 40%以上 ウ 再生資源

〈解説〉(1) ② 正解の「消費者契約法」では契約の取り消しができる場合として，本問の記載内容に加えて，「断定的判断の提供」についても可能としている。これは［将来の変動が不確実な事項について，確実な情報として告げられ，消費者が誤認した場合］に当たり，具体例として「必ず値上がりすると断定された株を購入した」などの例が該当する。キの「製造物責任法」はPL法とも呼ばれ，欠陥商品によって被害が発生した場合，製造業者などが損害賠償を負う制度である。ウの「消費者の8つの権利」とは，「安全への権利」「情報を与えられる権利」「選択する権利」「意見が反映される権利」「生活の基本的ニーズが保障される権利」「損害に対する補償又は救済措置を受ける権利」「消費者教育を受ける権利」「健全な環境の中で生活する権利」である。 (2) フードマイレージは「食料の重量(t)×輸送距離(km)」で表すことができる。1人当たりのフードマイレージでも日本は1位であり，2001年統計では，日本(7093t・km/人)，アメリカ(1051)，イギリス(3195)，フランス(1738)のように群を抜いている。

【4】(1) ① エ ② ジェンダー ③ イ ④ ア ⑤ イ (2) ① アタッチメント ② ウ ③ イ

〈解説〉(1) ④ 正解の「労働基準法」は，産前6週間以内の休暇と産後8週間の原則就業禁止の他に，小学校就学前の子をもつ労働者の深夜

業の制限保障も定めている。イの「母子保健法」では，母子手帳の交付，妊産婦及び配偶者に対する保健指導，1歳半・3歳児健康診査に関することなどを，ウの「男女雇用機会均等法」では，保健指導や健康診査を受ける時間の確保，勤務時間の変更・短縮，勤務内容の軽減などの措置に関することを，エの「育児・介護休業法」では，1歳未満の子をもつ男女労働者の休業保障，小学校就学前の子どもをもつ男女労働者の時間外労働制限などをそれぞれ定めている。　(2)　③　新生児には，睡眠時等に人の存在の有無にかかわらず微笑んだりする「生理的微笑」が見られるが，生後3か月頃になると人の顔を見て笑う「社会的微笑」に変化する。新生児の生理的微笑は，自然に表れる自発行動と考えられ，他には，乳を吸っているかのように口をもぐもぐさせる「吸いつき行動」などがある。

【5】(1)　①　ア　B　　イ　A　　ウ　B　　②　ア　　③　a　ク　b　ウ　　c　エ　　d　ケ　　e　ア　　(2)　①　毛…(b)　　ポリエステル…(e)　　②　a　　③　a　イ　　b　カ　　c　ア　(3)　④　　⑦　　(4)　(a)　2　　(b)　0.2　　(5)　①　a　端ミシン　b　捨てミシン　　②　e　f　　③　d　二度縫い　　g　袋縫い　④　h　三つ折り縫い　　i　奥まつり　　j　たてまつり　　k　千鳥がけ　　(6)　①　よこ編　　②　エ

〈解説〉(1)　①　アの「寛衣形の衣服」は体幹部と上肢をゆったりと包む衣服のこと。イの「窄衣形の衣服」は身体のラインを緊密に合わせる形状に裁断された衣服で，洋服がそうである。ウの「懸衣形の衣類」は布を裁断縫製せず，身体に直接巻いたり，かけたりして着る平面構成の服である。インドのサリーはその代表的なもの。　(2)　①　吸湿性は原料繊維の水分率で決まり，最も多いのは「毛」，最も少ないのは「ポリエステル」である。「アクリル」は保温性やかさ高感があり，毛に似た風合いを持っているが，水分率は毛と異なり非常に小さい。「綿」は中くらいの水分率である。よって，(a)＝綿，(b)＝毛，(c)＝ナイロン，(d)＝アクリル，(e)＝ポリエステルとなる。　②　選択肢の4

つの素材のうち，「メリヤス」「タオル」「さらし(平織)」はいずれも吸水性が高い。この3つが(ア)〜(ウ)に入っているのはaのみである。「ブロード(平織)」は織り方が密で，吸水性は他の布に比べて非常に低い。
③　キの「エコテックス」は，人体に対して有害もしくは有害と考えられている化学物質が含まれない繊維製品であることを認証するもの。4つの分類で規制値を設定しており，乳幼児対応の「クラス1」が最も厳しい基準になっている。　(5)　②　eは「伏せ縫い」，fは「折り伏せ縫い」。これらは他の縫い方に比べて1.6倍の強さがある。
(6)　②　問題文は「たて編」の説明だが，選択肢はエの「トリコット編」以外はすべて「よこ編」である。トリコット編はランジェリー，スリップ，ブリーフなどに使われている。

【6】(1)　食寝分離　　(2)　③　　(3)　イ　　オ　　キ　　(4)　②
(5)　①　縁　　②　土間　　③　ひさし　　(6)　トラッキング現象
(7)　ア
〈解説〉(2)　正解の③は，暖房器具で温められた温気が上昇し，冷気を抱き込みながら天井に沿って壁を降りてくる。冷気が床面に漂うことがないので，天井面と床面の温度差は2〜3℃に収まる。一方，壁側に暖房器具を設置した場合は，窓側の冷気が暖房器具方向に流れ，冷気は暖房器具の温気の一部によって床面と部屋の真ん中の高さ部分を対流し，大部分の温気は天井部分に沿って流れる。そのため，天井部分は暖かくなるが床温度は低く，天井と床温度の差は大きくなる。
(4)　②の室温は28℃設定が正しい。　(6)　正解の「トラッキング現象」とは，プラグの両極間で火花放電が繰り返し起き，両極間の絶縁状態が悪くなり発火するもの。　(7)　消防法によって定められている設置場所は寝室・寝室のある階の階段で，他の場所については市町村によって異なるのでイの内容は誤り。市町村条例による設置義務は台所を指定していることが多い。ウの階段については，設置義務がある寝室のある階の階段の下部分に設置する。

【高等学校】

【１】(1)　①　ウ　　②　ク　　③　ア　　④　キ　　⑤　イ
⑥　エ　　⑦　カ　　(2)　①　農林水産省　　②　ア　主食
イ　副菜　　ウ　主菜　　エ　牛乳・乳製品　　③　食事の提供量の
こと　　④　水・お茶　　(3)　④　　(4)　①　葉酸
②　ビタミンK　　③　ビタミンB$_1$　　④　夜盲　　⑤　壊血
(5)　(式)23÷45×100=51.1……　　(答え)51　　(6)　①　フィトケミ
カル　　②　構造上の特徴…メチル基末端の炭素から数え，3番目，4
番目に最初の不飽和結合がある。　名称…α-リノレン酸，エイコサペ
ンタエン酸，ドコサヘキサエン酸など　　③　細胞内液…カリウム
細胞外液…ナトリウム　　④　安静な状態で代謝されるエネルギー代
謝量で，生きていくために必要なエネルギー量。　　(7)　①　ウ
②　キ　　③　イ　　④　エ　　⑤　カ　　⑥　オ　　⑦　ア
〈解説〉(2)　「SV」は米国のフードガイド等で用いられている単位で，各
　料理について1回あたりの標準的な量を大まかに示すもの。
　(3)　④　「尿素サイクル」は誤り。正しくは「クエン酸サイクル」であ
　る。尿素サイクルは「オルニチンサイクル」ともいい，有毒なアンモ
　ニアを肝臓内で無毒なグルタミン酸，グルタミン，尿素に変換する回
　路のことである。　　(4)　①　正解の「葉酸」はビタミンB群の一種。
　葉酸，ビタミンB$_{12}$の不足により，赤血球が形成される前段階の赤芽球
　の増殖に異常をきたす「巨赤芽球性貧血(悪性貧血)」になる。葉酸は
　DNAが作られる時に働くビタミンなので，妊娠初期に不足すると細胞
　分裂に変調をきたし，「神経管閉鎖障害」になる。　　(5)　アミノ酸評
　点パターンと比較して，不足しているのは「リシン」である。
　(6)　機能性成分(フィトケミカル)は，栄養素以外にも生体のバランス
　維持や疾病予防に関わる機能があるとして注目されている。「ポリフ
　ェノール」「カロチノイド」「含硫化合物」「乳酸菌」「オリゴ糖」「糖
　アルコール」などがあり，植物に含まれる色素やアク，渋み，苦みの
　成分である。数千もの種類があり，アントシアン・イソフラボン・セサ
　ミン・ナスニン・タンニン等がよく知られている。カロチノイドは動植

物に含まれる黄，オレンジ，赤などの色素成分で，リコペン・カロテン・アスタキサンチン・カプサンチン・ルテイン等がある。含硫化合物は硫黄を含む化合物で，独特の香り成分である。にんにく，玉ねぎ，ネギ，ニラに含まれる硫化アリルやアリシンが知られている。「乳酸菌」には，ビフィズス菌・ブルガリア菌・ラブレ菌などがある。

【2】(1) ⑤ (2) ① ピータン ② LL牛乳(ロングライフ牛乳)
③ ゆば ④ カラギーナン (3) ③ ⑤ (4) ① (ア) ハサップマーク (イ) 厚生労働大臣によって衛生的な工程管理がなされていると承認された商品につけられる。 ② (ア) 特定JASマーク (イ) 熟成ハムなど原料・生産法が特別な食品につけられる。
③ (ア) 地域特産品認証マーク(Eマーク) (イ) 都道府県が定めた認証基準に適合する地域特産品につけられる。

〈解説〉(1) ⑤の上新粉の原料は正しくは「うるち米」。①のこんにゃくを糸状にしたものが「しらたき」である。 (2) ② 「LL牛乳」は「135〜150℃で1〜4秒」の超高温滅菌を行ったもの。容器も紙容器にアルミ箔を貼り合わせて光と空気を遮断し，無菌状態で袋詰めにする。60日間常温で保存可能だが，開封後は普通の牛乳と同様に10℃以下で保存する。一般の牛乳は「120〜130℃で1〜3秒」の殺菌で，品質保持期間は8日，「62〜65℃で30分」の低温殺菌牛乳は品質保持期間5日間としている。 ⑤ 原料の「スギノリ」は海藻。カラギーナンがゼラチンの代用として使用されるのは，カラギーナンの熔解温度が「60〜100℃」であるため。30℃前後の真夏に需要が増すゼリー類は，ゼラチンで作ると持ち歩いているうちにだれてきたり，溶け始めたりするが，カラギーナンで作った製品はそのような変化が起きない。他の特徴としては，室温で固めることもでき，酸にもやや強いなどの点がある。 (3) ①の「長ねぎ」，⑧の「ほうれん草」はいずれも冬が旬である。②の「さわら」は関西では魚卵や白子と共に供するので旬は春だが，関東では産卵期前の脂ののった冬が旬と考えられている。
(4) 「特定JASマーク」は飲食料品が一定の品質や特別な生産方法で作

られていることを保証するものにつけられる。熟成ハムやベーコン，地鶏肉，手延べ干し麺，りんごストレートピュアジュースなどにつけている。②のJASマークには「特定JASマーク」の他にも，「有機JASマーク」や弁当類につけられる「定温管理流通JASマーク」などがある。

【3】(1)　①　大さじ3と$\frac{1}{3}$　　②　小さじ$\frac{2}{3}$　　③　2と$\frac{1}{4}$カップ

④　大さじ1と$\frac{2}{3}$　　(2)　式…300÷0.85=352.94　　答え…353g

(3)　①　煮こむ　　②　あえる　　③　薄切り　　④　さいの目切り

(4)　①　オ　　②　ア　　③　カ　　④　エ　　(5)　⑤→④→⑨→①→⑦→②→⑥→③→⑧→⑩　(6)　①　ア　白　　イ　黄

②　ア　赤　　イ　青

〈解説〉(2)　廃棄率15％であることから可食率は85％である。300÷購入量＝85÷100の式から求めることができる。可食部＝必要量であること，購入量を求める時は，四捨五入ではなく，「切り上げ」て整数で求めること。　(4)　会席料理は宴会などの席に用いられる食事である。酒と共に食事が進んでいき，止め椀が出されるとお酒は終了という意味になる。止め椀はご飯や香の物と共に出される。選択肢のイの「お通し」は前菜やつき出しともいい，最初に出される料理。酒の肴として，季節感のある海や山のものを少量ずつ(1～3種程度)とり合わせる。(6)　①　「フラボノイド」はカリフラワー，玉ねぎに含まれる色素で，酸性で白色，アルカリ性で黄色になる。中華麺が黄色いのは，小麦粉にかん水(炭酸ナトリウム)を加えることによって，小麦粉に微量に含まれるフラボノイドがアルカリ側に傾き黄色になるため。カリフラワーに酢を加えて茹でると，こちらは酸性に傾いて白く仕上がる。②　「アントシアン」はナスやしそ等に含まれる色素。酸性で赤，アルカリ性で青色，中性で紫色になる。しょうがを酢(酸)に漬けると赤くなるのは，しょうがに含まれる色素のアントシアンが酸性になったためである。

【4】

学習活動項目	生徒の学習活動	指導上の留意点(教師の支援・意図)	評価規準・評価方法
本時の目標　鶏卵の鮮度と比重の関係を理解し，保存の方法を考える。			
学習内容と目標の確認	・比重法を用いた鶏卵の鮮度実験法を確認する。		
鶏卵の鮮度判別実験(比重法)	〈班ごとで実験〉・10%の食塩水を作る。・異なる条件の鶏卵①〜④を食塩水に入れ，その状態を観察し，結果を記録する。	・異なる条件の鶏卵①〜④を用意する。①冷蔵保存した賞味期限内の鶏卵②冷蔵保存して賞味期限から1カ月過ぎた鶏卵　③室温に保存して賞味期限から1カ月過ぎた鶏卵　④腐敗した鶏卵・殻の厚さで比重が異なるため，実験の結果は一応の目安であることを伝える。	
	・①〜④の鶏卵を割り，卵黄，卵白の様子やにおいなど，気づいたことを記録する。	・実際に鶏卵を割り，鶏卵の形状，におい等を確認させる。	
	・実験をとおしてわかったこと，鮮度が落ちると比重が変化する理由を班で話し合い，まとめる。	・鶏卵の保存性の高さに気づかせる。・鮮度が落ちると比重が変化する理由について考えさせる。	・鶏卵の鮮度と比重の関係を理解している。[知識・理解](ワークシート確認)
本時のまとめ	・鮮度が落ちると比重が変化する理由を班ごとに発表する。・鶏卵の適切な保存方法について各自で考えまとめる。	・鮮度が落ちると比重が軽くなる理由を説明する。あわせて，保存方法と鶏卵の鮮度の関係を意識させ，知識の定着を図る。	・鮮度を保つための保存について考え，まとめることができる。[思考・判断・表現](ワークシート確認)

〈解説〉本問は卵を割らずに判別する実験である。「学習内容と目標の確認」では，導入として卵の鮮度の見極め方を生徒に問うとよい。ほとんどの生徒が「黄身も白身も盛り上がりがなくべたっとしている」など，卵を割った時やフライパンに落とし入れた時の状態を発言すると予想されるので，卵が古くなると濃厚卵白が水様化していくことを確認させよう。「鶏卵の鮮度判別実験」では，水1000mlに対し塩100gを溶かした10%の食塩水を用意し，比重計で比重を測定させるとよい。新鮮な卵は「1.08〜1.09」あるのに対し，古いものは「1.02」以下になる。産卵直後の新鮮な卵は食塩水の中に入れると容器の底に横になって転がり，古いものは丸みを帯びた方を上に浮き上がってしまう。ス

ーパーで購入直後の卵(通常市販品)は卵のとがった方を容器の底につけ，立った状態で沈む。「本時のまとめ」では，卵殻の中の二酸化炭素や水分が気孔から外へ抜けていき，その代わりに外から空気が入り込んで，卵の丸みを帯びた方の先端にある気室が大きくなり，結果的に卵の比重が小さくなることを理解させよう。

【5】(1)　①　ア　採寸　　イ　地直し　　ウ　外　　エ　裁ち切り　オ　チャコペーパー　　カ　仮　キ　本　　②　たて糸とよこ糸の布目を直交させて，着用や洗濯によって布がゆがんだり縮んだりしないため。　　　(2)　①　後ろパンツ…A　　理由…臀部の厚みに合わせて股のくりが深く，太ももの後ろ部分の厚みに合わせて太ももの寸法が大きい。

②

〈解説〉(1)　イの「地直し」の前準備として，布端のよこの織り糸を抜き，よこ糸に沿ってたて糸をカットする。折り目は手で正しておくとよい。綿の場合の地直しは，約1時間水につけてから布目がまっすぐになるように干し，生乾きの状態で裏側から布目に沿ってアイロンをかける。また，両面にオのチャコペーパーを使用してしるしをつけるため，布の置き方はウの「外表」にする。

【6】(1) ① キ ② ア ③ イ ④ エ ⑤ オ
⑥ ウ (2) 新たな建設や解体の必要がなく，資源の浪費と廃棄物の発生を防ぎ，環境保全につながる。

〈解説〉(1) ③ 「スクラップ・アンド・ビルド」とは，壊して新築すること。 ④ 5年ごとにメンテナンスを行うと，住宅の耐用年数は約2倍近くになるといわれている。 ⑤⑥ 建物の「構造体(スケルトン)」と「内装・設備」を分けて設計する建築法を「スケルトン・インフィル」建築という。「インフィル」とは内装・設備のことで，給排水管やガス管などの設備はあとから容易に変更できるよう，最初の設計時に二重床，二重天井にするなどの工夫がされている。

【7】(1) ① 住民基本 ② 国勢調査 ③ 核家族 ④ 単独
(2) (誤った語句→正しい語句) ① 六親等→三親等 ② 6か月→300日 ③ 法定相続分→遺留分 ④ 未就労→未成年
(3) ① 児童虐待の防止等に関する法律 ② 児童相談所

〈解説〉(2) ① 民法第877条に示されている。3親等内の親族が家庭裁判所の審判によって扶養義務を負うこともある。3親等はおじ・おば・甥・姪である。 ② 女性の再婚禁止期間に直結する問題である。再婚禁止期間については，1996(平成8)年答申の民法改正案で，「6か月」を改め，「100日」としているが，まだ改正には至っていない。
③ 相続については，「遺言がある場合は，それに従う」「遺言がない場合は法定相続になる」としている。本問は遺言がある場合であるから，配偶者や子ども，父母は遺留分を請求でき，兄弟姉妹は請求できない。しかし，1年以内に遺留分を侵害している相手方に請求しなければ権利はなくなる。法定相続とは，相続人が配偶者と子どもの場合，配偶者に2分の1，子どもには2分の1となっている。 ④ 正しい文言の「未成年」とは18歳未満の子どもを指す。文中の「虐待など親権の濫用がある場合は親権を喪失することがある」について，平成23年の「児童福祉法」の改正により，2年を上限とした「親権の停止」制度ができた。

【8】所得の約70％が公的年金や恩給であり重要な収入源であるが，次いで稼働所得が2番目に多いことから，働いて収入を得る必要があることがうかがえる。

〈解説〉ここでいう「高齢者世帯」とは，65歳以上の者のみで構成するか，これに18歳未満の未婚のものが加わった世帯のことをいう。ちなみに平成25年の調査では，総所得における「公的年金・恩給」の占める割合は68.5％，「稼働所得」が18.0％となっている。

【9】(1)　①　中国(中華人民共和国)　②　(問題不成立のため正解なし)　③　グリーンコンシューマー　④　カーボン・オフセット　⑤　二酸化炭素　(2)　①　製品について，その原料の採取から，製造・消費を経てリサイクル・廃棄までの段階ごとに二酸化炭素の発生量を表記したもの。　②　開発途上国の生産者に仕事の機会をつくり，仕事に見合った賃金を支払うことで生活向上を支援しようとする公正な貿易のこと。

〈解説〉(1)　①　ベトナム，インドネシア，バングラディッシュ，ミャンマー，インドなど，賃金が安く労働者保護の規制が比較的ゆるいアジア諸国からの輸入が増えてきている。なお，現在も衣類の輸入先としては圧倒的に中国が多いが，金額ベースでは2013年は71.9％，2014年68.2％となっている(日本繊維輸入組合資料より)。また，アジア以外の輸入国としてはイタリア，米国などがあるが，割合はごく少ない。②　日本でもっとも生産量の多い合成繊維はポリエステルだが，サトウキビなど植物由来のポリエステルも開発され，環境への負荷低減に向けた動きは広がりつつある。　(2)　①　CO_2の排出量を秤の上に数値化して表示するもの。　②「フェアトレード」とは，直接，生産者から適正な価格で購入し，より多くの賃金を生産者に支払うことによって，生産者が貧困から抜け出し生活環境を向上させることを目的としている。近年ではコーヒー，チョコレート，バナナなどの食料品だけでなく，ファッションの分野でもフェアトレードが広がってきている。

●書籍内容の訂正等について

　弊社では教員採用試験対策シリーズ（参考書，過去問，全国まるごと過去問題集），公務員試験対策シリーズ，公立幼稚園・保育士試験対策シリーズ，会社別就職試験対策シリーズについて，正誤表をホームページ（https://www.kyodo-s.jp）に掲載いたします。内容に訂正等，疑問点がございましたら，まずホームページをご確認ください。もし，正誤表に掲載されていない訂正等，疑問点がございましたら，下記項目をご記入の上，以下の送付先までお送りいただくようお願いいたします。

---

① **書籍名，都道府県（学校）名，年度**
　（例：教員採用試験過去問シリーズ　小学校教諭 過去問　2025 年度版）
② **ページ数**（書籍に記載されているページ数をご記入ください。）
③ **訂正等，疑問点**（内容は具体的にご記入ください。）
　（例：問題文では"ア～オの中から選べ"とあるが，選択肢はエまでしかない）

〔ご注意〕

○ 電話での質問や相談等につきましては，受付けておりません。ご注意ください。

○ 正誤表の更新は適宜行います。

○ いただいた疑問点につきましては，当社編集制作部で検討の上，正誤表への反映を決定させていただきます（個別回答は，原則行いませんのであしからずご了承ください）。

●情報提供のお願い

　協同教育研究会では，これから教員採用試験を受験される方々に，より正確な問題を，より多くご提供できるよう情報の収集を行っております。つきましては，教員採用試験に関する次の項目の情報を，以下の送付先までお送りいただけますと幸いでございます。お送りいただきました方には謝礼を差し上げます。

（情報量があまりに少ない場合は，謝礼をご用意できかねる場合があります）。

◆あなたの受験された面接試験，論作文試験の実施方法や質問内容

◆教員採用試験の受験体験記

- -

<table>
<tr><td rowspan="5">送付先</td><td>○電子メール：edit@kyodo-s.jp</td></tr>
<tr><td>○FAX：03-3233-1233（協同出版株式会社　編集制作部 行）</td></tr>
<tr><td>○郵送：〒101-0054　東京都千代田区神田錦町2-5</td></tr>
<tr><td>　　　　　　　協同出版株式会社　編集制作部 行</td></tr>
<tr><td>○HP：https://kyodo-s.jp/provision（右記のQRコードからもアクセスできます）</td></tr>
</table>

　※謝礼をお送りする関係から，いずれの方法でお送りいただく際にも，「お名前」「ご住所」は，必ず明記いただきますよう，よろしくお願い申し上げます。

教員採用試験「過去問」シリーズ

鳥取県の
家庭科 過去問

編　集　　Ⓒ 協同教育研究会
発　行　　令和5年12月10日
発行者　　小貫　輝雄
発行所　　協同出版株式会社

　　　　　〒101-0054　東京都千代田区神田錦町2‐5
　　　　　電話　03－3295－1341
　　　　　振替　東京00190－4－94061
印刷所　　協同出版・POD工場

　　　　　落丁・乱丁はお取り替えいたします。
